国家中等职业教育改革发展示范学校
项目建设系列教材编委会

国家中等职业教育改革发展示范学校项目建设系列教材

韶关旅游地理

何素玲　主编
李玉钧　副主编

暨南大学出版社
JINAN UNIVERSITY PRESS
中国·广州

《韶关旅游地理》编委会

主　　编：何素玲

副 主 编：李玉钧

撰　　稿：（以撰写章节先后为序）

第一章：何素玲

第二章：赖静梅　刘燕群

第三章：何素玲　罗敏敏（广东省仁化县中等职业学校）

徐燕冰　李未香　陆桂玲（乳源中等职业技术学校）

李玉钧

第四章：邹小枚

第五章：何素玲　詹春香　李金方　谢思思　邱世亮

第六章：何素玲　邱世亮

图表处理：邱世亮　刘普辉　黄欣彦

总　序

中等职业教育作为国民教育序列的重要组成部分，占据了我国中等教育的半壁江山。中等职业教育承担了为社会经济发展培养和输送中级技能型人才的主要任务，承担了促进中职学生成人、成德、成才的教育任务。因此，中等职业学校的教材必须具有人文教育性、职业特色性和紧随社会经济发展的时代性。

随着社会经济发展和产业结构的转型升级，中等职业教育将进入发展的新常态。社会经济发展对技能型人才的要求也将提出新的标准。社会对技能型人才要求的核心集中在“德技”二字。为此，我们提出“德技树人、德技立身”的职业教育理念，并强调：我们中职教育的教材要成为培养学生“德技”的载体，成为塑造学生良好品德、培养学生良好职业素养和现代职业技能的载体。基于此，我们成立了由教育、行业、企业等领域的专家组成的编纂委员会，指导我校旅游服务与管理、计算机网络技术和电子与信息技术等三个国家示范校重点建设专业的教材编写。在专家的引领下，同时根据社会经济发展、行业特点、岗位特点以及教育规律，我们编写了这套系列教材，以期更好地为培养适应社会经济发展的技能型人才服务。我们相信，这套系列教材能够充分体现理论与技能并重、行业标准与培养目标结合的职业教育特色。

在本套教材的编写过程中，我们参考了大量的文献和专著，并得到了广东省著名教育专家姜蕙女士、广东技术师范学院张辉教授以及韶关市旅游局有关领导的大力支持，在此一并对这些教育专家、行业企业专家以及相关编者、作者致以感谢。

韶关市中等职业技术学校校长

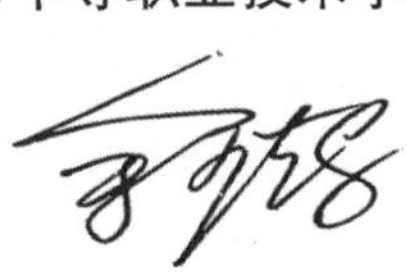

2015 年 3 月

前　言

韶关是广东省旅游资源最富集的城市之一。马坝人石峡文化遗址、禅宗祖庭南华寺、世界自然遗产丹霞山、千年珠玑古巷、岭南第一峰石坑崆……无一不昭示着韶关深厚的历史文化和现代人所追求的旅游生态环境特质。作为国家优秀旅游城市、广东历史文化名城，韶关丰富的旅游资源及其多样化的组合为韶关旅游业的发展提供了巨大的空间和潜力。旅游业对旅游人才的多样化需求决定了旅游职业教育必须适应现代旅游业的发展趋势，培养出多层次、多元化的复合型、实用型人才。为此，我们编写了《韶关旅游地理》一书，介绍了韶关地区旅游资源的分类、分布及特色，韶关旅游交通地理，韶关经典旅游线路、专题旅游线路、特种旅游线路及旅游地理户外实践活动。通过开放性、互动性的课程设置，帮助学生认识韶关旅游资源的基本知识，掌握韶关主要的旅游资源、旅游景点的分布和线路，构建韶关大旅游的概念，为今后旅游服务工作奠定基础，推动区域经济发展。本教材适合韶关地区中等职业学校旅游服务与管理及相关专业学生使用，也可作为旅游从业人员岗位培训、自修学习的参考用书。

本教材具有以下特点：

1. 坚持“以学生为中心、从做中学”的职业教育理念，结合中职生的特点，由“课前活动”“知识准备”“后期制作”等环节构成教材的章节体系，把知识点的学习与专业技能的训练有机地结合起来，从最有利于学生学习的角度来组织教材，以促进学生自主探究、整合归纳、自我学习的能力培养。

2. 全面贯彻“理论浅、内容新、应用多、学得活”的方针，对概念、理论等基础知识的介绍，突出基础性、实用性、时代性和综合性，对于重点、难点知识，同时配以相应的图片和实例，并借助“小知识”“阅读”栏目及附录资料等帮助学生理解、掌握，扫清学生学习的知识障碍。

3. 教材中“后期制作”的环节设置，体现“做中学，做中教”的中职教育特点，引导学生运用学过的理论知识进行实践操作，通过网络资料收集、填图、列表总结、案例研讨、情境创设、小组合作探究及旅游地理实践的任务驱动等教学方法培养学生的综合职业能力，满足学生职业生涯发展的需要。

4. 教材的“韶关旅游地理实践手册”提供了4个可操作的旅游地理实践活动，

体现了职业性与指导性的特点，使学生通过实践进一步加深对韶关旅游地理知识的理解和对技能的掌握。

本教材是目前为数不多的市域旅游地理教材，是一种难能可贵的尝试。

在此特别感谢韶关市旅游局卢东华副局长、申敏新科长，韶关学院旅游与地理学院左磐石、廖伟迅教授，韶关市教育局地理教研室李文老师参与本书的审订和给予我们的帮助鼓励及支持。在编写过程中还得到韶关市旅游局及各区县（市）旅游局、韶关市交通局、韶关市非物质文化遗产中心在资料和图片提供上的大力支持。除编者外，还采用了陈跃进、方雄、郭志豪、黄小庆、李子亮、林遥轩、刘发光、刘家青、廖法明、龙全明、卢东华、涂志伟、张育明、潘慧恩、王庆玲、李宇强、邵燕华、周宏忠、阳艮生、朱家强、张俊等提供的照片，在此表示感谢！

最后，由于时间仓促、资料欠缺及编者知识的局限，不妥甚至错误之处在所难免，恳请读者给予批评指正。

编　者

2015 年 5 月

目录

第一章 绪论

【学习目标】

(1) 能举例说出旅游活动和地理环境之间的密切联系。
(2) 能说出旅游地理学的研究对象和研究内容。
(3) 能说出旅游地理学和其他学科之间的关系。
(4) 能说出学习韶关旅游地理的目的。
(5) 初步学会运用互联网收集有关韶关旅游地理的资讯。

【课前活动】

浏览下述网站，选取你最感兴趣的一则内容，回校向同学们进行旅游资讯播报，然后大家一起分析哪些资讯属于旅游地理学的研究内容。

(1) http://www.cnta.gov.cn/　中华人民共和国国家旅游局网。
(2) http://www.gdta.gov.cn/　广东省旅游局网。
(3) http://www.sgta.gov.cn/　广东省韶关市旅游局网。
(4) http://www.nxlyw.gov.cn/　南雄旅游官方网。
(5) http://www.danxiashan.org.cn/　丹霞山风景名胜区网。
(6) http://www.nlslgy.com/　南岭国家森林公园网。
(7) http://www.sglyzx.com/　韶关旅游资讯网。

第一节　旅游地理学概述

一、旅游地理学的研究对象

旅游地理学是研究人类旅游活动与地理环境之间相互关系的学科，是地理学的分支学科之一。

人类的旅游活动由来已久。从古至今，无论何种类型、性质的旅游活动，都是发生在复杂多变的地理环境之中。地理环境包括了自然地理环境和人文地理环境。地理环境的差异性造就了自然风光、民俗风情的巨大差异，也是激发人类旅游活动产生的根本动因。因此，旅游与地理环境有着密切的联系。

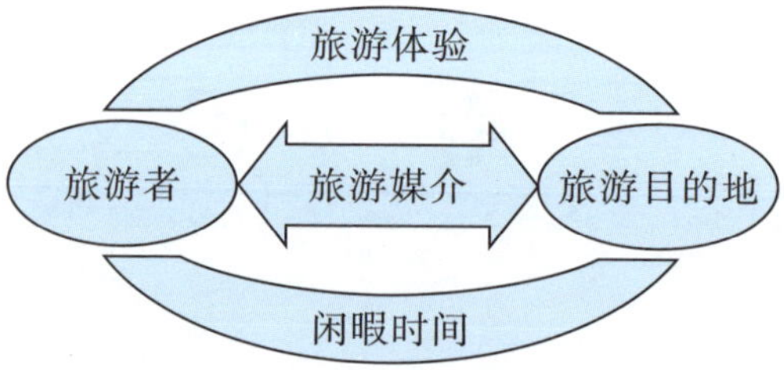

图 1－1　旅游系统图

如图 1－1 所示，旅游活动是旅游者利用闲暇时间，通过旅游媒介进行从居住地到旅游目的地之间的食、住、行、游、购、娱等活动从而获得旅游体验的过程。

旅游活动是在一定社会经济条件下产生的社会经济现象。首先，旅游活动的主体——旅游者必须具备旅游动机、闲暇时间以及能够支付各种旅游开支的能力，三者缺一不可；其次，旅游活动的客体——旅游目的地要有足够的吸引力、接待能力及适当的承载力；最后，旅游活动想成为大众性、普遍性的活动，必然要有能够满足旅游者食、住、行、游、购、娱等方面需求的旅游接待服务和方便迅捷的旅游资讯服务等。其中，主要为旅游者提供服务的旅行社、旅游交通、旅游饭店等，我们称为旅游媒介。

旅游地理学是以构成旅游活动的各大要素（旅游者、旅游目的地、旅游媒介）为研究对象，以旅游资源及其旅游地理环境为研究重点，把促进旅游业及社会经济发展作为最终目标的一门学科。

二、旅游地理学的研究内容

一般认为，旅游地理学的研究范围主要包括如下内容：

（1）旅游环境研究，包括旅游产生的条件及其地理背景。

影响旅游产生的条件包括国家或地区旅游需求的水平，如经济发展水平、人口特征、旅游政策等，如互联网和交通运输的快速发展会给旅游业经营方式及人们的出游方式带来极大的影响。此外，还包括旅游者个人的情况，如收入、教育水平、带薪假期、个人偏好等。

（2）旅游客源研究，包括旅游者的地域分布和流动规律。

对旅游者地域分布及流动规律的研究包括旅游动机、旅游决策行为、旅游空间行为等。对旅游客源的研究有助于旅游资源的开发、旅游设施的配置布局，使旅游促销与旅游市场的细分更趋客观和合理。

（3）旅游资源研究，包括旅游资源的分类、调查与评价、保护和开发利用论证。

（4）旅游区划研究，包括旅游区划理论探讨和区划方案制订。

（5）旅游区域发展规划研究，包括旅游亚区、景区景点产品规划、环境容量估算、旅游线路设计等。

（6）旅游信息与旅游地图研究，包括旅游信息的收集、存储与更新，旅游地图的编绘等。

三、旅游地理学与相关学科的关系

旅游活动涉及的内容极其广泛，如民俗风情、历史文化、宗教、美学、饮食文化、建筑园林、环境、交通运输等。旅游地理学与许多学科有着密不可分、相互补充的关系，如心理学、社会学。

【读图思考】

（1）请读下面的旅游地理学基础树状图，说说旅游地理学发展的基础学科有哪些，它们有什么关联。

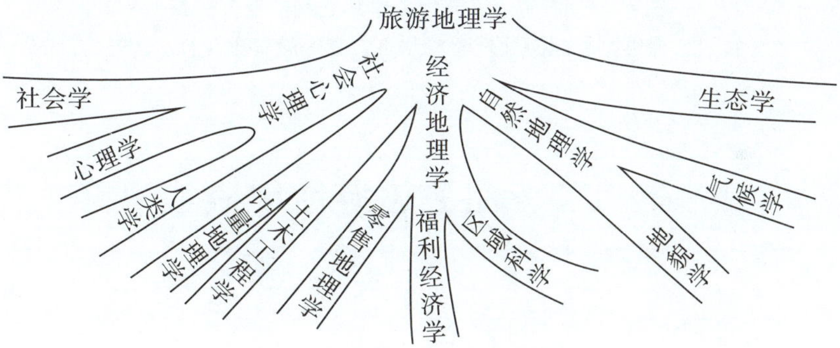

图 1－2　旅游地理学基础树状图

（转引自保继刚．旅游地理学．北京：高等教育出版社，1993.）

（2）旅游活动是一个复杂多面的社会经济现象，具有综合性的特点。请读图 1－3，说说旅游研究与相关学科之间的交叉关系。

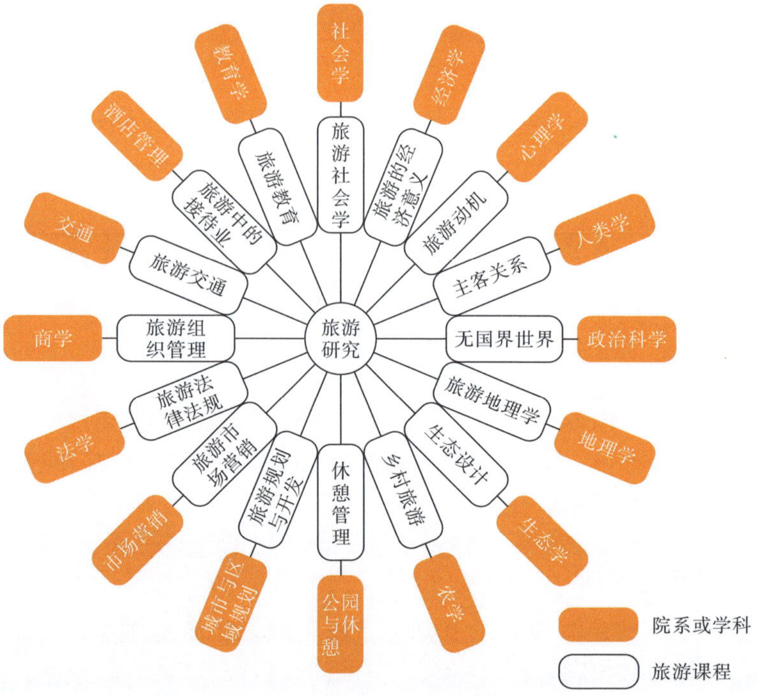

图 1－3　旅游研究与相关学科之间的交叉关系

（转引自保继刚．旅游地理学．北京：高等教育出版社，1993．）

第二节　韶关旅游地理概述

一、韶关旅游地理的学习内容

旅游地理学主要研究人类旅游活动和地理环境及其社会经济发展状况之间关系的一般规律，而韶关旅游地理则将韶关地区的旅游活动作为研究对象，属于区域旅游地理学范畴。

根据中职旅游专业学生今后的旅游服务工作以及韶关地区旅游从业人员实际工作的需要，韶关旅游地理侧重于一般理论指导下的实践技能运用。韶关旅游地理的学习内容主要有：

（1）韶关旅游地理环境，包括韶关旅游自然环境和人文环境。

（2）韶关旅游资源的基本特征、分类、分布及其旅游价值。

（3）韶关旅游交通地理状况，包括韶关主要的旅游交通方式、主要的旅游交通干线及交通高速发展下的旅游发展格局的变化。

（4）韶关旅游线路，包括旅游线路设计的一般原理，韶关传统旅游线路、专题旅游线路及基于韶关多样化地质地貌下的特种旅游线路等。

本课程以韶关旅游资源的基本特征及其旅游价值为学习重点，以韶关旅游线路为纲，帮助旅游专业的学生了解、掌握韶关旅游资源总体状况及发展趋势，塑造韶关大旅游观念，为韶关旅游从业者及经营管理者奠定坚实的理论基础，并为韶关旅游业的健康、可持续发展作出贡献。

二、学习韶关旅游地理的目的

学习韶关旅游地理，可以达到以下几个方面的目的：

1. 提高从事旅游业所需的知识水平和文化素质

旅游活动已经成为现代人的生活需要和一种时尚活动。对于旅游专业的学生而言，学好相关旅游地理可以提高对旅游活动及旅游专业的认识。通过对韶关旅游地理的学习和研究，学生可以掌握韶关旅游资源的分布及特色，充分认识韶关发展旅游业的优越条件，激发对家乡的热爱，坚定为家乡旅游业发展作贡献的信心和决心，为今后的旅游服务工作及进一步进行旅游地理研究工作奠定基础；对于旅游从业人员而言，学习好韶关旅游地理，可以在工作岗位上为游客提供更好的旅游服务，能为旅游者参谋，与旅游者进行更好的沟通交流，提高服务水准和质量，有利于塑造韶关旅游从业人员的良好形象，同时也有利于宣传韶关的旅游资源和旅游环境，增强韶关旅游业对旅游者的吸引力。

2. 满足从事旅行社经营与导游业务的需要

韶关旅游地理的知识是韶关地区旅行社经营人员开展入境旅游和国内旅游必备的知识。学习好韶关旅游地理中有关旅游资源分类、特色、分布，旅游交通地理，韶关地区主要旅游线路、特色旅游线路，旅游线路设计等知识，对旅行社的旅游产品开发、宣传促销、客源组织等经营管理工作都是极其重要的，这些也是从事导游工作所需掌握的业务知识之一。

3. 为韶关旅游资源开发、旅游业发展规划及可持续发展奠定基础

韶关具有丰富的旅游资源，只有根据本区旅游资源状况及特色进行准确定位，在了解和掌握本区旅游客源市场和客流状况的基础上才能设计出有利于本地区的旅游发展规划和景区景点、旅游交通、旅游饭店、旅游服务设施的合理建设布局，实现韶关旅游业的可持续发展。本书可帮助旅游专业中职生和旅游从业人员了解旅游地理知识并学以致用，为韶关旅游资源开发、旅游业发展规划及可持续发展奠定基础。

三、韶关旅游地理的学习方法

1. 实地考察法

旅游地理是景观性、地域性、综合性和参与性都很强的一个系统，因此学习旅游地理必须以实地考察为基础，在对区域旅游环境、景区景点实地考察的基础上加深对旅游地理的感性认识。

2. 地理图表法

通过各种方式收集有关旅游地理的图片能直观形象地帮助旅游者了解相应的旅游资源状况；通过编制旅游地图、绘制旅游资源分布图及旅游统计图表，并上传到学校网站，为旅游者的旅游活动提供便利，为旅游行政部门提供旅游发展规划的科学依据。

3. 分类对比法

分类对比的方法有助于认识、把握旅游资源的特色和分布，本课程在每章节的后面基本都设置了分类图表，可帮助同学们对旅游资源进行归类分析，借此对韶关旅游资源这一庞杂的知识体系进行系统的梳理。

4. 文献分析法

借助历史文献资料、年鉴、政府报告、考察报告、科学研究论文及著作等对韶关旅游地理信息进行分析，了解最新的行业、学科发展动态，拓展和丰富韶关旅游地理的知识体系。

5. 信息技术法

在智能手机普遍运用的自媒体时代，互联网发达的资讯服务和信息发布服务为旅游地理的学习和交流提供了广阔的天地。微博、微信、微视频、QQ 空间等媒介均可以成为资讯发布和分享的平台。

【课后作业】

（1）和同学们探讨学习韶关旅游地理对今后旅游服务工作的作用，并制订自己的学习计划。

（2）向任课教师提出学习本课程的建议。

第二章

韶关旅游地理环境

第一节　韶关行政区划

【学习目标】

（1）说出韶关行政区的划分，在韶关空白轮廓图上填注三区七县（市）及周边省、市的名称。

（2）说出韶关的地理位置的特点，从交通位置方面分析韶关地理位置的重要性。

【课前活动】

（1）查找韶关的经纬度位置，判断所属的气候带。

（2）查找韶关具体的范围及经过韶关的主要铁路、公路。

【知识准备】

韶关，简称“韶”，古称韶州，得名于丹霞名山——韶石山，取韶石之名改东衡州为韶州。明清之际，在今韶关市区先后设立水陆三个税关收税，始得名韶关。

韶关地处广东省北部，北江上游，于浈、武两江交会处，与湖南、江西两省交界，毗邻广西，素有“三省通衢”之称。韶关是粤北地区的政治、经济、交通、文化中心，也是广东省规划发展的六大都市区、九个区域性的中心城市之一。

韶关自古以来就是华北及长江中下游地区与华南沿海之间最重要的陆上通道和关口，是粤、湘、赣交界地区的商品集散中心，粤、港、澳辐射内陆腹地的“黄金通道”。韶关是国家规划发展的一级铁路枢纽和公路运输枢纽城市，是全省区域性的中心城市。

2004年5月起，韶关管辖三区五县和两县级市。三区是浈江区、武江区、曲江区，五县是始兴县、仁化县、翁源县、新丰县、乳源瑶族自治县，两县级市是乐昌市和南雄市。全市土地面积为1.85万平方千米，占全省陆地总面积的10.2%。其轮廓形状似一朵肥厚的冬菇，北宽南窄。

【阅读】

韶关各县（区）的乡镇（街道）名称如下表。

表2-1　韶关各县（区）乡镇（街道）概况表

名称	镇（乡、街道办）名
乐昌	坪石、北乡、长来、廊田、九峰、三溪、黄圃、梅花、五山、大源、两江、白石、庆云、秀水、云岩、沙坪、乐城；坪石办事处、梅田办事处
南雄	乌迳、黄坑、水口、湖口、珠玑、界址、百顺、澜河、古市、坪田、邓坊、主田、油山、南亩、江头、全安、帽子峰、雄州
仁化	董塘、长江、扶溪、石塘、红山、城口、闻韶、周田、黄坑、大桥、丹霞
始兴	马市、顿岗、司前、隘子、罗坝、澄江、沈所、城南、太平、深渡水
翁源	龙仙、翁城、新江、周陂、坝子、江尾、官渡
新丰	回龙、梅坑、沙田、遥田、马头、黄磜、丰城
乳源	乳城、桂头、大布、大桥、必背、一六、东坪、游溪、洛阳
武江	西联、西河、重阳、龙归、江湾、惠民、新华
浈江	新韶、乐园、花坪、犁市、十里亭、风采、车站、东河；曲仁办事处、田螺冲办事处
曲江	马坝、樟市、乌石、沙溪、大塘、枫湾、小坑、白土、罗坑、松山

【后期制作】

在韶关行政区划空白示意图中填注县（区）的名称及周边省、市的名称。

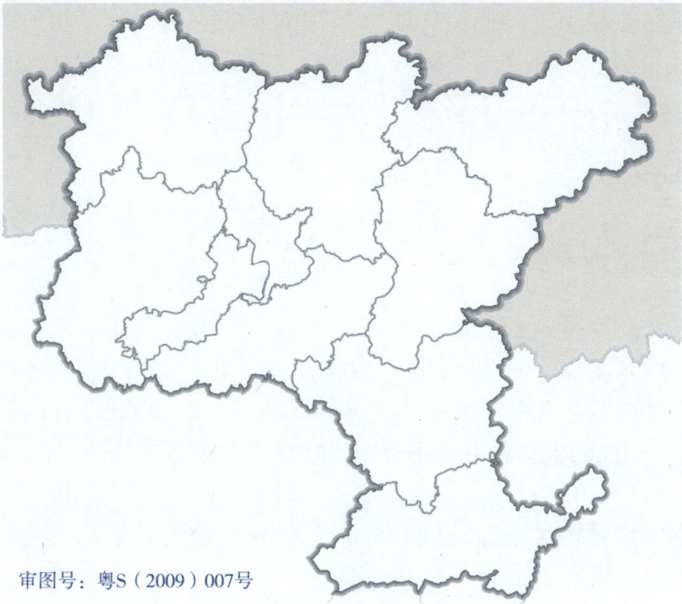

图 2－1　韶关行政区划空白示意图

第二节　韶关旅游自然地理状况

【学习目标】

（1）学习和了解韶关的主要山脉、盆地的分布，并总结出韶关地势及地形的特征，能在韶关地图上标注出全省最高峰——石坑崆的位置，说出韶关地形对旅游的影响。

（2）说出丹霞地貌和喀斯特地貌的特点，在韶关地图上标注出它们的地域分布，并说出这两种地貌和旅游的关系。

（3）能列举出韶关的气象灾害，说出这些气象灾害对生活和旅游的影响。

（4）能在韶关地图上找出北江、浈江、武江、锦江、翁江、南水等河流和它们流经的县区，查找具有旅游开发价值的河段并在图上标记出来。

（5）说出韶关动植物资源的特点、主要种类及主要自然保护区的分布。

（6）说出韶关地热资源的特点及韶关著名的已开发的地热资源。

【课前活动】

（1）收集有关韶关地形地貌的景观图片并做成 PPT 和同学们一起分享！

（2）想想你曾经历过的或给你印象最深的气象灾害并收集相关图片。

（3）查找资料：韶关的一级保护动物、二级保护动物、列入国家重点保护的野生植物。

【知识准备】

一、韶关的地形地貌

韶关地势北高南低，西、北、东三面山地为海拔 1 300 米以上的中山，构成南岭的脊梁。广东最高峰——石坑崆海拔 1 902 米，位于乳源与湖南省的交界处。往南地势呈波状下降，山地多为海拔 1 000 米以下的低山丘陵。韶关地形以山地丘陵为主，山区约占全市总面积的 80%，山地丘陵与河谷盆地相间分布，素称“八山一水一分田”。

韶关丹霞地貌典型，喀斯特地貌广布。仁化丹霞山是中国典型丹霞地貌的所在地和命名地，是世界自然遗产和世界地质公园，山群呈峰林结构，有各种奇峰异石 600 多座。乐昌市坪石的金鸡岭、南雄市苍石寨、始兴县铜钟寨也是典型的丹霞地貌。马坝狮子岩、乐昌古佛岩等地的喀斯特地貌发育典型，韶关芙蓉山、曲江枫湾等地峰林地貌小面积分布。丹霞地貌和喀斯特地貌由于地形奇特、风景秀丽，往往成为历史悠久的风景名胜。另外，由于流水作用强烈、峡谷众多，可开发众多的漂流胜地。

图 2－2　丹霞山

图 2－3　古佛岩—海底龙宫

【课堂活动】

（1）在韶关地图上标记出南岭山脉、蔚岭、大庾岭山地、大东山、天井山、瑶岭、青云山等，南雄盆地、仁化董塘盆地、坪石盆地、乐昌盆地、韶关盆地和翁源盆地的位置，标出最高峰——石坑崆的位置。

（2）在韶关地图上找出仁化丹霞山、乐昌坪石金鸡岭、马坝狮子岩、乐昌古佛岩的位置。

（3）查阅资料，完成表格。

表 2－2　喀斯特地貌和丹霞地貌的景观和特点

	喀斯特地貌	丹霞地貌
景观图片（3～5 幅）		
主要特点		

二、韶关的气候

【考考你】

写出下列景物在韶关的最佳观赏季节：

表 2－3　韶关景物的最佳观赏季节

银杏	冰挂	梅花	瀑布	杜鹃

韶关位于北回归线北侧，属于典型的中亚热带季风气候，一年四季均受季风影响，雨热同期，在地形的配合下，形成了相当复杂的气候特征。冬季盛行东北季风，夏季盛行西南季风和东南季风。冬短夏长，春秋过渡快，四季分明。韶关各地气温差异大，垂直气候变化明显，灾害性天气较多。

韶关年太阳总辐射为 99～113 千卡/平方厘米，年日照时数 1 420～1 740 小时，年平均气温 19.6℃～20.4℃，年积温 7 000℃～7 600℃，最冷月（1 月）平均气温 9.3℃～11.0℃，最热月（7 月）平均气温 27.4℃～28.7℃，年极端最高气温 38.3℃～41.0℃，年极端最低气温 －6.0℃～－4.0℃，无霜期 300～315 天。冬季各地气温自北向南递增，北部山区在较冷的年份会有降雪、积雪和雨凇现象，夏季各地气温较接近。韶关的盆地效应使其夏季气温偏高，比广州高 3.3℃，是广东省较热的城市，以日最高气温≥35℃为炎热天气，市区全年有 30 天以上。韶关各地夏长冬短，春略长于秋。夏长 5～6 个月，冬长一般 1.5 个月，春长 2～3 个月，秋长 2.5 个月。

韶关山区地形复杂，各地气温差异大，山地垂直气候变化明显。同一山系中从山脚到山顶就具有中亚热带、北亚热带和暖温带等各种气候带的气候特点。乳源、乐昌、始兴、新丰等海拔较高的山区夏季较凉爽，是消夏避暑的好地方；冬季高寒山区气温较低，在乳源瑶族自治县南岭国家森林公园、南方红豆杉森林公园、广东天井山国家森林公园可以欣赏到南方少见的雨凇奇观。

【阅读】

雨凇一般出现在冬、春季。在冷空气影响下，气温在零度或以下的时候，超冷却的降水碰到温度等于或低于0℃的物体表面时会冻结成透明的或毛玻璃状的冰覆盖层，这也叫“冰挂”或者“树挂”。韶关的冰挂大多形成于乐昌、乳源的高寒石灰岩山区，这些地区海拔高，常年昼夜温差大。冬天在大风降温和阴雨天气的共同作用下，雨水往往会附集在树木表面上急剧冷却并结冰，形成壮观的冰凌景观。

从2012年1月20日开始，受较强冷空气持续影响，韶关各地持续出现低温阴雨寒冷天气，高寒石灰岩山区的乳源瑶族自治县大桥镇的红云、红光、岐石、和平、三元等村委等地约200平方千米的山上、树上、地上以及房屋上，一夜之间都化身为玉树琼花的世界，分外妖娆，吸引了大批游客前来观赏。

图2-4　红云冬雪

三、韶关的河流

韶关的河流除新丰江属珠江流域的东江水系外，其余几乎均属珠江流域的北江水系。北江由北向南贯穿全市，两侧大小支流密布且都源于高、中级山地，两岸壁立的峡谷甚多，河道比降陡，水流湍急，流量大，水力资源丰富。

北江上游浈江和北江一级支流——武江是韶关的两条重要河流。其中武江发源于湖南省，从西北向东南穿流乐昌全境，全长260千米（境内流程152千米），流域面积7 074平方千米；浈江发源于江西省信丰县，干流从东北向西南流经南雄、始兴，全长211千米，流域面积7 530平方千米。武江于韶关西河尾纳入浈江后，始称北江干流，并在韶关市区形成了“三江六岸”的特有景象。

图2-5　三江六岸

韶关降水量丰富，雨季较长，河流径流充沛，各江河径流量的年内分配为：

汛期4~9月，径流量占年径流量的75%~80%；枯水期11月至第二年的3月，径流量占年径流量的20%~25%。

北江洪水来自本地的暴雨。北江主流洪水涨快退慢，持续时间较长，洪水易暴涨。尤其是每年的4~6月多暴雨，河流水位迅速上涨容易发生洪水，此时相关部门要做好防洪工作。韶关辖区内洪涝灾害频繁，2006年7月，强台风“碧利斯”袭击韶关乐昌北部地区，短短3天内，发生地质灾害2 261处，致使29人死亡，5 518间房屋倒塌，直接经济损失5.24亿元，旅游接待人数一度达历史同期最低。

韶关植被状态良好，河流含沙量较少。全市水能资源蕴藏量丰富，占广东省总量的19%，是广东省重要的水源地之一。韶关利用得天独厚的水力资源，进行水力发电，开发新能源。目前较大的水电站有乳源的南水电站、仁化的锦江电站、乐昌的乐昌峡电站、市区的孟洲坝电站等，中小型水电站星罗棋布，为数众多。

【想一想】

湿地有什么作用？韶关有哪些湿地？

【阅读】

湿地公园（Wetland Park）

湿地公园是指以湿地良好生态环境和多样化湿地景观资源为基础，以湿地科普宣教、湿地功能利用、弘扬湿地文化等为主题，并建有一定规模的旅游休闲设施，可供人们旅游观光、休闲娱乐的生态型主题公园。湿地公园是具有湿地保护与利用、科普教育、湿地研究、生态观光、休闲娱乐等多种功能的社会公益性生态公园。

图2-6 孔江湿地公园

孔江湿地公园地处韶关南雄市东北部、距离市区32千米的乌迳镇境内。2013年3月30日，孔江湿地公园被国家林业局批准为国家湿地公园。孔江湿地公园由入库溪流、水库、沼泽、洪泛湿地、洲滩与环库森林构成，生态系统结构完整，自然景观独特，物种丰富，珍稀物种众多，有国家重点保护动物34种，中国红皮书确定的濒危动物22种，国家保护植物13科12属14种。孔江水库中点缀着众多的岛屿，如同珠玉散落玉盘，造就了上百个库汊，形成湖中有湖、山外有山、山重水复、山环水抱的奇景，有“百岛湖”和“粤北第一库”之称。尤为可贵的是，水库周边出露着大面积发育典型的丹霞地貌，丹霞地貌与水域环境相得益彰。

北江水系的水资源和水能资源是韶关人民赖以生存和发展的宝贵资源，干流和众多的支流直接或间接地灌溉着20多万公顷的耕地，为城镇居民和工业用水提供了丰富的水源。因此保护母亲河——北江水源、保护环境，人人有责。

【课堂活动】

请在韶关地图上找出韶关北江、浈江、武江、锦江、翁江、南水等河流，说出它们流经的县区，标注出可供旅游开发的河段。

四、韶关的资源状况

韶关具有丰富多样的自然资源，如土地资源、矿产资源、生物资源、气候资源、水资源和水能资源等。韶关人均拥有的土地资源、森林资源、矿产资源居全省地级以上市第一位，有“华南生物基因库”“岭南名郡”“中国锌都”“中国有色金属之乡”等称号。这些资源是韶关发展经济的宝贵的物质基础。

1. 土地资源

土地资源是指已经被人类所利用的和在可预见的未来能被人类利用的土地。土地资源这一概念既包括自然范畴，即土地的自然属性，也包括经济范畴，即土地的社会属性，是人类的生产资料和劳动对象。

韶关地处粤北山区，是广东省的北部生态屏障，境内土地资源利用类型多种多样。在韶关各种土地资源利用类型中，林地面积较大。2012年末林业用地面积达143.04万公顷，森林覆盖率为72.8%。在各县区中，始兴县的森林覆盖率、活立木总蓄积量、木材年增长量均为全省第一，是广东省重点林业县，因此，韶关是名副其实的生态旅游城市。韶关耕地比重较小，主要分布于市域范围内的河谷平原及台地，以灌溉水田和旱地为主；建设用地占全市总面积的比重相对于广东省其他地区也较小；园地、牧草地和其他农用地面积也相对较小，在全市零星状分布。

2. 矿产资源

韶关位于南岭多金属成矿带上，是广东省的矿产资源大市。这里矿产资源种类多、分布较广、品质高、规模大，享有“中国矿都”“中国有色金属之乡”的美称。与全国、全省比较，已发现的矿产，全国有162种，广东省有117种，韶关有88种；已探明储量的矿产，全国有148种，广东省有85种，韶关有55种；矿床矿点2 000多处，其中铅、锌、铜、钼、钨、铋、锑、汞、铀、稀散金属、稀土金属、砷、煤、萤石、石灰岩、白云岩共22种矿产在广东省名列第一，其中铅、铜和锌的储量居全国前列。

【阅读】

坐落于芙蓉山北麓的广东韶关芙蓉山国家矿山公园是中国首批28个国家矿山公园之一。芙蓉山是韶关的历史文化名山，史书记载2 100年前的西汉时期就有道士于此修道炼丹，唐朝时又有僧人在此建庙，是道佛两栖的圣地，历代文人墨客留下许多诗篇。芙蓉山还蕴藏着丰富的矿物资源，曾经有过辉煌的煤矿和石灰岩矿开采历史，至今山上仍然残存着大量采矿遗迹。矿山公园博物馆是芙蓉山国家矿山公园的重要组成部分。博物馆共设沙盘、多媒体、地史、矿石矿物、古生物、文史资料、矿山机械及矿山企业风采八个部分，共计陈列实物400多件，共有图片500多张（幅），文字资料十多万字。博物馆向游客展示了韶关地质灾害治理、生态环境保护、矿业文化传承等知识，可使游客在休闲观光中寓学于乐。

图2－7　广东韶关芙蓉山国家矿山公园

3. 生物资源

韶关具有丰富的森林资源和独特的生态系统，是广东省最大的再生能源基地和天然生物基因库、全国重点林区、全国生态文明建设示范市。森林资源居广东首位，是广东重要的用材林、水源林、天然林基地及重点毛竹基地，被喻为“华南生物基因库”和“珠江三角洲的生态屏障”。境内林业用地面积为14 305平方千米，活立木总蓄积量7 628万立方米，森林覆盖率68.9%。国家一级保护动物有9种，国家二级保护动物有52种，列入国家重点保护的野生植物有36种。

图2－8　科普考察

图2－9　红豆杉的果实

图2－10　罗坑鳄蜥

4. 地热资源

韶关处于地壳岩浆侵入带，地热出露点温泉甚多，是广东地热资源丰富地带之一。全市各县区均有温泉出露，泉点分布广，水的种类多、水质好、水量大，水温一般为40℃，最高的达80℃，都已被开发利用。不少泉点就位于著名的旅游点附近，开发利用价值较高，可用来沐浴、医疗、饮用以及温水养殖等。

【后期制作】

请分组绘制海报：

（1）制作背景：韶关自然环境复杂，为旅游业提供丰富的物质基础。

（2）以小组为单位，自由选择一项自然地理要素（气候、河流、地貌、资源等）去制作海报。海报的主题要能够体现韶关的自然环境是发展旅游业的优势资源。

（3）完成“韶关旅游地理实践手册一”并上传至校园网站 http://sgzz.xinhuiren.com。

第三节　韶关人文地理状况

【学习目标】

（1）通过查阅资料说出韶关的历史沿革。

（2）通过拍摄韶关历史建筑物或景点，初步了解韶关历史的发展。

（3）根据资料说出韶关人口构成特点及人口分布情况；分析韶关人口自然增长率低于全国、全省水平的原因；分析造成韶关人口分布不均的主要因素。

（4）说出韶关主要少数民族的种类；说出韶关瑶族和畲族的分布地区及其民族风情。

（5）能在收集少数民族风情资料的基础上制作手抄报。

（6）能在收集韶关风俗民情资料的基础上制作小卡片。

【课前活动】

寻找韶关历史：以小组为单位，寻找韶关拥有一定历史价值的建筑物或景点，拍下来并做成 PPT 和同学们一起分享！

【知识准备】

一、历史发展

韶关历史悠久，文化源远流长。韶关的人类历史可上溯到距今十万年前。

1958年在曲江马坝乡狮子岩洞穴里发现"马坝人"头骨化石，是目前广东境内发现的最早的人类化石。

马坝人，距今12.95万~13.5万年，是介于中国猿人和现代人之间的一种古人类型，属早期智人，是直立人转变为早期智人的重要代表。马坝人属于中国东南地区旧石器时代中期的人类化石，也是迄今为止广东省发现的唯一的古人类。韶关是"马坝人"的故乡，是人类的摇篮之一，也是全省人类历史最悠久的地区。

【阅读】

图2-11　马坝人遗址

狮子岩位于曲江区西南约2千米处。它外形貌似狮子，由狮头峰与狮尾峰两座秀丽玲珑的石灰岩孤峰组成，一高一矮，南北并立，由北遥望，如卧狮酣睡，由南远看则似雄狮起舞。这座狮子岩就是著名的"马坝人"遗址、"石峡文化"遗址的所在地，在1961年10月被发现。马坝人洞穴所在地狮头山和狮尾山之间的峡地叫作"石峡"。石峡文化遗存分为四期，一至四期文化揭示了距今2 700年至6 000年以前的岭南人的生产和生活。石峡文化专指遗址的第二期文化。已发掘102座墓葬，出土2 449件随葬品。随葬品的多寡，显示了明显的贫富差别，说明当时阶级分化的倾向已非常明显。

石峡遗址的发现和发掘，为探索中国岭南地区原始社会的解体提供了重要的实物资料。

二、人口民族

1. 人口

根据以2010年11月1日零时为标准时点进行的第六次全国人口普查，韶关的常住人口为2 826 612，同第五次全国人口普查的2 735 122人相比，十年间共增加了91 490人，增长3.35%。全市常住人口占全省的2.71%，在21个地市中排第17位，人口增长率低于全国、全省水平。2012年末，全市户籍人口326.49万，其中非农人口152.9万，常住人口286.87万，市区常住人口100.7万。在性别构成方面，全市常住人口中，男性人口占50.95%，低于全国、全省水平。在韶关常住人口的年龄构成方面，65岁及以上人口比重为9.95%，明显高于全国和全省水平。在受教育程度方面，人口素质明显提高，全市每10万人中具有初、高中程度的人数为39 028和16 192，均高于全国水平，但每10万人中具有大学程度的人数低于全国、全省水平，文盲率下降为3.65%。

【讨论】

（1）近十年来，韶关人口增长率低于全国、全省水平，试分析其中的原因。

（2）韶关人口分布不均匀，请说说，韶关人口相对集中在哪些地区？为什么这些地区人口相对较多？

2. 民族

韶关是多民族聚居的地区，全市除汉族外，还有满、回、苗、黎、白、侗、土家等族，共43个，人口约5.5万，占全市总人口的1.7%，主要分布在8个县（市、区）的57个乡镇、95个行政村、306个村民小组中。世居的少数民族主要是瑶族和畲族，其中瑶族有3.7万人，畲族有1.1万人。全市辖有1个自治县，即乳源瑶族自治县；1个民族乡，即始兴县深渡水瑶族乡。始兴、武江、曲江、仁化、乐昌、南雄、翁源等县（市、区）是少数民族人口较多的地区，全市散居少数民族人口3.1万，占全市少数民族总人口的56.4%。

【课堂活动】

（1）查找资料：找出瑶族和畲族在韶关的主要分布地区，在韶关地图上标出它们的分布范围，并在图中标出乳源瑶族自治县和始兴县深渡水瑶族乡的位置。

（2）班上有属于少数民族的同学吗？如果有，请说说自己民族的特色或风俗民情。

三、宗教文化

1. 宗教

韶关宗教历史久远，宗教文化源远流长。有佛教、道教、基督教和天主教4个宗教，其中佛教、道教信徒较多。现有宗教团体9个（其中市级宗教团体4个），宗教活动场所共53处，其中寺观教堂39处，固定宗教活动处所14处，宗教院校2所。一些宗教庙会如南华诞等影响至今，信徒在饮食、服装等方面有一些宗教色彩。

【课堂活动】

（1）收集资料：韶关各县（市、区）有哪些宗教活动场所？

（2）你到过韶关哪些宗教活动场所？能否说说这些宗教活动的特色？

2. 文化

韶关人杰地灵，相传舜帝南巡时曾经到过此地登韶石山而奏韶乐，动听的乐曲使周围的山石也为之动容。历史上的韶州被誉为“岭南名郡”，悠久的历史孕育出了一大批历史名人，以南朝名将侯安都、禅宗六祖慧能、唐代名相张九龄、晚唐诗人邵谒、北宋名臣余靖、明户部尚书谭大初、明抗日平倭名将陈璘、清文学家薛燕、民国抗日名将薛岳和张发奎等为杰出代表。

韶关民间文化艺术种类丰富，包括客家山歌、采茶戏、花鼓戏、花灯戏、山歌剧、说书、快板、粤曲、舞龙、舞狮等民间歌舞以及木雕、编织、刺绣、剪纸等民间工艺。

【阅读】

韶乐，史称舜乐，起源于5 000多年前，为上古舜帝之乐，是一种集诗、乐、舞为一体的综合古典艺术。

相传舜帝南巡时，看到有两块高峻的红石相对耸立，岩石上面平整，生长着茂密的古树，悠悠白云缠绕着山头，衬托着美丽的红岩，似仙境一般。舜帝登上此山，望着眼前自然与人类和谐的画面，欣然用五弦奏出了一曲歌颂天人同和、悠扬感人的乐曲，这就是韶乐。那两块美丽的红岩，也被命名为“韶石”。

图2－12　韶乐广场舜帝奏乐像

后来韶乐成了中国宫廷音乐中等级最高、运用最久的雅乐，由它所产生的思想道德典范和文化艺术形式，一直影响着中国的古代文明，韶乐因而被誉为“中华第一乐章”，惜于近代为历史所湮没。

【课堂活动】

举办名人故事会：韶关人杰地灵，人才辈出。请在韶关历史名人中选择自己喜欢的人物，收集他们的历史事迹，编成小故事与同学们一起分享！

四、民俗方言

1. 民俗

韶关地区是客家人的主要聚集地之一，在习俗上有着浓郁的岭南客家汉族色彩。瑶、畲两族也有各自独特的风俗民情，在姓名称呼、起居饮食、衣冠服饰、喜庆禁忌、社会风尚等各方面都富有当地民族特色。

图2－13　乡村盛事

2. 方言

韶关方言以客家方言为主，在城乡普遍使用，并成为瑶族与当地汉族进行语言交流的工具。韶关市区、乐昌市区和仁化县城则普遍使用粤语（广东话、白话），普通话在市区、县城及工矿区也普遍使用。此外，还有少量农村地区使用湘方言、闽南方言、北江船话和粤北土话。韶关瑶族群众使用瑶语，畲族群众则已放弃本民族语言，转用汉语。

【课堂活动】

你的家乡有哪些民俗？你会使用韶关的哪些方言？开展一次用家乡方言讲述家乡民俗的展示活动。

【后期制作】

请完成下列作业，并上传至校园网站 http://sgzz.xinhuiren.com。

(1) 韶关少数民族较多，各民族各具特色。以小组为单位，收集各少数民族的风俗民情，制成以韶关民族风情为主题的精美手抄报，并在班上展示。

(2) 每位同学选择一种民俗（不要重复选择）做成小卡片，卡片内可用文字和图片介绍这种民俗的特点，将所有同学制作的小卡片，装订成一本活页书或扫描后制成电子书，供全班同学浏览学习。

(3) 粤北土话过去称韶州土话，韶州土话是粤北各种土话的统称，其归属问题至今还没有一个定论，目前已经由衰变方言转为濒危方言。请你向会说的同学学习以下句子并录制下来分享：

①你好！

②欢迎你来韶关！

③韶关有著名的禅宗祖庭——南华寺和世界自然遗产——丹霞山。

第三章 韶关旅游资源的基本特征及其旅游价值

第一节 旅游资源的概念及分类

【学习目标】

（1）能说出旅游资源的概念。

（2）了解旅游资源分类的不同方案及其划分标准。

（3）根据中华人民共和国国家标准《旅游资源分类、调查与评价》（GB/T 18972—2003）了解韶关现有的旅游资源的分类。

【课前活动】

请在网上搜索或实地游览“韶关新十景”或“始兴新十景”，做成 PPT 向同学们介绍。请尝试按不同的标准来对它们进行分类，并讨论这些景点对哪些人群有吸引力。

【知识准备】

一、旅游资源的概念

旅游资源是旅游活动的根本对象，是一个国家和地区旅游业生存和发展的依托。国家旅游局和中科院地理研究所在《中国旅游资源普查规范》中将旅游资源定义为：自然界和人类社会中凡能对旅游者产生吸引力，可以为旅游业开发利用，并可产生经济效益、社会效益和环境效益的各种事物和因素都可视为旅游资源。

旅游资源具有综合性、地域性、不可移动性、可重复开发性和观赏性等特征。旅游资源的地域性是旅游流产生的根本因素，不同地方有不同的自然与文化环境，而旅游者天生有求新、求异的心理需求，这使得旅游者在一定的条件下会跨越空间限制前往异地游览。

二、旅游资源的分类

旅游资源的分类是按照旅游资源的相似性和差异性进行归类或者划分出的具有一定从属关系的过程。

根据分类目的和标准的不同而有不同的分类方案：

1. 根据旅游资源的等级及管理范围进行分类

根据旅游资源的等级及管理范围进行分类可分为世界级旅游资源，如世界自然遗产、世界地质公园丹霞山；国家级旅游资源，如曲江南华寺、始兴满堂围、南岭国家森林公园；省级旅游资源，如广东大峡谷；县级旅游资源，如灵溪河森林公园等。

2. 根据旅游资源的市场特征与开发现状进行分类

根据旅游资源的市场特征与开发现状进行分类，可分为潜在旅游资源与现实旅游资源。

3. 根据旅游资源的功能分类

根据旅游资源的功能分类，可分为：

（1）观光游览型：以自然风光、园林建筑、古建筑、城镇风貌、珍稀动植物为主的资源，如丹霞山、南华寺、珠玑巷。

（2）参与型：以漂流、攀岩、狩猎、风俗民情、节庆活动、宗教朝觐等为主的资源，如徒步丹霞，南华诞、瑶族“十月朝”旅游文化节等。

（3）购物型：以纪念品、土特产为主的资源，如美食节、韶关土特产旅游节。

（4）保健休疗型：疗养胜地、温泉养生、体育节事活动，如韶关曹溪温泉假日度假村、枫湾温泉度假村等。

（5）文化型：以历史古迹、古建筑、宗教文化、文学艺术、社会风情为主的资源，如韶关博物馆、石塘古村落。

（6）情感型：以名人故居、名人陵墓、各类纪念地为主的资源，如余靖纪念馆、张九龄墓等。

4. 根据旅游资源的成因属性分类

有的根据旅游资源的成因属性，将旅游资源分为自然旅游资源和人文旅游资源（二级6大类74基类，见图3－1）。其中，自然旅游资源是天然形成的，具有明显的天赋性质，如云门寺桂花潭、南岭第一峰石坑崆；人文旅游资源是古今人类活动留下的，是人工创造出来的，如马坝人遗址、梅关珠玑巷。

- 旅游资源
  - 自然旅游资源
    - 地文景观类（13 基类）
    - 水域风光类（7 基类）
  - 人文旅游资源
    - 生物景观类（6 基类）
    - 古迹与建筑类（32 基类）
    - 休闲求知健身类（11 基类）
    - 购物类（5 基类）

图 3－1　旅游资源分类表（二分法）

5. 根据其他分类

中华人民共和国国家标准《旅游资源分类、调查与评价》（GB/T 18972—2003）根据旅游资源的形状、形态、特性将旅游资源分为 8 个大类（地文景观、水域风光、生物景观、天象与气候景观、遗址遗迹、建筑与设施、旅游商品、人文活动）；根据性质、形态、功能、文化内涵等分为 31 个亚类和 155 个基本分类，如表 3－1 所示。

表 3－1　旅游资源分类表

主类	亚类	基本类型
A 地文景观	AA 综合自然旅游地	AAA 山丘型旅游地　AAB 谷地型旅游地　AAC 砂砾石地型旅游地　AAD 滩地型旅游地　AAE 奇异自然现象　AAF 自然标志地　AAG 垂直自然地带
	AB 沉积与构造	ABA 断层景观　ABB 褶曲景观　ABC 节理景观　ABD 地层剖面　ABE 钙华与泉华　ABF 矿点矿脉与矿石积聚地　ABG 生物化石点
	AC 地质地貌过程形迹	ACA 凸峰　ACB 独峰　ACC 峰丛　ACD 石（土）林　ACE 奇特与象形山石　ACF 岩壁与岩缝　ACG 峡谷段落　ACH 沟壑地　ACI 丹霞　ACJ 雅丹　ACK 堆石洞　ACL 岩石洞与岩穴　ACM 沙丘地　ACN 岸滩
	AD 自然变动遗迹	ADA 重力堆积体　ADB 泥石流堆积　ADC 地震遗迹　ADD 陷落地　ADE 火山与熔岩　ADF 冰川堆积体　ADG 冰川侵蚀遗迹
	AE 岛礁	AEA 岛区　AEB 岩礁
B 水域风光	BA 河段	BAA 观光游憩河段　BAB 暗河河段　BAC 古河道段落
	BB 天然湖泊与池沼	BBA 观光游憩湖区　BBB 沼泽与湿地　BBC 潭池
	BC 瀑布	BCA 悬瀑　BCB 跌水
	BD 泉	BDA 冷泉　BDB 地热与温泉
	BE 河口与海面	BEA 观光游憩海域　BEB 涌潮现象　BEC 击浪现象
	BF 冰雪地	BFA 冰川观光地　BFB 常年积雪地

（续上表）

主类	亚类	基本类型
C 生物景观	CA 树木	CAA 林地　CAB 丛树　CAC 独树
	CB 草原与草地	CBA 草地　CBB 疏林草地
	CC 花卉地	CCA 草场花卉地　CCB 林间花卉地
	CD 野生动物栖息地	CDA 水生动物栖息地　CDB 陆地动物栖息地　CDC 鸟类栖息地　CDD 蝶类栖息地
D 天象与气候景观	DA 光现象	DAA 日月星辰观察地　DAB 光环现象观察地　DAC 海市蜃楼现象多发地
	DB 天气与气候现象	DBA 云雾多发地　DBB 避暑气候地　DBC 避寒气候地　DBD 极端与特殊气候显示地　DBE 物候景观
E 遗址遗迹	EA 史前人类活动场所	EAA 人类活动遗址　EAB 文化层　EAC 文物散落地　EAD 原始聚落
	EB 社会经济文化活动遗址遗迹	EBA 历史事件发生地　EBB 军事遗址与古战场　EBC 废弃寺庙　EBD 废弃生产地　EBE 交通遗迹　EBF 废城与聚落遗迹　EBG 长城遗迹　EBH 烽燧
F 建筑与设施	FA 综合人文旅游地	FAA 教学科研实验场所　FAB 康体游乐休闲度假地　FAC 宗教与祭祀活动场所　FAD 园林游憩区域　FAE 文化活动场所　FAF 建设工程与生产地　FAG 社会与商贸活动场所　FAH 动物与植物展示地　FAI 军事观光地　FAJ 边境口岸　FAK 景物观赏点
	FB 单体活动场馆	FBA 聚会接待厅堂（室）　FBB 祭拜场馆　FBC 展示演示场馆　FBD 体育健身场馆　FBE 歌舞游乐场馆
	FC 景观建筑与附属型建筑	FCA 佛塔　FCB 塔形建筑物　FCC 楼阁　FCD 石窟　FCE 长城段落　FCF 城（堡）　FCG 摩崖字画　FCH 碑碣（林）　FCI 广场　FCJ 人工洞穴　FCK 建筑小品
	FD 居住地与社区	FDA 传统与乡土建筑　FDB 特色街巷　FDC 特色社区　FDD 名人故居与历史纪念建筑　FDE 书院　FDF 会馆　FDG 特色店铺　FDH 特色市场
	FE 归葬地	FEA 陵区陵园　FEB 墓（群）　FEC 悬棺
	FF 交通建筑	FFA 桥　FFB 车站　FFC 港口渡口与码头　FFD 航空港　FFE 栈道
	FG 水工建筑	FGA 水库观光游憩区段　FGB 水井　FGC 运河与渠道段落　FGD 堤坝段落　FGE 灌区　FGF 提水设施

（续上表）

主类	亚类	基本类型
G 旅游商品	GA 地方旅游商品	GAA 菜品饮食　GAB 农林畜产品与制品　GAC 水产品与制品　GAD 中草药材及制品　GAE 传统手工产品与工艺品　GAF 日用工业产品　GAG 其他物品
H 人文活动	HA 人事记录	HAA 人物　HAB 事件
	HB 艺术	HBA 文艺团体　HBB 文学艺术作品
	HC 民间习俗	HCA 地方风俗与民间礼仪　HCB 民间节庆　HCC 民间演艺　HCD 民间健身活动与赛事　HCE 宗教活动　HCF 庙会与民间集会　HCG 饮食习俗　HGH 特色服饰
	HD 现代节庆	HDA 旅游节　HDB 文化节庆活动　HDC 商贸农事节　HDD 体育赛事活动
数量统计		
8 主类	31 亚类	155 基本类型
［注］如果发现本分类没有包括的基本类型时，使用者可自行增加。增加的基本类型可归入相应亚类中，置于最后，最多可增加 2 个。编号方式为：增加第 1 个基本类型时，该亚类 2 位汉语拼音字母 + Z；增加第 2 个基本类型时，该亚类 2 位汉语拼音字母 + Y。		

值得特别说明的是，任何旅游资源一经打造开发，必将深深打下人类活动的烙印，使得旅游资源具有综合性的特点。如丹霞山风景名胜区按照旅游资源的二分法，其风景资源单体涉及 2 大类、8 中类、37 小类，已记录有 990 个风景资源单体，其中自然资源有 682 个，人文资源有 308 个。

三、旅游资源分类的意义

对旅游资源进行分类有助于我们加深对旅游资源属性的认识，更深层次地认识、评价旅游资源，摸清资源家底，为旅游资源的开发、规划和保护奠定基础。

韶关有着丰富多样的旅游资源，还有很多旅游资源藏在深山尚未被人所知，现有的旅游资源有待更好地归类整合、挖掘利用，以打造韶关大旅游的格局。只有根据旅游资源的特质进行旅游线路的组合开发，才能针对不同旅游动机的旅游者进行旅游市场的细分，并取得事半功倍的效果。

【后期制作】

请完成下列作业，并上传至校园网站 http://sgzz. xinhuiren. com。

（1）旅游资源和旅游景点有什么区别？丹霞山全国山地自行车公开赛、曲江“梦里茶乡”茶文化节以及乳源的石头猪、乐昌的梅花猪也是旅游资源吗？

（2）阅读资料，完成下列问题。

邓坑村是粤北山区韶关南雄海拔500米的丛山之中的一个普通小村落，让村民们骄傲的是村口的那一株罗汉松（图3－2）。据当地史料记载，这棵罗汉松已有1 000年树龄。千年来，这株罗汉松一直屹立于村口，为村民遮风挡雨，被乡民称为“神树”。该树高约12米、胸径1.2米、周长3.9米，需3个成年人才能合抱。村里79岁的钟义怀老伯介绍，由于村子地理位置偏僻，过客稀少，这棵古树一直不被外人所知，最近村民们却为了这棵老树而愁眉不展：这棵千年罗汉松靠近路边根部的水土已经完全流失，一半的根基裸露在外，呈现枯萎的状态；从根部往上看，一截粗壮的树枝被拦腰锯掉，树冠上，靠路边的部分枝丫也已成枯枝，与另一边青翠的枝叶形成鲜明的对比，如果再不采取保护措施，千年古树终将会毁于一旦。

图3－2　千年罗汉松

（图文资料由刘发光提供）

请问：这棵千年罗汉松是不是旅游资源？如何保护、开发这个资源并给邓坑村带来经济效益、社会效益和环境效益？请你制订一个可行的方案提供给邓坑村村委参考。

第二节　地文景观旅游资源

【学习目标】

（1）举例说出地文景观旅游资源的基本类型、基本特征和旅游价值。

（2）说出韶关的主要地文景观旅游资源，并在韶关旅游图上标注其分布的位置。

（3）解释丹霞山及丹霞地貌、乳源大峡谷、南岭国家森林公园、新丰云髻山、芙蓉山国家矿山公园等地文景观旅游资源的成因。

（4）从各地文景观的特征、不同观赏位置、最佳观赏时机以及观赏线路等方面欣赏和鉴赏地文景观，并撰写导游词。

（5）尝试制定韶关地文景观旅游资源调查表，以小组合作方式就韶关地文景观旅游资源进行问卷调查等活动。

【课前活动】

（1）查阅资料，比较丹霞地貌、喀斯特地貌的典型特征和成因，并填写下表。

表 3－2　丹霞地貌、喀斯特地貌特征和成因对比

	丹霞地貌	喀斯特地貌
典型特征		
成因		
典型图片	 图 3－3　乐昌金鸡岭	 图 3－4　乳源瑶族自治县通天箩

（2）2010 年 8 月 1 日，在巴西利亚举行的第 34 届世界遗产大会审议通过将中国湖南崀山、广东丹霞山、福建泰宁、贵州赤水、江西龙虎山和浙江江郎山联合申报的“中国丹霞地貌”列入“世界自然遗产目录”。这是中国第四十个被列入《世界遗产名录》的项目。查阅资料，比较上述六处丹霞地貌的异同点。

（3）挖掘身边的地文景观旅游资源的“内涵”，特别是一些小故事，配上该地文景观图，开展韶关地文景观旅游资源小故事演讲比赛。

【知识准备】

地文景观是指地球内、外营力综合作用于地球的岩石圈而形成的各种现象与事物的总称，是在长期的地质作用和地理过程中形成、在地表面或浅地表存留下来、展示地球形成和发展规律、反映地质时期的气候和地理环境状况的地质地貌景观。地文景观旅游资源则是指能对旅游者产生吸引力，可以为旅游业开发利用的地文景观物象。地文景观旅游资源可以划分为 5 个亚类、37 个基本类型，具体如表 3－3 所示。

表 3－3　地文景观旅游资源分类表

A 地文景观旅游资源	AA 综合自然旅游地	AAA 山丘型旅游地　AAB 谷地型旅游地　AAC 砂砾石地型旅游地　AAD 滩地型旅游地　AAE 奇异自然现象　AAF 自然标志地　AAG 垂直自然地带
	AB 沉积与构造	ABA 断层景观　ABB 褶曲景观　ABC 节理景观　ABD 地层剖面　ABE 钙华与泉华　ABF 矿点矿脉与矿石积聚地　ABG 生物化石点
	AC 地质地貌过程形迹	ACA 凸峰　ACB 独峰　ACC 峰丛　ACD 石（土）林　ACE 奇特与象形山石　ACF 岩壁与岩缝　ACG 峡谷段落　ACH 沟壑地　ACI 丹霞　ACJ 雅丹　ACK 堆石洞　ACL 岩石洞与岩穴　ACM 沙丘地　ACN 岸滩
	AD 自然变动遗迹	ADA 重力堆积体　ADB 泥石流堆积　ADC 地震遗迹　ADD 陷落地　ADE 火山与熔岩　ADF 冰川堆积体　ADG 冰川侵蚀遗迹
	AE 岛礁	AEA 岛区　AEB 岩礁

韶关地文景观旅游资源比较丰富，除岛礁类外，其他各类均有分布，著名的有丹霞山、乳源大峡谷、南岭国家森林公园、新丰云髻山、芙蓉山国家矿山公园等各地文景观旅游资源。

一、综合自然旅游地

综合自然旅游地是指整体或局部区段对人有吸引力的自然景观与自然现象，也指不具备特殊吸引力的单体组合之后却有了一种和谐的吸引力的景观现象。在旅游学中，综合自然旅游地包含山丘型旅游地、谷地型旅游地、砂砾石地型旅游地、滩地型旅游地、奇异自然现象、自然标志地、垂直自然地带共 7 类自然景观。这 7 类自然景观在韶关具有丰富的资源内涵。

图 3－5　新丰云髻山

韶关地处粤北山区，山地资源丰富，生态优越，是广东省旅游资源最丰富的地区之一。韶关主要的综合自然旅游地有丹霞山、乳源大峡谷、南岭国家森林公园、广东天井山国家森林公园、乐昌坪石金鸡岭、新丰云髻山、始兴倒竹岩、仙人磨石和东华山等。位于乳源瑶族自治县南岭国家森林公园的石坑崆，海拔 1 902 米，为广东最高峰，也是广东阳山第一峰森林公园、广东乳源南岭国家森林公园、湖南宜章莽山国家森林公园的共有山峰。石坑崆峰峻伟奇丽，四周山岭逶迤，群峰崔巍，与海拔 1 888 米的广东第二峰石韭岭遥遥相望，是登高远眺、高山观日、秋季观星的绝佳去处。新丰云髻山，既有南方山水的钟灵毓秀，又有北国山岳的雄伟峻拔。“仁者乐山，智者乐水。”云髻山，以雄伟原始的山和神圣洁净的水，令天下游客悠然陶醉，如入梦乡。云髻山的森林、云海、湖水、温泉又是一大特色。这里的林海无边，植被茂密，有寄生树、石上竹、禾雀花等奇观，可谓争怪斗异，千姿百态；这里的云海翻腾，如棉絮，如地毯，人在其中，心旷神怡，犹如飘入仙境；在海拔 800 米处的鸳鸯湖，宛如镶嵌在山中的璀璨明珠；这里的温泉，水色清透，含氟、钾、钠等多种微量元素，有良好的疗养和保健作用。

二、沉积与构造

主要指一些典型构造与标准剖面，可以吸引部分人士参观研究，例如芙蓉山向斜、帽子峰剖面、天子岭剖面等。韶关地处南岭山脉南部，全境在大地构造上处于华夏活化陆台的湘粤褶皱带。

图 3－6　南雄恐龙蛋化石

南雄、坪石等盆地属红岩类型，全境在大地构造上处于华夏活化陆台的湘粤褶皱盆地，幅员较广，岩层中也含有十分丰富的古生物化石。在南雄发现的恐龙蛋化石数量和种属之多、保存之完好为中外罕见，南雄是目前世界上研究恐龙灭绝问题的最佳地点。

三、地质地貌过程形迹

韶关地质构造复杂，火成岩分布极广，地层发育基本齐全，喀斯特地貌广布，种类多样，岩类以红色砂砾岩、砂岩、变质岩、花岗岩和石灰岩为主，流水侵蚀作用强烈，形成众多的地质地貌景观，包括丹霞山上众多的凸峰、独峰；阳元石、阴元石、群象过江、五马归槽等奇特象形山石；岩缝一线天；喀斯特溶洞景观；乐昌古佛岩、曲江狮子岩、乳源通天箩等。

仁化丹霞山一带以独特的丹霞地貌而闻名于世，2010 年成为世界自然遗产，是中国典型的“丹霞地貌”所在地和命名地，丹霞山的丹霞地貌发育具有典型性、代表性、多样性和不可替代性。据地质学家研究，在中国已经发现的 800 多处丹霞地貌中，丹霞山是发育最典型、类型最齐全、造型最丰富、景色最优美、研究最充分的丹霞地貌集中分布区。

图 3－7　丹霞地貌

【小故事】

茶壶峰的传说

传说很久以前，锦江河畔住着一个渔夫，膝下有两个女儿，父女三人和睦度日。那时主要的交通工具是船，锦江河上常有商船来往，为平静的锦江增添了几分热闹。这位心地善良的锦江老渔夫经常招徕客人进屋喝茶畅叙沧桑，虽是萍水相逢，却也十分亲密融洽。渔夫不但自己这样做，而且用“在家不会待宾客，出门方知少主人”的古训来教育自己的两个女儿。两位姑娘虽然长相不一，但都生得聪明伶俐，没有辜负父亲的期望，对客人以礼相待，热情大方。每逢客人进屋，姐妹俩便献上丹霞山的白毛香茶，献上水上人家比锦江还要深长的情谊！一天傍晚时分，一下子来了三十多位商人，姐妹俩忙得满头大汗，互相争着为客人斟茶。姐姐对妹妹说：“你去歇息一会吧，由我来！”妹妹忙说：“不，还是由我来吧！”说着便伸手去夺姐姐手中的茶壶，刚好抓着茶壶的把手，由于用力过猛，竟把茶壶的把手扯脱了。茶壶一偏，香茶溢了出来，洒入碧波粼粼的锦江，芳香随水传遍十里，渗入河底。从此之后，锦江河水格外清甜，据说经常用此水沐浴，可消除皱纹，永葆青春。以此沏茶品尝则可消灾去病，延年益寿。

【挑战自我】

请在表 3－4 中填写韶关有代表性的地文景观。

表 3－4　韶关地文景观分类表

主类	亚类	基本类型	代表性景观	基本类型	代表性景观
A 地文景观	AA 综合自然旅游地	AAA 山丘型旅游地		AAB 谷地型旅游地	
		AAC 砂砾石地型旅游地		AAD 滩地型旅游地	
		AAE 奇异自然现象		AAF 自然标志地	
		AAG 垂直自然地带			
	AB 沉积与构造	ABA 断层景观		ABB 褶曲景观	
		ABC 节理景观		ABD 地层剖面	
		ABE 钙华与泉华		ABF 矿点矿脉与矿石积聚地	
		ABG 生物化石点			
	AC 地质地貌过程形迹	ACA 凸峰		ACB 独峰	
		ACC 峰丛		ACD 石（土）林	
		ACE 奇特与象形山石		ACF 岩壁与岩缝	
		ACG 峡谷段落		ACH 沟壑地	
		ACI 丹霞		ACJ 雅丹	
		ACK 堆石洞		ACL 岩石洞与岩穴	
		ACM 沙丘地		ACN 岸滩	
	AD 自然变动遗迹	ADA 重力堆积体		ADB 泥石流堆积	
		ADC 地震遗迹		ADD 陷落地	
		ADE 火山与熔岩		ADF 冰川堆积体	
		ADG 冰川侵蚀遗迹			
	AE 岛礁	AEA 岛区		AEB 岩礁	

【后期制作】

请完成下列作业，并上传至校园网站 http://sgzz. xinhuiren. com。

（1）根据表 3－4 所列内容查阅资料，在韶关地图上标出各类地文景观，制作成韶关地文景观旅游资源分布图。

（2）俗话说“景点美不美，全靠导游一张嘴”。导游从业人员是游客与景区的桥梁，其讲解能力更是直接影响着游客对景观的印象与评价。请选择韶关的一个地文景观并充当一名导游，撰写一段导游词带领我们欣赏它的美吧！

【小知识】

导游词的撰写

1. 导游词讲解内容

导游词的具体内容一般有前言、总述、分述、结尾四个部分。

前言，是导游员在陪同游客参观、游览前，向大家表示问候、欢迎和自我介绍的话，其语言要简短、亲切，有引出下文的作用。

总述，是对游览景点的一个总的介绍。

分述部分是导游词的重点，要按游览顺序，对所选景观逐一进行生动、具体的解说，使游客尽情饱览景点风光，领略世界文化遗产的艺术魅力与风韵或自然遗产的鬼斧神工与神奇，并留下美好的回忆。

结尾，在游览结束后，应对游览的内容作一小结，并向游客表示感谢和告别。

2. 地文景观讲解要点

（1）语言描述：三分形象，七分想象，不想不像，越想越像。

（2）衍释发挥：神话传说、民间典故、历史故事、风俗人情。

第三节　水域风光旅游资源

【学习目标】

（1）说出韶关主要河段（如城区三江六岸、仁化锦江等河段）景观的分布和特色。

（2）说出韶关南水水库、丹霞山翔龙湖、始兴花山水库、曲江水库、南雄孔江水库等人工湖泊的分布、规模和作用，并在韶关旅游图上标出它们的位置。

（3）在韶关旅游图上标出南岭国家森林公园瀑布群、广东大峡谷埕头瀑布、乳源云门寺桂花潭、乐昌龙王潭等瀑布的分布和最佳观赏时间。

（4）说出温泉的作用。在韶关旅游图上标出经律论文化旅游小镇 · 森林温泉世界（小坑）、曹溪温泉假日度假村、乳源丽宫云瑶谷温泉度假村、枫湾温泉度假村、小坑温泉度假村、乐昌龙山温泉、新丰云天海温泉、新丰森林温泉、新丰松山温泉、南雄龙华山温泉、始兴花果山温泉等温泉的分布、开发现状，探讨其今后的发展方向。

【课前活动】

（1）分为四个小组，每个小组选一个水域风光（如一个河段景观、一个水库、一个瀑布或一个温泉)，实地拍摄一段视频或一组照片，制作成 PPT 或微电影来介绍它的主要特色。

(2) 温泉旅游除了泡温泉外，还有很多其他项目，搜集资料，在表 3 – 5 中比较下列温泉的特点和重点开发的项目。

表 3 – 5　韶关主要温泉比较

名称	特点	开发的项目
经律论文化旅游小镇·森林温泉世界（小坑）		
曹溪温泉假日度假村		
乳源丽宫云瑶谷温泉度假村		
枫湾温泉度假村		
乐昌龙山温泉		
新丰云天海温泉		
南雄龙华山温泉		
始兴花果山温泉		

【知识准备】

水是生命形成和发展最基本的条件之一，也是自然界最活跃的物质之一，同时又是大自然景观最基本的造景条件之一。古人云“山得水而活，水得山而媚”，“因山而峻，因水而秀”。

各种形态的水体在地质地貌、气候、生物以及人类活动等因素的配合下，形成了不同类型的水体景观，即水域风光，如汹涌澎湃、烟波浩渺的大海，波光粼粼、水光摇曳的河流，轻柔幽静、清澈透明的湖水，壮观奔放、飞流直下的瀑布，秀美清丽、奇妙无穷的泉水，银装素裹、巍峨挺拔的雪山……在不同时间、不同地点去欣赏这些水体景观，都会给人以不同的体验、不同的感受，这些是自然旅游资源的重要组成部分。因此，凡是能吸引旅游者进行观光游览、度假健身、参与体验等活动的各种水体景观，都可视为水域风光类的旅游资源。

水域风光旅游资源包括河段、湖泊、瀑布、泉水、海洋、冰雪地等，具体分类如图 3 – 8 所示。

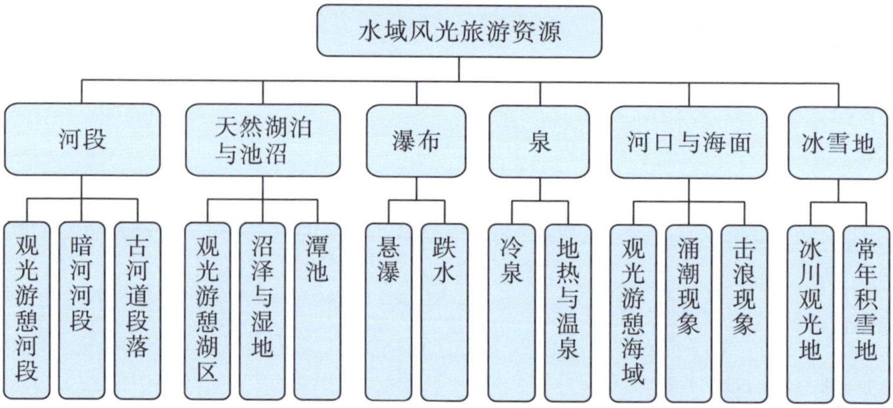

图 3－8　水域风光旅游资源分类

一、河段景观

图 3－9　新丰江之源枫叶红

河流通常可以分为河源（河流发源地）段、上游、中游、下游和河口段，这些河段各自有其独特的形态和景观。一般说来，江河的河源段往往为雪山、冰川和溪涧，这里人迹罕至，具有原始神秘的景观特征；江河上游多为山地，河流深切形成峡谷，河床狭窄，两侧山石壁立，景观特征以雄伟险峻为主；中下游河段，地势低平、河谷宽阔、水流平缓，两岸多为经济文化发达、人文景观丰富的地区；河口段，若河流交汇，常常有波澜壮阔的海潮，若汇入湖泊，则多为“泾渭分明”的清、浊水流交汇的奇观。在喀斯特地区，有些河流经溶洞和裂隙而没于地下，成为地下河，也称“暗河”或“伏河”。

图 3－10　乐昌峡

河段景观旅游资源是指风景优美、具有旅游开发价值的河流的某个区段，着眼于水流和河流两岸的风景。韶关地处我国南方，降水丰沛，河流众多，有丹霞地貌和喀斯特地貌分布，河段景观旅游资源很丰富，主要有观光游憩河段景观和暗河河段景观。在韶关市区可欣赏浈江、武江汇合为北江的三江六岸美景，在水上丹霞——锦江可欣赏两岸秀美的风光，在乐昌峡、杨溪河可欣赏险峻的峡谷风光，在南岭国家森林公园、天井山、乐昌龙王潭等深山中可欣赏溪涧的幽深神秘的风光，在乐昌古佛岩、马坝狮子岩可探幽地下暗河。

【阅读】

“水上丹霞、梦幻锦江”——丹霞山最美的景点

历史资料中，“锦江”二字最早见于北宋《锦石岩记略》，传说因女娲补天所用的五彩锦石撒落江中而得名。有人说它发源于仙人岭，是仙人赋予人间的玉液；有人说它流经万顷林海，是林海酿造的仙泉；有人说它是大自然用神奇的手织成的锦带，系在丹霞山的腰间。

图3－11 丹霞渔人

“百里锦江、百里画廊”，天光、丹霞倒映在江中。乘船游锦江，看两岸青山徐徐后移，听锦水滩声悄送情歌。矗立船头，最美的当数“睡美人”。船行江上，两岸的美景既有长江三峡的雄奇壮观，又有桂林漓江的旖旎，还有世外桃源的阡陌炊烟。从阳元码头至丹霞电站的行程，堪称“锦江画廊”，丹霞美景集中展现，群峰呈态，使人目不暇接，妙不可言。1986年著名历史学家赵朴初坐船游水上丹霞，感叹“临别游江再看山，万古丹霞冠岭南”。桂林山水甲天下，尚有广东一丹霞，不游漓江，枉去桂林，不游锦江，枉来丹霞。

二、湖泊与池沼

人们常用“湖光山色”来形容自然风光的优美静谧、妩媚诱人。湖泊不仅通过自身的形、影、声、色、奇等构景因素，给游客以美感，而且许多湖泊与山、林、花、草以及建筑物等人文景观相结合，形成优美的风景名胜区，供人们观赏游览。秀丽幽静的湖面风光使人们悠然自得、心绪平和，有利于修身养性；烟波浩渺、水天相连的旷景，使人心旷神怡。不同的湖影、声、色，无疑也是一种美的享受，同时湖泊还可以开展垂钓、驶船、游泳、品尝水鲜等多种活动。

韶关以山地丘陵为主，开阔的地形较少，天然湖泊少，但有不少因建水库而形成的人工湖，如南水水库、丹霞山翔龙湖、始兴花山水库、曲江水库、南雄孔江水库等人工湖泊。

三、瀑布

瀑布在地质学上叫跌水，是流水从悬崖或陡坡上倾泻而下形成的水体景观，

或从河床跌水处飞泻而下的水流。瀑布景观是水域风光旅游资源的重要组成部分，具有独特的审美价值。

韶关地形以山地丘陵为主，多山谷，属中亚热带湿润型季风气候区，雨量充沛，河流流量较大，瀑布多就不足为奇了。南岭国家森林公园瀑布群、广东大峡谷埕头瀑布、乳源云门寺桂花潭、乐昌龙王潭等都是景色优美的瀑布。

【小知识】

广东大峡谷埕头瀑布

图 3－12　广东大峡谷

广东大峡谷位于乳源瑶族自治县，是伴随着喜马拉雅山后期的抬升而形成的，距今已有约 1 000 万年的历史。大峡谷的两侧，是高角度的绝壁峡谷，十分险峻，谷内出露的岩石以致密坚硬的石英岩为主。大峡谷的顶端状似一只大埕，谷面宽约 600 米，平静的大布河流从东南向西北流过，流到这里突然腾空冲下，直冲潭底，很远就可以听见它的轰鸣声，气势撼人心魄，从而形成了气势雄伟的埕头瀑布。春夏季节，由于大雨造成水量大增，瀑布奔腾而下三百米，气势磅礴，从而成为中国罕见的飞瀑。唐代大诗人李白的著名诗句“飞流直下三千尺，疑是银河落九天”用于描述大峡谷一点儿都不为过。

四、温泉

泉是地下水的天然露头，是地下水涌出地表的自然景观。它不仅可以造景、育景，美化大地，还为人们提供了理想的水源。许多泉水具有重要的旅游价值，从而成为一种独特的水域风光旅游资源。

温泉是泉水的一种，是一种由地下自然涌出的泉水，其水温高于环境年平均温度 5℃，或于华氏 10℉以上。现代温泉旅游是将观光赏景、养生保健、怡情放松、休闲娱乐融为一体的多功能旅游活动。

韶关的温泉旅游资源分布广，历史悠久，各地方府志均有记载，有“以腥物投之，俄顷即热”，“每至霜雪，见其上蒸汽高数十丈”等生动描述。

韶关主要的温泉度假村有经律论文化旅游小镇·森林温泉世界、曹溪温泉假日度假村、乳源丽宫云瑶谷温泉度假村、枫湾温泉度假村、小坑温泉度假村、乐昌龙山温泉、新丰云天海温泉、新丰森林温泉、新丰松山温泉、南雄龙华山温泉、始兴花果山温泉等。

还有像曲江江湾温泉、始兴刘张家山附近的很多家庭温泉，虽然规模小，但水质好，也卫生，客人离开后店家都会清洗池子，换上新汤。这附近的居民不知从什么时候起天天泡汤，由于血液循环好，当地居民脸色是红红的，身体是棒棒的，甚少有风湿病。

还有些很有趣的野温泉，如始兴隘子林场、南雄帽子峰林场等地没有开发经营，只是附近村民和职工使用的原生态温泉。如果你是自驾游，或是徒步旅游者，不管是开车还是步行，盘旋于这青山绿水中，肆意地泡个澡，那是何等惬意，并且经济又实惠！

【小知识】

顶级度假村—— 经律论文化旅游小镇·森林温泉世界

韶关最为大型和典型的温泉度假村当属经律论文化旅游小镇·森林温泉世界了。它坐落于优美的曲江小坑水库旁，环境清幽、曲水流淌、鸟鸣山涧。过去这里是干部养老院，后改建成小坑温泉度假村，于 2011 年建成如今游客于青山绿水间参禅论道、修身养性的浮华尘世中的一方净土、喧闹都市里的清静一隅。

经律论文化旅游小镇经律论国际酒店是按照五星级标准打造而成的，建筑面积三万多平方米，拥有各类客房448 间。酒店除了具备资深的酒店服务、专业的餐饮服务、贴心周全的接待功能，还具备谈禅、论道、打坐等多种功能，供游客修心、参禅、悟禅，体悟人生的真谛和生命的永恒。

图 3－13 小坑温泉

温泉区主要包括室内温泉馆、温泉中心以及森林温泉区。整个温泉区集 SPA、按摩、沐足、鱼疗、温泉养生等功能于一体。森林温泉区依山而建，60 多个不同功能的温泉池如珍珠般洒落在森林内，里面峡谷幽深，森林茂密。负氧离子含量极高。置身其中，既可享受到珍贵的氡温泉浴，又可享受到森林负离子浴，还可以享受到绿树成荫、鸟叫虫鸣的自然风光。温泉馆内的泉水来自“罗汉泉”，是岭南罕有的无色无味可泡温矿泉，温泉水中含有稀有珍贵的氡等多种对人体有益的矿物质和微量元素。

【挑战自我】

表 3－6　水域风光旅游资源分类表

B 水域风光旅游资源	BA 河段	BAA 观光游憩河段　BAB 暗河河段　BAC 古河道段落
	BB 天然湖泊与池沼	BBA 观光游憩湖区　BBB 沼泽与湿地　BBC 潭池
	BC 瀑布	BCA 悬瀑　BCB 跌水
	BD 泉	BDA 冷泉　BDB 地热与温泉
	BE 河口与海面	BEA 观光游憩海域　BEB 涌潮现象　BEC 击浪现象
	BF 冰雪地	BFA 冰川观光地　BFB 常年积雪地
［注］通过本节课的学习和探究，老师希望你能够有所发现，请将你的发现增添进来吧（如果发现本分类没有包括的基本类型时，使用者可自行增加。增加的基本类型可归入相应亚类中，置于最后，最多可增加 2 个。编号方式为：增加第 1 个基本类型时，该亚类 2 位汉语拼音字母＋Z；增加第 2 个基本类型时，该亚类 2 位汉语拼音字母＋Y）。		

【后期制作】

请完成下列作业，并上传至校园网站 http://sgzz.xinhuiren.com。

（1）浈江、武江在韶关市区交汇于北江，形成三江六岸的景观，景观要素概括为山、水、城、桥、岸、岛。古城青山环抱，三江碧水长流，六岸景观日新。环岛绿色滨江长廊宛如佩戴在小岛上的一条项链，熠熠生辉。长廊上的堤岸、树木、花坛、草坪、雕塑、亭台、花园等都和谐地融为一体，处处绿树成荫、清风拂面、幽雅怡人。无论是白天还是晚上，环岛长廊总吸引着众多的市民到此舞剑、做操、散步、对歌、下棋……那般悠闲，那般惬意。请同学们分成若干小组，在白天、在晚上，以骑车、乘船、步行等方式寻找三江六岸的美景，用照相机、DV 拍摄下来，配上导游词，制作成 PPT 或微电影，与同学们分享。

（2）请在韶关旅游图上标出南水水库、丹霞山翔龙湖、始兴花山水库、曲江水库、南雄孔江水库的位置。挑选其中一个人工湖泊，设计好游玩线路及项目，由你做导游，带你的家人或同学去游玩。

（3）刘禹锡说：“山不在高，有仙则灵；水不在深，有龙则灵。”丹霞山的翔龙湖就是一个人杰地灵的仙湖。它位于长老峰南侧，因其湖面轮廓酷似一条腾飞的龙而得名，龙首、龙角、龙身、龙爪、龙尾一应俱全，故取名翔龙湖。请搜集民间传说、神话故事，或是自编一个小故事，开展关于韶关地区人工湖的小故事比赛。

（4）请同学们分小组通过查询资料或实地考察，探寻埕头瀑布的成因，结合韶关气候找寻最佳观察时间和你认为观赏此瀑布的最佳位置，最终形成一份小报告（提示：雨季该地区常有山洪灾害，游玩前要了解当地天气预报、路况等，防止意外事故的发生）。

（5）寻找韶关其他的温泉资源，与周边其他旅游资源进行整合，做一份该地区温泉及周边旅游资源综合开发的设计图，为成为未来的旅游管理者打下坚实的基础。

第四节　生物景观旅游资源

【学习目标】

（1）说出生物景观旅游资源的基本类型、基本特征和旅游价值。

（2）识别韶关的市树（阴香）、市花（杜鹃）、市鸟（画眉），说出它们的象征意义。

（3）认识韶关常见植物以及奇特珍稀植物；概述“史前遗者”观光木、“活化石”三尖杉、“广东杉树王”以及南方红豆杉的分布状况和典型特征。

（4）在韶关旅游图上标注仁化万时山高山草原和曲江船底顶山草原的位置，说出它们的旅游价值。

（5）在韶关旅游图上标注新丰樱花峪、浈江区樱花公园、南雄梅关古道（梅花）、乐昌九峰山（桃花、李花、油菜花等）、翁源“仙鹤兰花长廊”的位置，并说出观赏最佳季节。

（6）列表比较韶关省级以上自然保护区的分布和保护的主要生物，并在韶关旅游图上标注它们的位置。

【课前活动】

（1）观察韶关街区、公园、校园有哪些常见的植物，请拍下来做成 PPT 和同学们一起分享。

（2）拍摄一组关于韶关市树、市花、市鸟的照片，说一说韶关人选择它们作为城市象征的理由。

（3）查阅资料填写表 3－7。

表 3－7　植物及其寓意

	岁寒三友	园中三杰	花中四友	花中四君子
名称				
寓意				

【知识准备】

生物是地球上有生命的物体的总称，可分为动物、植物和微生物三大类。生物是富有生机的自然旅游景观不可缺少的组成部分，生物因其各自的生态、习性、色彩、造型等特征，从而满足人们对娱乐、疗养、考察、食用、保健、医疗等功能的需要。生物景观旅游资源具有观赏功能、文化科研价值，可吸引人们来观览和探究；能美化、净化环境，给人带来愉悦。生物景观旅游资源的分类，如图 3－14 所示。

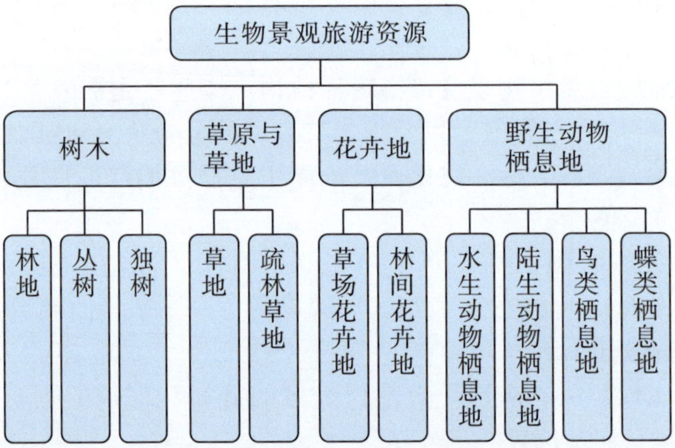

图 3－14　生物景观旅游资源分类

一、树木

树木旅游资源可以分为林地、丛树和独树。韶关作为一个生态旅游城市，森林覆盖率在 74% 以上，具有观光疗养、休闲娱乐、生态养生、科研教育等旅游价值的树木旅游资源极其丰富。

林地是由生长在一起的大片树木组成的植物群体。韶关主要的林地景观有南岭国家森林公园、广东车八岭国家级森林公园、广东天井山国家森林公园、韶关国家森林公园等。

丛树为由生长在一起的小片树木组成的植物群体。

独树是指单株树木。一般而言，树龄在百年以上的大树即为古树。树种稀有、名贵或者具有历史价值、纪念意义的树木即可成为名木，如广东车八岭国家级森林公园内以“史前遗者”著称的观光木，以“活化石”闻名的三尖杉和树龄200多年的广东省内最大、最老的“广东杉树王”；南华寺后三株高四十多米的水松，树龄超过400年，是世界上稀有的树木。乳源瑶族自治县的南方红豆杉森林公园是广东省目前保存最完好、面积最大的红豆杉森林公园，大小红豆杉有十万多棵，百年以上树龄的也有几千棵。

图3－15　千年银杏

二、草原和草地

草原是在干旱和半干旱气候条件下，由旱生或半旱生草本植物组成的植被类型；草地是以由多年生草本植物或者小半灌木组成的植物群落而构成的地区。草原和草地适宜开展观光、野营、骑马等旅游活动。韶关属于中亚热带湿润型季风气候区，但在高海拔的山地仍然存在大面积的草地，如仁化县的万时山（与江西省崇义县、湖南省汝城县交界处，海拔1 559米）高山草原，属于高山沟谷型草原，自2009年起开展帐篷节活动，吸引了无数野营爱好者。另一处是海拔1 586米的曲江区罗坑镇的船底顶山草原。

图3－16　万时山帐篷节

三、花卉地

花卉地是指花卉数量较多，集中分布，且有一定面积规模的地区。花卉可以美化环境，供人观赏，同时又具有许多传统文化的寓意，具有极高的旅游价值。往往花期结束不久便迎来丰硕的果实，观花摘果俨然成为都市人的乐事。

每年冬季，南雄梅岭梅花笑，“赏庾岭寒梅，传梅花精神”；春季，乐昌九峰山又是赏桃花、李花、油菜花的好去处。新丰的

图3－17　新丰樱花峪

樱花峪是广东省目前种植面积最大、品种最多的樱花种植、观赏基地。翁源兰花基地——江尾镇的“仙鹤兰花长廊”，让人可感受到兰花特有的风姿和馨香，让游人流连忘返。

翁源兰花是由有“中国兰花之乡”称号的广东省翁源县培植出的兰花。翁源属中亚热带季风气候区，地形为山地丘陵地带，具有明显的山地气候特征，温暖湿润，雨量充沛，非常适合兰花的生长。翁源兰花主要有蝴蝶兰、金边兰、墨兰等品种，以叶面油绿、无黑斑，根粗茎壮，花儿个大、色艳，抗病性强而著称。

【小知识】

有花无叶会“隐身” 她是无二“丹霞兰”

穷尽一生力量，只为那短短十多天的怒放。一种隐身于峭壁丹崖深处数千万年的独特兰花，在世界自然遗产地——丹霞山被驴友朱家强在无意中发现。这种通体嫩黄，没有一片叶子的别致兰花，目前全世界仅在韶关仁化县丹霞山被发现，已经被命名为“丹霞兰”。丹霞兰数量十分稀少，从发现至今总数量不到100株，今年仅发现了21株。丹霞兰喜欢生长在山中潮湿、阴暗、人迹罕至之地，人工移植很难成活。由于丹霞兰平时很难被找到，只有在花期才会现出神秘的身形，因此丹霞兰还有一个绰号叫“鬼兰”。这种怪兰没有叶子，无法通过光合作用获得生长所需要的大量养分，只能通过周围环境中的真菌盗取养分来维持生长。因此丹霞兰是一种狭域分布的物种，根据国际自然保护联盟的相关标准，属于极度濒危的物种。丹霞兰的发现，补充了布袋兰族的资料，为东亚—北美地理区系起源的研究和兰科植物的进化研究提供了新的证据。兰花品种的珍贵与否全在于物品的稀有程度。1987年，丹霞山发现了一株达摩兰，当属稀世珍品，因为当时世界上只发现了两株。另一株由于是在中国台湾达摩庙发现，故被命名为“达摩兰”。

图3－18 丹霞兰

这株丹霞达摩兰，当年在香港年花花市出现时标价高达100万港元。自此之后，丹霞山再也没有发现达摩兰的踪影。

（摘自《广州日报》，2013年4月16日）

四、野生动物栖息地

野生动物不仅具有经济、科学和文化教育价值，而且以其奇特、珍稀的特性成为深受人们喜爱的旅游资源。但是，由于环境的变迁，人类对自然的过度开发及污染造成野生动物越发稀少，当今物种正以一种前所未有的速度消失。保护野生动物、保护自然生态环境已经成为人们的共识。

野生动物栖息地包括水生动物栖息地、陆生动物栖息地、鸟类栖息地和蝶类栖息地。韶关丰富的森林资源为野生动物提供了生存繁衍的场所，如广东曲江罗坑鳄蜥国家级自然保护区内的鳄蜥野生种群就有500至600只，约占中国野生鳄蜥种群数量的50%，是国内已知最大的鳄蜥野生种群，此保护区也是中国最大的鳄蜥野生种群栖息地。

【重大发现】

熊出没！南岭惊现野生黑熊

广东南岭国家级自然保护区拍摄到野生黑熊影像！

广东南岭国家级自然保护区野生动物本底调查取得重大成果！通过安装在野外的红外自动相机，记录了野生黑熊的觅食活动影像。这是广东省首次拍摄到的野外黑熊活动影像，也是全国为数不多的黑熊活动影像记录。

广东南岭国家级自然保护区内分布的国家重点保护植物、鸟类和兽类，分别占广东省总数的43.9%、51.4%、88.5%，其中蝶类等昆虫资源更是广东之最，堪称“岭南生物多样性物丰之地”。据调查，广东南岭国家级自然保护区拥有国家重点保护的珍稀濒危植物40多种；国家一级保护兽类6种，二级保护兽类17种；国家一级保护鸟类2种，二级保护鸟类35种。

据介绍，目前通过红外自动相机拍摄到的珍稀野生动物包括短尾猴、黄猄、鬣羚等哺乳动物，黄腹角雉、白鹇等鸟类和莽山烙铁头等蛇类。其中，白鹇是广东省的“省鸟”，黄腹角雉等动物则属于国家一级保护动物。

（摘自《羊城晚报》，2014年10月17日）

【挑战自我】

表3－8　生物景观旅游资源分类表

C生物景观旅游资源	CA树木	CAA林地　CAB丛树　CAC独树
	CB草原与草地	CBA草地　CBB疏林草地
	CC花卉地	CCA草场花卉地　CCB林间花卉地
	CD野生动物栖息地	CDA水生动物栖息地　CDB陆地动物栖息地　CDC鸟类栖息地　CDD蝶类栖息地

（续上表）

［注］通过本节课的学习和探究，老师希望你能够有所发现，请将你的发现增添进来吧（如果发现本分类没有包括的基本类型时，使用者可自行增加。增加的基本类型可归入相应亚类中，置于最后，最多可增加2个。编号方式为：增加第1个基本类型时，该亚类2位汉语拼音字母+Z；增加第2个基本类型时，该亚类2位汉语拼音字母+Y）。

【后期制作】

请完成下列作业，并上传至校园网站 http://sgzz.xinhuiren.com。

（1）查阅资料，分小组在韶关地图的空白地方分别绘制韶关珍稀动植物分布图、韶关名树古木分布图、韶关森林公园和自然保护区分布图。

（2）丹霞山地质地貌保护区奇特珍稀的植物有很多，如丹霞兰、还魂草、竹荪、丹霞梧桐、铁皮石斛、紫玉盘柯，下面图片中的植物你认识几个？请搜集它们的资料。

a　b　c　d

e　f　g　h

图3－19　保护区奇特珍稀植物

（3）请你登录广东省自然保护区信息网以及韶关各森林公园、自然保护区的网站，分小组完成表3－9，并在地图上标出它们的具体位置。

表 3-9　韶关自然保护区一览

序号	名称	地理位置及环境	主要保护对象
1	广东曲江罗坑鳄蜥国家级自然保护区	位于广东省韶关曲江区罗坑镇，最高峰船底顶海拔 1 586 米，最低点罗坑水库海拔约为 200 米。保护区位于中亚热带南缘，属中亚热带季风气候，全年热量充足，冷暖交替明显，水资源十分丰富	是瑶山鳄蜥等珍稀动植物的栖息地。保护区物种资源丰富：国家重点保护植物有四川苏铁、伯乐树、福建柏、观光木、广东松等 17 种。有 39 种国家重点保护动物，如鳄蜥、黄腹角雉、云豹、林麝、蟒蛇、短尾猴等
2	广东南岭国家级自然保护区		
3	广东丹霞山国家级自然保护区		
4	广东车八岭国家级自然保护区		
5	广东粤北华南虎省级自然保护区		
6	广东乐昌杨东山十二度水省级自然保护区		
7	广东乳源大峡谷省级自然保护区		
8	广东仁化高坪省级自然保护区		
9	乳源省属青溪洞自然保护区		
10	新丰鲁古河市级自然保护区		

（续上表）

序号	名称	地理位置及环境	主要保护对象
11	乐昌大瑶山省级自然保护区		
12	曲江沙溪省级自然保护区		
13	始兴南山省级自然保护区		
14	南雄小流坑—清嶂山省级自然保护区		

第五节　天象与气候旅游资源

【学习目标】

（1）说出天象、气象、天气、气候的概念。

（2）说出天象与气候旅游资源的概念、类型及旅游功能和价值。

（3）在韶关旅游图上标出韶关天象与气候旅游资源的类型和分布。

（4）列表归纳韶关日出与日落、晚霞、云雾、雨雾、雾凇等天象与气象旅游资源的最佳观赏时间及主要观赏地。

【课前活动】

很多同学登过丹霞山或广东最高峰石坑崆，领略了其沿途风光，但有没有在山顶观过日出或日落呢？在丹霞山（山区）可以见到壮丽云海，其云或是在山间翻腾，或是安静祥和，或是姿态万千，变幻莫测，此情此景犹如仙境，让人欣喜、心醉。在南岭国家森林公园、乐昌的九峰山和红云等高海拔山区，冬季常出现雾凇（“树挂”）景观，其景轻盈洁白，清秀雅致。请同学们分小组，分别拍摄或收集一组日出或日落、一组云海、一组雾凇等景观的照片，做成 PPT 与同学们分享。

【知识准备】

天象与气候既是一种自然景观旅游资源，又是开展旅游活动的必要条件。它们不仅能直接造景、育景，还能影响地貌、水文、生物和各种人文景观旅游资源。这主要表现为：一是气候的地域差异决定了旅游资源分布的地域差异，影响了区域景观的形成；二是气候影响了自然景观的季相变化，影响了客流的时间变化和空间分布（15℃～18℃最适合出游）；三是气候影响了游客的旅游心理，从而影响了旅游观赏效果和舒适度。如我国阳光明媚的春季与天高气爽的秋季，是旅游最好的气候条件，因此，春游、秋游在我国一直比较盛行。天象与气候旅游资源的分类，如图3－20所示。

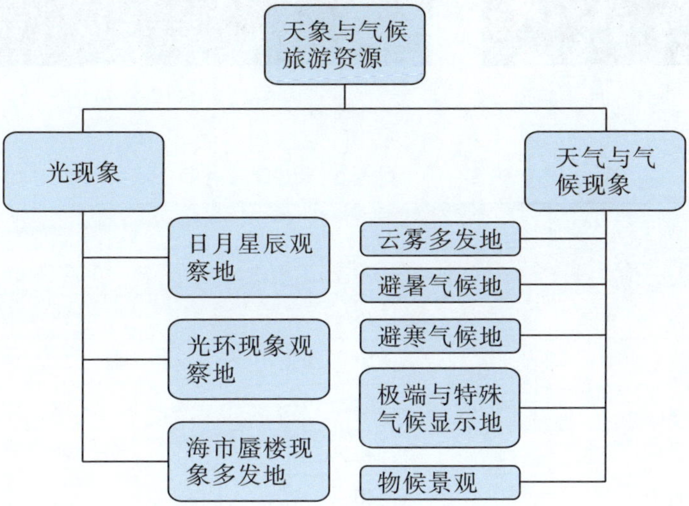

图3－20 天象与气候旅游资源分类

一、光现象

当光通过大气，大气的密度分布不均匀或含有水粒、冰晶时，光会被大气折射、反射、衍射或辐射，由此产生一些特殊的光现象，如虹、佛光、日（月）晕、华、极光等。霞景多出现在日出和日落的时候，常与山地及云雾相伴随，主要形式有朝霞、晚霞、彩云、雾霞等。

光环现象是指虹霓、极光、佛光等现象。虹霓现象是光线以一定角度在天空中的小水滴上所发生的折射、分光、内反射、再折射而造成的大气光学现象。虹由外圈至内圈依次呈红、橙、黄、绿、蓝、靛、紫7种颜色，并且一般出现在与太阳相对的方向。霓是虹的再反射现象，其色带的排列顺序刚好和虹相反，内红外紫。一般来说，这两种现象在下午和傍晚时分常见，在夏天雨后及一些瀑布附近也经常可以看到。

韶关的日出、日落、霞景与光环现象等旅游资源比较丰富，如在丹霞山、广东最高峰石坑崆等地观察日出、日落等光现象；在丹霞山观察云海佛光和在广东大峡谷观察瀑布彩虹等光环现象。

图 3－21　丹霞问道

图 3－22　观音山日出

表 3－10　丹霞山日出日落时间

时间	日出	日落
一月	7：00	17：55
二月	6：35	18：10
三月	6：10	18：35
四月	5：55	18：50
五月	5：45	19：05
六月	5：40	19：15
七月	5：50	19：10
八月	6：00	19：00
九月	6：15	18：40
十月	6：35	18：15
十一月	6：50	17：55
十二月	7：05	17：40

（资料来源：www. danxiashan. org. cn）

二、天气与气候现象

天气与气候现象包括云雾多发地、避暑气候地、避寒气候地、极端与特殊气候显示地和物候景观五个基本类型。

韶关的天气与气候旅游资源主要有两类，一类是云雾多发区，如在丹霞山、万时山等地可以观赏云海，在南岭国家森林公园、乐昌的九峰山和红云等高海拔山区，冬季可观赏雾凇（“树挂”）景观；另一类是避暑气候地，当气温在 10℃～22℃时，人体会感觉比较舒适，所以在炎热的夏季，人们向往到中低山地、海滨地区或高纬度地区去避暑，如南岭国家森林公园、广东天井山国家森林公园。局部小地方有时由于特殊的地理环境也能造就宜人的气候，如乳源的南水水库、曲江小坑水库等地。

云雾多发地是指云雾及雾凇、雨凇出现频率较高的地方。云雾所构成的气象奇观是温暖湿润地区或暖湿季节出现的气象景观。云雾、细雨使所见景物若隐若现，虚幻、玄妙而神秘，恍若仙境，令人遐想。流云飞雾变幻莫测、气势磅礴，是云雾赋予大自然的另一种奇观。

图 3－23　丹霞云海

丹霞山的四季无论晴雨早晚，都有如诗如画的景色，让人如痴如醉。春季湿润的空气和充足的雨水让丹霞云海的壮丽频频出现，云在丹霞山间翻腾，姿态万千、变幻莫测。夏季的云海显得安静祥和，当清晨第一缕阳光穿透云层照射在丹霞山间，丹霞群峰随即沐浴在了云海中，夏季还是丹霞佛光最容易出现的季节。秋季由于水的比热容要远远大于空气，当冷空气和温暖的锦江水相遇时，水汽凝结成珠，整个江面便形成了丹霞山的锦江腾云大观，景象震撼非凡。

雨景有一种朦胧美。细雨朦胧时，村庄时隐时现，山水如烟如雾，给村庄增添了无限的神秘色彩；雨过天晴时，山石如洗，群峰雨雾缭绕，空气清新。

雾凇又称“树挂”，是一种附着于地面物体（如树枝、电线）迎风面上的不透明冰层，由过冷水滴凝结而成，呈白色。雾凇轻盈洁白，附着在树木等物体上，宛如玉树银花，清秀雅致，又称“雪挂”。雨凇是超冷却的液态降水（冻雨）碰到地面物体后直接冻结而成的毛玻璃状或透明的坚硬冰层，外表光滑或略有隆突。雨凇又称“冰凌”“树凝”，形成雨凇的雨称为“冻雨”。雨凇在 12 月至次年 3 月出现。雨凇在山地和湖区多见，如韶关乐昌的九峰山、红云。

【挑战自我】

表 3－11　天象与气候旅游资源分类表

D 天象与气候旅游资源	DA 光现象	DAA 日月星辰观察地　DAB 光环现象观察地　DAC 海市蜃楼现象多发地
	DB 天气与气候现象	DBA 云雾多发地　DBB 避暑气候地　DBC 避寒气候地　DBD 极端与特殊气候显示地　DBE 物候景观
[注] 通过本节课的学习和探究，老师希望你能够有所发现，请将你的发现增添进来吧（如果发现本分类没有包括的基本类型时，使用者可自行增加。增加的基本类型可归入相应亚类中，置于最后，最多可增加 2 个。编号方式为：增加第 1 个基本类型时，该亚类 2 位汉语拼音字母＋Z；增加第 2 个基本类型时，该亚类 2 位汉语拼音字母＋Y）。		

【后期制作】

请完成下列作业，并上传至校园网站 http://sgzz. xinhuiren. com。

（1）请分组搜集韶关各旅游地日出、日落、霞景、云雾景、雨景、雾凇、雨凇等景观的图片，在表 3－12 中填写出韶关主要天象的观赏地及观赏时间。

表 3－12　韶关各旅游地有关天象的观赏地及观赏时间比较

主要类型	主要观赏地	最佳观赏时间
日出、日落		
霞景		
云雾景		
雨景		
雾凇、雨凇景		

（2）结合天象与气候旅游资源类型的特点、发生条件及韶关地形图，在韶关旅游图上标出韶关天象与气候旅游资源各类型的主要分布地。

第六节　遗址遗迹旅游资源

【学习目标】

（1）说出遗址遗迹旅游资源的基本类型、基本特征和旅游价值。

（2）举例说出韶关的遗址遗迹旅游资源。

（3）在韶关旅游图上标出马坝人遗址、南雄世界恐龙地质公园的位置，并说出它们的主要特征。

（4）在韶关旅游图上标出广东省委旧址、北伐战争纪念馆、仁化石塘双峰寨、乳北人民抗征队会议旧址、乐昌 7011 基地、广东韶关芙蓉山国家矿山公园、梅关古道、西京古道等旅游景点的位置，简要介绍其中任意一个景点的特征。

【课前活动】

参观一个旅游景点（如马坝人遗址、南雄世界恐龙地质公园、广东省委旧址、北伐战争纪念馆、仁化石塘双峰寨、乳北人民抗征队会议旧址、乐昌 7011 基地、广东韶关芙蓉山国家矿山公园、南雄珠玑古巷——梅关古道、西京古道等），并拍下来做成 PPT 和同学们一起分享。

【知识准备】

遗址遗迹形成于不同的历史发展阶段，是人类活动的产物，真实地记录了人类各时期的历史，凝聚着人类的智慧，昭示着特定的历史特征，是当地历史文化的反映。遗址遗迹是历史文化的精华和综合体，具有丰富的文化内涵。它们既是历史的见证、美的观赏对象，又是民族科学历程的展现，因此遗址遗迹旅游资源被称为“无声的纪录片”。

从遗址遗迹景观与旅游活动的关系来看，其能满足旅游者了解人类历史演变、体验人类传统文化、了解古代科学技术、了解古代人民生活方式、观赏景观美学等多方面的需要。

2003 年 5 月 1 日实施的中华人民共和国国家标准《旅游资源分类、调查与评价》(GB/T18972—2003)，将遗址遗迹旅游资源划分为 2 个亚类和 12 个基本类型，如图3－24所示。

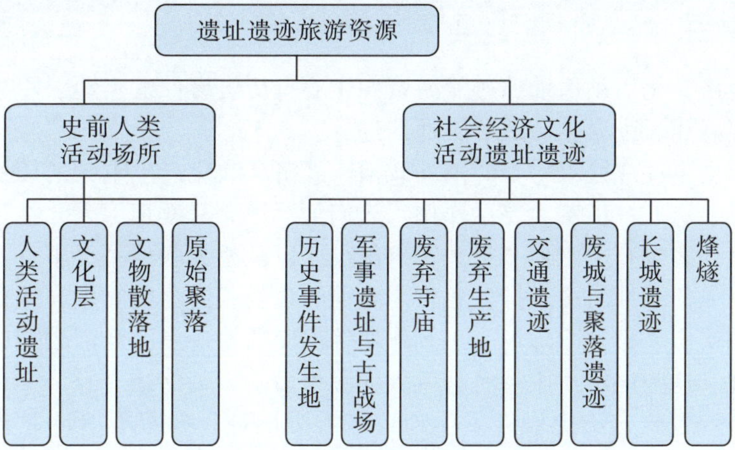

图 3－24 遗址遗迹旅游资源分类

一、史前人类活动场所

曾经是史前人类聚居、活动的场所，主要是旧石器时代的人类活动遗址。旧石器时代是指距今 250 万年到距今 1 万年的历史时期，这一时期人类主要以天然岩洞穴居，并结合成一定的社会群体。

韶关的史前人类聚居、活动场所主要是马坝狮子岩，有马坝人遗址和石峡文化遗址。1958 年，闻名中外的“马坝人”头盖骨在此被发现。“马坝人”是介于中国猿人和现代人之间的古人类，为 12.9 万年前的旧石器时代的古人类。它为完善我国原始人类发展的序列提供了相当重要的资料，是迄今为止广东省唯一的古人类化石遗址。1972 年，在“马坝人”出土地点的两山之间发现了距今四五千年的新石器时期的文物遗址，此处被命名为“石峡文化遗址”，遗址内有 4 个不同时期的考学文化堆积层：

◆距今约 6 000 年的新石器时代文化层；

◆距今 5 000 ~ 4 000 年的被命名为“石峡文化遗址”的新石器晚期文化层；

◆距今 3 800 ~ 3 100 年的早期青铜文化层；

◆西周晚期到春秋时期的晚期青铜文化层。

图 3 – 25　狮子岩石峡文化遗址

石峡文化遗址内发现有柱洞、灰坑、陶窑等遗存，被清理的公共墓葬有一百多座，并出土有石器、陶器及玉器等大量文物。

二、社会经济文化活动遗址遗迹

社会经济文化活动遗址遗迹旅游资源主要有历史事件发生地、军事遗址与古战场、废弃寺庙、废弃生产地、交通遗迹等。

重要历史事件往往对一个时期的政治、经济、文化产生重大的历史影响，对后世有激励、启迪、借鉴、警示作用，人们为了纪念并教育后人，在这些重大历史事件发生地多建有纪念地。重大军事战役，以及相关联的军事事件、人物和战场遗址，是人们缅怀历史、抒发思古之幽情的重要载体。废弃生产地是指已经消失或废置的矿山、窑、冶炼场、工艺作坊等。交通遗迹是已经消失或废置的交通建筑和设施。这些场所对旅游者有巨大的吸引力。韶关的社会经济文化活动遗址遗迹旅游资源主要有历史事件发生地广东省委旧址；有军事遗址北伐战争纪念馆、仁化石塘双峰寨、乳北人民抗征队会议旧址、乐昌 7011 基地、仁化水口战役公园、铜鼓岭战斗旧址；有废弃生产地广东韶关芙蓉山国家矿山公园；有交通遗迹南雄梅关古道、西京古道等。

北伐战争是中国革命史上重要的历史事件。1922 年和 1924 年，孙中山先生曾两次亲临韶关督师北伐，还将大本营设在韶关。为缅怀革命先行者孙中山的丰功伟绩，彰显韶关在北伐战争中的重要地位，提高韶关作为历史文化名城的知名度，韶关政府根据相关的文史资料按原貌修建北伐大本营，并命名为“北伐战争纪念馆”。

图 3 – 26　西京古道

纪念馆分为序厅、第一次北伐战争展厅、第二次北伐战争展厅、第三次北伐战争展厅、北伐名将展厅、场景复原六大部分。馆内共征集到有关孙中山先生及北伐战争时期的文物实物81件（含复制品32件），图片410幅。其中，文物实物包括孙中山先生在韶督师北伐时期使用的硬木办公桌、民国时期孙中山纪念画册等珍贵文物，并对孙中山卧室、办公室、参谋作战室进行了场景复原。

图3－27　帽峰公园山顶碉堡

目前，纪念馆所在的帽子峰上仍保存着从大革命至抗战时期的碉堡，分别为定韶堡、巩北堡、指挥堡、武城堡、桥头堡等，加上周边的崖壁堡、码头堡等，共有13座之多。

馆前一座由中山市政府捐献的孙中山铜像庄严肃穆地矗立于蓝天之下。

【历史事件】

广东省委旧址在韶关——历史缘由

一、中共广东省委、粤北省委机关旧址——韶关五里亭

1938年10月，广州沦陷，中共广东省委机关从广州迁到韶关，先是在市区西河的八路军驻韶关办事处（现市中医院旁边），然后再落脚在离市区较近的五里亭。省委在韶关期间召开了两次重要会议，举办了多期党员培训班。

图3－28　粤北省委机关旧址

1939年冬，省委机关从韶关迁到南雄县承庆乡第六保瑶坑村（即现在的瑶坑村旧址）。1941年春，粤北省委机关又迁回韶关五里亭，省委电台仍留在红围执行任务。

二、中共广东省委驻地旧址——瑶坑村

1939年冬，中共广东省委从韶关迁到南雄县承庆乡第六保瑶坑村，并在这里领导全省的抗日救亡工作，使瑶坑村成为当时广东抗日的指挥中心。1940年7月，省委机关迁往始兴红围。

三、中共广东省委、粤北省委机关旧址——红围

红围，已有200多年历史，位于始兴县沈所镇北村郭屋，占地面积约2 500平方米，因整个围子为红色，故取名为红围。

1945 年，日军攻陷始兴时对红围进行焚毁，现仅存半截遗址。

1940 年 12 月，省委在红围召开会议，根据中共中央南方的决定，撤销中共广东省委，正式成立中共粤北省委和中共粤南省委，均隶属中共南方工委领导。1941 年 2 月，粤北省委迁回韶关，省委电台仍留在红围执行任务。

图 3－29　红围

1942 年 5 月 26 日，粤北省委遭到破坏，1945 年初夏，中共始兴县委奉命将省委电台安全送达中共北江特委，省委所有机关全部撤出红围。

四、中共南委、粤北省委机关旧址——重阳南岸村

南岸村位于曲江县重阳镇（2004 年 5 月 29 日划归韶关武江区管辖），中共南委、粤北省委机关旧址在南岸村东门楼（门楼上方有“紫气东来”四字）右侧第一间房，其房泥砖瓦面，面积约 15 平方米。

1940 年 12 月，为了方便领导广东中共党组织的工作，中共南方工作委员会副书记、粤北省委书记张文彬来到南岸村设立工作机关开展工作。1942 年四五月间，胡绳同志偕同妻子吴全衡离开沦陷不久的香港，途经韶关时曾在这里短期隐蔽，后经广西桂林到达重庆。

五、红色地下交通站——日新小学

抗日战争时期，在离始兴红围约 1.5 千米的地方有一间私立小学，叫日新小学（现八一村小学内），于 1935 年创建。1940 年春夏，中共广东省委机关从南雄迁入红围后，在这里设立了一个地下交通站。

2006 年 8 月，当地老人陈顺球自筹资金，在此办了一个“始兴县八一村革命历史展览馆”，把大量新中国成立前，尤其是抗战时期中共党组织在始兴活动的历史资料展示出来。目前这个展览馆被列为始兴县爱国主义教育基地，以教育后人。

【挑战自我】

表 3－13　遗址遗迹旅游资源分类表

E 遗址遗迹旅游资源	EA 史前人类活动场所	EAA 人类活动遗址　EAB 文化层　EAC 文物散落地　EAD 原始聚落
	EB 社会经济文化活动遗址遗迹	EBA 历史事件发生地　EBB 军事遗址与古战场　EBC 废弃寺庙　EBD 废弃生产地　EBE 交通遗迹　EBF 废城与聚落遗迹　EBG 长城遗迹　EBH 烽燧

（续上表）

［注］通过本节课的学习和探究，老师希望你能够有所发现，请将你的发现增添进来吧（如果发现本分类没有包括的基本类型时，使用者可自行增加。增加的基本类型可归入相应亚类中，置于最后，最多可增加 2 个。编号方式为：增加第 1 个基本类型时，该亚类 2 位汉语拼音字母 +Z；增加第 2 个基本类型时，该亚类 2 位汉语拼音字母 +Y）。

【后期制作】

请完成下列作业，并上传至校园网站 http://sgzz.xinhuiren.com。

（1）查阅资料，分组制作韶关史前人类活动场所分布图、韶关社会经济文化活动遗址遗迹分布图。

（2）按时间顺序在韶关旅游图上画出广东省委、粤北省委机关旧址的搬迁线路。

（3）“五里亭”“瑶坑”“红围”是广东省不可多得的革命遗址，是广东省委的“祖屋”“祖址”之一。请查阅资料，整理各处省委旧址开展的革命斗争事迹。

第七节　建筑与设施旅游资源

【学习目标】

（1）说出建筑与设施旅游资源的基本类型、基本特征和旅游价值。

（2）在韶关旅游图上标注风采楼、大鉴禅寺、南华寺、云门寺、韶关城市规划展示馆、韶关博物馆、仁化云龙寺塔、仁化石塘双峰寨、始兴满堂客家大围、始兴东湖坪、张九龄墓、乐昌峡水电站等的位置，说出它们的建筑风格、历史文化和旅游价值，并把它们按基本类型进行归类。

（3）尝试制定韶关建筑与设施旅游资源调查表，以小组合作方式就韶关建筑与设施旅游资源进行问卷调查等活动。

【课前活动】

（1）分若干个小组，每个小组选一个建筑与设施旅游资源（如一座寺庙、一个古塔、一幢客家围屋、一幢骑楼、一个博物馆、一个展览馆、一座交通建筑或一座水工建筑等），实地拍摄一段视频或一组照片，制作成 PPT 或微电影，介绍它们的建筑特色和历史文化。

（2）按建筑与设施旅游资源的基本类型分七个小组，每组承担一个类型，挖掘身边的建筑与设施旅游资源的“内涵”，特别是一些小故事，配上该类建筑与设施的图片，开展韶关建筑与设施旅游资源手抄报的展示活动。

【知识准备】

建筑与设施旅游资源可以划分为 7 个亚类、49 个基本类型，如表 3 - 14 所示。

表 3 - 14 建筑与设施旅游资源分类表

F 建筑与设施旅游资源	FA 综合人文旅游地	FAA 教学科研实验场所 FAB 康体游乐休闲度假地 FAC 宗教与祭祀活动场所 FAD 园林游憩区域 FAE 文化活动场所 FAF 建设工程与生产地 FAG 社会与商贸活动场所 FAH 动物与植物展示地 FAI 军事观光地 FAJ 边境口岸 FAK 景物观赏点
	FB 单体活动场馆	FBA 聚会接待厅堂（室） FBB 祭拜场馆 FBC 展示演示场馆 FBD 体育健身场馆 FBE 歌舞游乐场馆
	FC 景观建筑与附属型建筑	FCA 佛塔 FCB 塔形建筑物 FCC 楼阁 FCD 石窟 FCE 长城段落 FCF 城（堡） FCG 摩崖字画 FCH 碑碣（林） FCI 广场 FCJ 人工洞穴 FCK 建筑小品
	FD 居住地与社区	FDA 传统与乡土建筑 FDB 特色街巷 FDC 特色社区 FDD 名人故居与历史纪念建筑 FDE 书院 FDF 会馆 FDG 特色店铺 FDH 特色市场
	FE 归葬地	FEA 陵区陵园 FEB 墓（群） FEC 悬棺
	FF 交通建筑	FFA 桥 FFB 车站 FFC 港口渡口与码头 FFD 航空港 FFE 栈道
	FG 水工建筑	FGA 水库观光游憩区段 FGB 水井 FGC 运河与渠道段落 FGD 堤坝段落 FGE 灌区 FGF 提水设施

韶关建筑与设施旅游资源非常丰富，著名的有南华寺、云门寺、韶关城市规划展示馆、韶关博物馆、风采楼、始兴满堂客家大围、南雄广州会馆、南雄珠玑古巷、张九龄墓、仁化云龙寺塔、仁化石塘双峰寨、始兴东湖坪、百年东街、乐昌峡水电站等。

一、综合人文旅游地

图 3 - 30 东华禅寺

综合人文旅游地是指有吸引力和旅游价值的人文景观的所在地。韶关的综合人文旅游地有南华寺、云门寺等宗教与祭祀活动场所，有百年东街等社会与商贸活动场所，有南雄珠玑古巷等。

宗教与祭祀活动场所是指进行宗教、祭

祀、礼仪活动的地方。佛教、道教和基督教，在韶关都留下了许多名胜古迹、建筑雕塑，今天都成为重要的旅游资源，成为我们了解古人的宗教意识、民俗文化和艺术追求的重要媒介，成为我们接受和继承古代遗产的桥梁。佛教进行宗教活动的主要场所是寺庙。佛教布局主要有三种形式：一种是院落式，中心部位是一座佛殿或一座塔，四周围以廊屋形式独立院落。第二种为纵轴式，有明显的中轴对称，中轴线上为主要殿堂，每个殿堂旁边有配殿、方丈室、藏经阁等。第三种为自由式，这种布局是随着藏传佛教的兴起，在西藏、青海等地创立的，其特点是没有明显的主轴线，而是因地制宜，根据地形自由布局。作为历史名城的韶关有许多历史悠久的寺庙，如“禅宗祖庭”南华寺、乳源云门寺、市区大鉴禅寺、芙蓉山寺、丹霞山别传禅寺、翁源东华禅寺、南雄大雄禅寺等。

【小知识】

农禅并重——云门寺

云门寺位于乳源瑶族自治县城东北6千米的云门山下，公元923年由云门宗始祖六祖惠能九传弟子文偃禅师所建，是我国佛教禅宗五大支派之一——云门宗的发祥地，也是全国重点寺庙之一。

图3－31　云门寺

云门寺占地面积12 000平方米，整座建筑物庄严雅静，风格独特，寺庙香火鼎盛，除放生池外，殿厅堂楼等共180余处连成一体。主要建筑有山门、天王殿、大雄宝殿、法堂、钟楼、禅堂、斋堂、教学楼、功德堂、延寿堂等。寺内保存着一批国家重点保护文物，较为著名的有距今1 000多年的《大汉韶州云门光泰禅寺院故匡真大师实性碑铭并序》。

在大雄宝殿释迦牟尼的前面，有2尊小型的汉白玉佛像，一立一卧，是缅甸佛教徒于1798年赠送的，用纯正的缅甸汉白玉雕刻而成，通体细滑，看上去具有强烈的质感，如真人肌肤一般，为云门寺珍宝。殿内三面壁上是用陶瓷烧成的大型十八罗汉、24诸天王42个人物彩瓷佛画，长24米，高4米，是我国当前佛寺中独一无二的巨型彩色陶瓷壁画。

云门寺在虚云法师的主持下，于1943年至1951年，重修云门宗祖庭。从1953年起，虚云法师的入室弟子佛源继任云门大觉寺方丈，实行农禅并重，以寺养寺的制度。1992年寺里办有云门佛学院，学员除学习和坐禅之外，还进行适量的出坡劳动，自耕自种几十亩水田和山地，现今仍秉承了虚云法师奉行的农禅并重的做法。现在的云门寺还保持着那份淳朴，门票象征性地收取5元，每张门票还配有三把香。

二、单体活动场馆

单体活动场馆是指聚会接待厅堂（室）、祭拜场馆、展示演示场馆、体育健身场馆、歌舞游乐场馆等。韶关单体活动场馆有珠玑古巷姓氏宗祠等祭拜场所，有韶关城市规划展示馆等展示演示场馆，有韶关博物馆等文化活动场所，有始兴车八岭自然博物馆、乳源天井山自然科学馆等动物与植物展示地等。

珠玑古巷是古代中华民族拓展南疆的一个中转地，是中国三大著名寻根地之一。随着历史的发展，拥有175个姓氏的珠玑巷后裔如今繁衍了5 000多万人，遍布海内外。近年来，大批珠玑后裔回来寻根问祖，修建祠堂，拜祭先祖，成立广东省广府人珠玑巷后裔海外联谊会。这条有着1 300多年历史的古巷已成为寻根问祖和观光旅游的新热点。每年冬日，很多海内外珠玑后人来到这里，燃放鞭炮，祭奠先祖。在这些寻根祭祖的人中，有第一次来的，也有20多年连续不间断来的。

图3－32　珠玑古巷

【小知识】

身临其境感受韶关城市的发展变化

韶关城市规划展示馆位于市芙蓉新城百旺路22号，由市城乡规划局负责建设，是市委、市政府为打造“阳光规划”而建设的城市规划展示平台。城市总体规划数字沙盘采用国内最先进的数字沙盘技术，通过参观城市规划展示厅，公众可以充分了解韶关的过去和现在，身临其境地感受城市发展未来的格局和变化。2013年8月，韶关城市规划展示馆更名为韶关规划信息中心。

图3－33　韶关城市规划展示馆

三、景观建筑与附属型建筑

景观建筑是指佛塔、塔形建筑物、楼阁、石窟、长城段落、摩崖字画、碑碣或碑林、广场、人工洞穴等。韶关的景观建筑与附属型建筑有仁化云龙寺塔等佛塔，有通天塔等塔形建筑物，有风采楼、韶阳楼等楼阁，有仁化石塘双峰寨等城（堡）。

宝塔，也称浮屠、苏屠，原是佛家收藏经卷、保存高僧骨殖的建筑物。但在历史的进程中，浮屠渐渐离开了寺庙，步入园林，走向世俗，由佛塔演变为风水塔。在我国历史上，凡是宝塔多的地方，经济、文化也伴随着佛教的兴盛而发展；寺院、宝塔的建筑，也依赖这个地方社会经济的繁荣。因此，古老的宝塔作为一种象征和标志，既印记着这个地方社会历史发展的轨迹，又反映出这个地方经济、文化发展的水平和知名度。而今，古塔作为一宗宝贵的历史文化遗产和风景旅游资源，越来越体现出它的文物考古价值和人文观赏价值。

图 3－34　云龙寺塔

云龙寺塔，广东境内唯一的国家级唐代古塔，1988 年被列为国家级重点文物保护单位。该塔坐落在革命老区董塘镇安岗村后山坡上。清同治《仁化县志》载："此塔为仰山禅师塔。"距塔 200 米处有一寺庙，原名西山寺，清代更名为云龙寺，塔也因之更名为云龙寺塔，沿用至今。该塔为平面四方形，砖构实心塔。各层四面用仿木构筑法，用砖隐砌出倚柱、门拱、栏额、普柏枋、檐枋、假门、栏杆、平座等，具有典型的唐代方形砖塔之风格，外形古朴端庄，造型独特，是研究广东早期古塔建筑形式的珍贵宝物。

【小知识】

"农民暴动中最伟大的战斗"——双峰寨

仁化石塘双峰寨，位于仁化县城 19 千米处的石塘镇石塘村边，是一座具有欧洲 16 世纪中叶古堡式建筑风格的古寨，始建于清光绪己亥年（1899 年），竣工于清宣统辛亥年（1911 年）。双峰寨坐北朝南，石灰石青砖灰沙砌筑，略呈正方形，墙基宽 1.7 米，墙顶 80 厘米，围墙高 9 米，阁楼高 13 米，面积达 4 164 平方米。正南中间为五层主楼，四角均有炮楼，楼与楼之间用围墙相连，墙内上下建有瓦面盖顶的走廊。上层称走马廊，下层称半边屋，均与五个炮楼相通，走马廊设有炮眼。寨内有三口水井和一个饭堂，主楼前面有一个阁楼，阁楼两边是厕所，前面是吊桥（1976 年改为水泥桥）。寨外四周有护城壕，宽 13.7 米，深 2 米，面积为 4 878 平方米，总占地面积 9 042 平方米。

1928 年 3 月 15 日至 11 月 11 日，在中国工农革命军农会领导李载基的指挥下，700多名军民在寨内与敌人展开了历时8个月的双峰寨保卫战，400多名英烈以自己的热血演绎了惊天地、泣鬼神的“反围剿”悲壮史。此战役在大革命时期被中共广东省委誉为“农民暴动中最伟大的战斗”，曾在莫斯科召开的党的第六次代表大会上向共产国际介绍经验。

图3－35　石塘双峰寨

四、居住地与社区

居住地与社区主要是指传统与乡土建筑、特色街巷、名人故居与历史纪念建筑、书院、会馆等。韶关的居住地与社区有始兴满堂客家大围、必背瑶寨、南雄广州会馆等。

岭南第一大围——始兴满堂客家大围，是迄今唯一没被旅游开发的国家级文物保护单位。古宅因此也有幸在经历150多年风雨后，依然能保存着“原生态”。满堂围屋分中心围、上新围和古新围三部分，呈“回”字形布局。与一般客家土楼不同，满堂围全部由砖石砌筑。墙基采用卵石和花岗岩石条垒砌，一般厚0.6米，中心围厚达2.4～8.2米，上砌青砖，砖石之间的填料是用糯米浆、黄糖混合石灰粉而成，异常坚固。为了防御盗贼兵匪，墙体用铁皮包裹，并用铁杠横顶，四周则建有11座高3至4层的炮楼，瞭望射击孔密布，若遇盗贼侵扰，只要把大门一关，围楼便成了一座固若金汤的城堡。大门两侧或顶部还设有水池，若遇敌放火烧门，只要打开机关，水池内盛满的水便会倾泻而下。历史上，它曾经历过太平天国和抗日战争时期战火的攻击，但除了在外墙上留下些许痕迹外，主体建筑始终固若金汤。围主官乾荣守卫财富的用心由此可见一斑。围屋的祠堂里，厅前空地上凿出一个长方形凹槽，正对着屋顶的天窗，雨水从天窗泻下，落在凹槽里，蕴意“升官（棺）发财”。

【小知识】

南雄广州会馆

南雄广州会馆坐落在今南雄市区老城埠前街，创建于明嘉靖年间，清乾隆二十一年（1756年）重建。会馆坐北向南，建于高台之上，占地面积3 834平方米，建筑面积2 086.6平方米，三进前低后高院落式布局，面阔32.35米，进深64.5米；分左、中、右三座，以中座为中心，布局严谨，设计精巧，主次分明。

头列共有三座，厅堂开三门，中座面阔12米，门廊进深3.3米，建于0.7米的高台上，台前有3级踏步，两侧置青石质浮雕包鼓，门额石匾刻有清光绪七年（1881年）孟冬重修时岭南近代思想家、科学家陈澧题的“广州会馆”石匾。

图 3－36　广州会馆

门前两侧筑平台，台基座雕八仙法器；台上置石质檐柱，两根柱头上雕人物故事的木质梁架与门墙相连，用斗拱和木雕蛟龙承檩，青石阑额与山墙相接，并刻有浮雕人物故事。中座第一进面阔 12 米，进深 9 米，内设木制照壁，置小阁楼，全用雕花梁架和斗拱承檩，其檐柱二根为石质方形，并刻对联；中座第二进建于 1.3 米的平台上，台前有 9 级踏步，两侧置石雕垂栏，面宽 12 米，进深 13 米，8 柱后廊，全用石、木柱承重，用雕花驼峰和斗拱承檩，其前檐柱刻有咸丰年间探花李文田作的一副长联“灵迹遍区中览粤会东环拱极遥涵海国，雄州开岭表浉溑流南汇朝宗咸卫仙城”；中座第三进建在 0.8 米的高台上，面宽 12 米，进深 13 米，全用 4 根木柱承重，雕梁和斗拱承檩，台前两侧置 6 级踏步，两侧置回廊。西庑中开一大门，门前 2 级踏步，第一进次间厅前侧设木制阁楼，梁架为抬梁和穿斗式结构，第二进、第三进亦为抬梁和穿斗式结构；东庑中开一大门，第一进次间厅前设木楼，至第四进皆以山墙承檩。屋顶均为硬山式，布板瓦饰绿色琉璃勾头、滴水。

该建筑整体上工艺讲究、颇具特色：其前座大量使用连州青石，青云巷两边的山墙大多数都打印有“广州馆”的戳记，表明所用青砖是特别烧制的。中座山墙采用江淮“五岳朝天”式封火山墙，而东西厅山墙则为岭南“镬耳”式；中座两侧配以火巷连接厢房，每进三间既有庭院相隔又用廊间连接。2002 年 7 月，该会馆被公布为广东省文物保护单位。

（节选自《韶关日报》，2011 年 6 月 11 日，作者：何露）

五、归葬地

归葬地含陵区陵园、墓（群）和悬棺。韶关的归葬地景区有韶关烈士陵园、张九龄墓等。

张九龄，号曲江，韶关人，唐代诗人，开元年间的宰相，为官清廉，耿直敢言，后因得罪了晚年昏庸的唐玄宗而被贬，开元二十八年（740 年）五月七日卒于曲江私第，葬于今韶关武江区罗源洞山麓，享年六十三岁。安史之乱后，唐德宗派使臣来韶祭墓，下诏赠司徒。

图 3－37　张九龄墓

张九龄墓为家庭式墓群，他的墓旁有其妻卢氏，弟九皋、九章等人的墓。1919年政府曾对该墓群进行全面修缮，重建了张文献公祠，并重刻墓碑、神道碑、墓道界碑及杜甫的八哀诗碑等。到1960年时，部分墓葬已被破坏，广东省文物管理委员会再次对该墓进行清理与挖掘。由于曾经被盗，故墓仅存少量玉片及陶罐等文物，1978年其被公布为广东省文物保护单位。

六、交通建筑

交通建筑的发展历程也见证了一个地区、一座城市的发展历程，韶关有“桥城”之称，有武江桥、北江桥、浈江桥、五里亭大桥、百旺大桥、冒峰大桥。车站有韶关站（武广高铁站）、火车东站、西河汽车站、东河汽车站。

图3－38　韶关火车站（高铁站）

七、水工建筑

韶关著名的水工建筑主要有仁化红山高坪水坝和乐昌峡水利枢纽工程等提水设施。

仁化红山高坪水坝位于韶关仁化县红山镇境内，塘村河上游，因库区原有高坪村得名。其为Ⅲ等中型工程，坝轴河床高程310米（珠江基面），坝顶高程378米，坝高68米。坝体为均质土坝，大坝填土土方90万立方米，是用目前国内较高的水坠法施工的土坝。水库于1976年动工兴建，1983年建成运行，集水面积124平方千米，总库容4 800万立方米，是一宗以灌溉、发电为主，结合防洪、供水为一体的综合水利工程。

【小知识】

韶关最大的水利枢纽工程——乐昌峡水利枢纽工程

乐昌峡水利枢纽工程位于乐昌市境内、北江支流武江乐昌峡河段塘角火车站附近，下距乐昌市约14千米，距韶关市区81千米，是以防洪、发电为主，兼顾航运、灌溉等综合利用的大型水利枢纽工程，坝址以上集水面积为4 988平方千米。枢纽总库容为31 439亿立方米，电站装机容量为13 210兆瓦，主要建筑物包括拦河坝、引水系统、厂

图3－39　乐昌峡水电站

房系统等。枢纽工程的建成，可使乐昌市的防洪标准从目前的 10 年一遇提高到 50 年一遇。联合浈江湾头水利枢纽共同运用，使韶关市区防洪标准从目前的 20 年一遇提高到 100 年一遇。

乐昌峡水利枢纽工程是北江上游防洪体系的关键性控制工程，是广东省城乡水利防灾减灾工程建设重点项目之一，也是广东省城乡防灾减灾重点建设项目，广东省“十大民心工程”之一。

【挑战自我】

根据中华人民共和国国家标准，建筑与设施旅游资源可分为 7 个亚类、49 个基本类型，根据分类标准，把你知道的韶关建筑与设施旅游资源填入表 3－15。

表 3－15　韶关建筑与设施旅游资源

亚类	韶关建筑与设施旅游资源
FA 综合人文旅游地	
FB 单体活动场馆	
FC 景观建筑与附属型建筑	
FD 居住地与社区	
FE 归葬地	
FF 交通建筑	
FG 水工建筑	

【后期制作】

请完成下列作业，并上传至校园网站 http://sgzz. xinhuiren. com。

（1）查阅资料，填写表 3－16，比较韶关寺庙的建筑风格和历史文化。

表 3－16　韶关寺庙的建筑风格和历史文化比较

	建筑风格（附体现建筑风格的图片）	历史文化
大鉴禅寺		
南华寺		

（续上表）

	建筑风格（附体现建筑风格的图片）	历史文化
云门寺		
东华禅寺		
大雄禅寺		
锦石岩寺		
别传禅寺		
太傅庙		

（2）到珠玑巷寻找自己家的宗祠，拜祭祖先，搜集祖先的迁徙线路、开拓历史等资料，拍摄宗祠建筑的照片及影像，介绍建筑风格特点、重要文物，配上导游词，举办一次微电影展示活动。

（3）查阅乳源必背瑶寨景点的资料，填写表3－17。

表3－17　乳源必背瑶寨景点归纳

地理位置	
建筑风格	
历史文化	
旅游价值	
客源目标人群	

（4）请同学们分为若干小组，或坐车，或乘船，用手中的相机拍下韶关的大桥和车站的图片，并结合韶关旅游图制作一个介绍韶关交通和建筑的专题展板。

（5）利用表 3－18 开展韶关某建筑与设施旅游资源调查。

表 3－18　建筑与设施旅游资源调查

旅游资源名称			
所属类型		基本类型	
性质与特征			
旅游区域			
保护与开发现状			
调查小组成员			
填表人：	校核人：		填表时间：

（6）韶关的建筑与设施旅游资源有很多，请你在韶关地图上标出其他建筑与设施旅游资源景区的地理位置。

第八节　旅游商品旅游资源

【学习目标】

（1）通过查阅资料，认识韶关各县区的土特产，说出它们的名称、特色及出产季节。

（2）韶关有粤菜、客家菜和南雄菜等，说出它们的典型特征、代表菜品名称及主要食材。

（3）说出韶关主要中草药材（金银花、石斛、夏枯草、独脚根、迷迭香、百花蛇舌草、菖蒲、艾草、仙草等）的名称、分布以及中草药材制品品种。

（4）说出韶关传统手工产品与工艺品的类型、产地和特征。

【课前活动】

（1）分成若干小组，每个小组选一个旅游商品旅游资源（如土特产、美食、传统手工产品或中草药材等），制作 PPT 或微电影介绍它们的产地和主要特色。

（2）中医中药是我国三大国粹之一，韶关中草药材资源十分丰富。请搜集相关资料，看看韶关中草药材主要有什么品种，并配上相应照片，做成 PPT 与同学们分享。

（3）韶关是个土特产丰富的地区，你在韶关吃过什么好吃的，你知道韶关有什么好吃的，大家做个有关韶关美食的 PPT，一起分享，过过“口福”吧。

【知识准备】

旅游商品有广义和狭义之分。广义的旅游商品是指旅游者因旅游，或在旅游过程中购买的具有旅游文化内涵的有形商品和无形商品的总称。它几乎涵盖了旅游者在旅游之前、旅游活动过程中购买的所有商品，包括旅游日常消费品、旅游纪念品、旅游线路以及各种服务等。因此，广义的旅游商品是指能对旅游生产者产生吸引力的所有旅游商品。狭义的旅游商品则是指旅游者在旅游过程中购买的，具有纪念意义的，能反映旅游特色的特殊物品。这里，我们讲的主要是狭义的旅游商品旅游资源。

旅游商品旅游资源的分类，只有 1 个亚类，即地方旅游商品，有 7 个基本类型，即菜品饮食、农林畜产品与制品、水产品与制品、中草药材及制品、传统手工产品与工艺品、日用工业产品和其他物品。

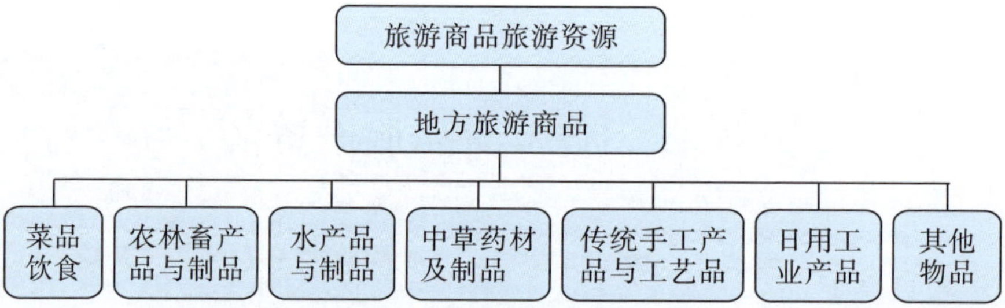

图 3－40　旅游商品旅游资源分类

韶关物产丰富，土特产资源优势明显。盛产白果、茶叶、香菇、竹笋、木耳、药材、蔬菜、花草等，这些都是现在时髦的营养保健食品的原材料。还有独特的民间风味小吃、特色食品，如南雄板鸭、米花糕；仁化米饼、油角；始兴米粉、油炸饼等。制作特色旅游工艺品的原材料，如竹、木、石等也相当丰富。但目前开发的韶关特色旅游商品创意不够，缺少地方特色和文化品位，现有旅游商品的种类主要有工艺品、保健品及各种农副产品等。

一、土特产

土特产指某地特有的或特别著名的产品；是指来源于特定区域、品质优异的农林产品或加工产品，可以是直接采收的原料，也可以是经特殊工艺加工的制品，无论是原料还是制品，其品质与同类产品相比，都是特优或有特色的。

韶关山地丘陵分布广，地处中亚热带季风气候区，森林资源丰富，有很多我们俗称的“山货”，有的可食用，有的可做生活用品。其中森林食品和地理标志产品成为人们时尚的追求。

【小知识】

森林食品和地理标志产品

森林食品是指来自森林，符合人类自然、环保、清洁生产技术要求，生态、优质、健康、营养的食用林产品。其中主要包括森林蔬菜、森林粮食、森林饮料、森林肉食、森林药材、森林矿泉水等。它同森林环境密切相关，是生态优质的安全高效食品。

地理标志产品，是指产自特定地域，所具有的质量、声誉或其他特性本质上取决于该产地的自然因素和人文因素，经审核批准以地理名称进行命名的产品。

韶关的森林蔬菜种类繁多，有香椿、鱼腥草、蕨菜、马齿苋、黄花菜等。

韶关的森林粮食有板栗、银杏、葛根、蕨根、野果与野百合等；森林饮料有金银花、百香果、苦丁茶、绞股篮、猕猴桃等；森林油料植物为大面积人工栽培的油茶、油桐等。

韶关有很多优质矿泉水，如翁源的悦和泉以含锶量高而为贵，另外还有乳源的蓝松天泉、曲江的宝林山、乐昌的沿溪山泉等。

韶关的地理标志产品有乳源彩石、新丰佛手瓜、南雄板鸭、翁源九仙桃、翁源三华李、仁化白毛茶、乐昌北乡马蹄、乐昌张溪香芋、乐昌沿溪山毛尖、曲江马坝油粘米、曲江火山粉葛、曲江长坝沙田柚等。

图 3－41　九峰油桃

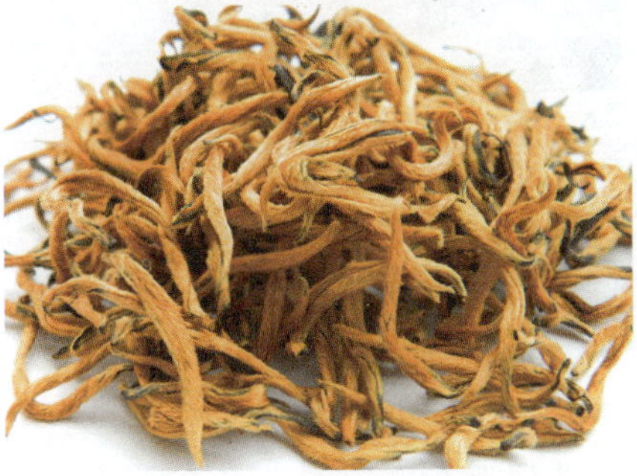

图 3－42　丹霞岩红

二、菜品饮食

菜品饮食是指具有跨地区声望的地方菜系、饮食。中华民族的“食文化”源远流长，不同的地理、气候、历史、民族，造就了差异极大的饮食习俗，形成了风格迥异的菜系。它们的烹调技艺各具风韵，菜肴特色各有千秋，构成旅游特色餐饮的主要内容。韶关是文化历史名城，从最早的原居民南越人，到秦、两晋、南宋等中原南迁的移民，无不使粤北山区饮食文化变得更多元化。

韶关菜品饮食以粤菜为主，还有东江客家菜、本地客家风味菜，以及独具本地特色的南雄菜、瑶家风味菜等。

【小知识】

南雄菜：湖南人不怕辣，南雄人怕不辣

南雄菜属客家菜系，但与东江客家菜系又略有不同，南雄菜口味偏重，多了“辣”的元素。因为南雄气候偏寒，多吃辣椒不但能取暖，还能去除身体内的湿气，因此南雄菜多有辣味。在地理上，南雄毗邻湖南，故有“湖南人不怕辣，南雄人怕不辣”之说。南雄的辣，不同于湘菜的一味求辣，更讲究食材的选择、辣味的拿捏程度。痴爱吃辣，这是南雄菜的一大特性，是南雄菜声名远播的亮点。南雄菜具咸、辣、香、酸四大味，多用炒、焖使肉入味，善用辣椒、酸笋、蒜叶来调味，味感丰富，菜、色、香俱佳，用来下饭、下酒都很好。

图 3－43　南雄剁辣椒

图 3－44　南雄酸笋鸭

酸笋也是南雄菜肴的重要原料之一，腌酸笋的季节在春秋两季，关键是取“不见天”井水（清晨不见太阳之井水）与竹笋一齐藏入缸中腌浸，水质好是保证质量的前提。最著名的菜肴是酸笋鸭——酸味拌着辣味，加上鸭肉本身的肉香，一起伴随着每一下的咀嚼而冲开来。香味顿时充盈了整个口腔和鼻腔，十分霸道。其他菜肴还有辣子鸡丁、农家三宝等。

传统的冬春时令佳肴——腊味，是南雄饮食的又一大特色。南雄地处韶关东北部，霜冻大风天气较长，每年冬至前后，风吹霜雪降时，家家必做腊味，品种有腊鸭、腊肉、腊肠、腊鸡、腊鹅、腊狗，山区还有腊野味。腊味除了正餐做菜外，也是亲戚朋友欢聚聊天时小酌一杯时的小吃。

三、传统手工产品与工艺品

手工艺，亦即技艺，指的是手制的物品，纯手工制作，只用到简单的工具，通常跟艺术有关，其创作需要技巧、熟练度，以及一定程度的美感，媒材可能包括编织、陶艺、纸艺、绣缝、木作及其他。手工艺跟大批量生产的机械制造方式不同，通常有一定的艺术构思，以手工作坊的方式加工制作。制作出来的产品通常叫作手工艺品。手工艺品一般承载着本民族的文化传统。韶关由于历史悠久，部分县区地处少数民族地区，如瑶族、畲族等，所以保留了独具特色的传统手工产品和工艺品。

图 3－45　瑶绣庆丰收

“瑶山有女皆会刺绣。”长期以来，瑶绣不仅是瑶人喜爱的服饰装扮，更是展示瑶族女性心灵手巧的一面镜子，乳源瑶绣有着非常广泛而且深厚的群众基础。

图 3－46　瑶绣进入中职课堂

相传，瑶人自降世那代起就拥有了属于自己特有的刺绣，此说有瑶人鼻祖盘瓠肖像服饰上隐约可见之形纹为证。乳源瑶绣根据区域划分，可分为深山瑶和浅山瑶两个流派。深山瑶刺绣的风格特点是色彩厚重、图案丰满、布局严谨；浅山瑶刺绣则讲究色彩浅淡明快，图纹变化多样、细腻大方、疏密有致。乳源瑶族服饰刺绣图案可以细分为五类，即人形纹、动物纹、植物纹、图形纹和象征纹。这五类花纹都包含着瑶族的社会历史和社会生活的丰富内容。

乳源瑶绣是瑶族历史文化积累的产物，更是一门难能可贵的民族传统刺绣工艺，有着重要的历史价值、艺术价值、研究价值和经济价值。2011 年 5 月，由乳源申报的“瑶族刺绣”被公布列入国家级非物质文化遗产保护名录。

【小知识】

长江土纸——“长江纸贵有胜洛阳”

图 3－47　长江土纸

长江土纸向来享有较高的声誉，清光绪乙酉年（1885 年），在建广州会馆的石碑上有“长江纸贵有胜洛阳”的记载。它纸质细嫩、柔韧，光滑洁白，吸水性好，在书写、簿记、卫生、食品包装等方面均属上品。品种有贡信、玉扣、南扣、草纸。它是与有两千多年历史的“蔡侯纸”生产工艺基本相同的古老造纸术，在遍布着莽莽竹海的仁化县长江镇偏远山区世代流传。这种“光滑柔韧、莹润如玉”的土纸有着独特的“防腐保鲜”功效，不仅深受书商、书法家青睐，还走入皇宫成为御品。100多年前，“长江纸贵有胜洛阳”的“长江玉扣纸”不仅热销广东，甚至远销东南亚各国，大量典籍与书画作品都承载于上等玉扣纸之上而世代流传。2009年，其入选广东省省级非物质文化遗产保护名录。

用于作账簿的玉扣纸，用毛笔记账后很难涂改，能保持商界信誉。因为它防腐性强，很多族谱都用它来书写，医院里包药丸用的一般也是这种纸。而广州、梅州等地用玉扣纸包鸡制作“盐焗鸡”等名菜，也脍炙人口。

这种古老的造纸技艺因种种原因一度停产长达20余年，市面上也再难觅一张承载了众人记忆的“长江玉扣纸”。时至今日，在仁化县政府和当地传统手工老艺人的共同努力下，这种古老的造纸技术在粤北一个小山村里再次焕发了生机。

四、中草药材及制品

中草药材及制品，是指具有跨地区声望的当地生产的中草药材及制品。中医中药与国画、京剧并称中国的三大国粹。中药在中国古籍上统称“本草”，其以植物为主，但也包括动物和矿物。中药按加工工艺分中药材和中成药。

韶关地处山区，水热条件好，野生多种中药材，如金银花、石斛、夏枯草、独脚根、百花蛇舌草、菖蒲、艾草、仙草等。

石斛是我国古文献中最早记载的兰科植物之一，两千年以前的《神农本草经》中就有记载。千年以来它一直和灵芝、人参、冬虫夏草等被列为上品中药。据《本草备至》叙述，它对人体有驱解虚热、益精强阴等疗效。石斛全身都是宝，除了根茎有药用价值，它的花、叶子都可泡茶，花还可食用。

甘木通是生长在粤北山区的一种野生药用植物。经临床试验证明，甘木通用于治疗高血压和冠心病具有显著的效果，并且有用量少、药效长、无副作用等优点，是一种大有市场前途的药用植物。乐昌、乳源的大瑶山已开始种植甘木通。

龙脑又名梅片，是名贵的香料和中药。其中右旋龙脑是许多贵重的中成药（如“云南白药”“六神丸”“喉风散”）的重要成分。粤北山区有许多能出产天然右旋龙脑的梅片树。

【小知识】

铁皮石斛——“药中黄金”

铁皮石斛素有“药中黄金”之美称，药用价值和经济效益都非常高。在仁化董塘镇丹霞地貌区一处人迹罕至、名叫“黑巢”的山谷中，人们发现丹霞地貌红色砂砾岩悬崖峭壁上有十多株野生铁皮石斛（如图3－19f所示），这成为野生铁皮石斛种源。在新丰、仁化等地都有石斛的培育基地。其中，仁化的培育基地坐落在夏富村，依山傍水，环境优美，空气清新，占尽了天时地利人和，为出产品质优良的石斛打下了坚实的基础。现在有石斛茎干、石斛叶茶、石斛花茶等制品。

【挑战自我】

表 3－19　旅游商品旅游资源分类

G 旅游商品旅游资源	GA 地方旅游商品	GAA 菜品饮食　GAB 农林畜产品与制品　GAC 水产品与制品　GAD 中草药材及制品　GAE 传统手工产品与工艺品　GAF 日用工业产品　GAG 其他物品
[注] 通过本节课的学习和探究，老师希望你能够有所发现，请将你的发现增添进来吧（如果发现本分类没有包括的基本类型时，使用者可自行增加。增加的基本类型可归入相应亚类中，置于最后，最多可增加 2 个。编号方式为：增加第 1 个基本类型时，该亚类 2 位汉语拼音字母＋Z；增加第 2 个基本类型时，该亚类 2 位汉语拼音字母＋Y）。		

【后期制作】

请完成下列作业，并上传至校园网站 http://sgzz. xinhuiren. com。

（1）搜集资料（参考附录 1），填写表 3－20。

表 3－20　韶关主要土特产

	主要土特产
武江区	台湾青枣、东升南瓜、百香果、三角鲂
浈江区	光倒刺鲃、水口红瓜子、无渣粉葛、黄金村莲藕、白土月饼
曲江区	马坝油粘米、南华李、罗坑茶、南华草菇
始兴县	
仁化县	
翁源县	
乳源县	
新丰县	
乐昌市	
南雄市	

（2）为了提升韶关土特产的知名度和附加值，请找到表 3－20 中土特产相应的图片或实物，研究其特点，分别为它们设计 Logo 和包装，进行一次韶关土特

产 Logo 和包装设计大赛。

（3）如果有一个旅游团在春节期间来韶关游玩，你会推荐他们买些什么适时应节的土特产回去做“手信”呢？

（4）是什么造就了古老“长江玉扣纸”曾经的辉煌？作为一个旅游专业学生，你有什么好建议能让“长江玉扣纸”传播得更远呢？分小组把你们讨论得出的建议整理出来。

（5）深圳一公司组团来韶关游玩，该公司员工来自五湖四海，口味大不相同，有喜欢原汁原味粤菜的；有喜欢尝鲜的，如鱼、鲜嫩农家青菜；有喜欢重口味的、辣菜的；有喜欢小吃、点心的，请同学们结合韶关的土特产，向他们推荐独具韶关特色的美食。

第九节　人文活动旅游资源

【学习目标】

（1）说出人文活动旅游资源的基本类型、基本特征和旅游价值。

（2）从人事记录、艺术、民间习俗和现代节庆等方面举例说出韶关的人文活动旅游资源。

（3）在韶关旅游图上标出韶关籍或对韶关有重要贡献的人物的家乡的位置，并说出张九龄、慧能、余靖、涂志伟、潘晓玲等人物的主要贡献。

（4）说出韶关各地的艺术形式，简要介绍其中任意一种艺术形式的特征。

（5）说出韶关各地的民间习俗和现代节庆，简要介绍其中任意一种民间习俗和现代节庆的特征。

【课前活动】

（1）选取一位韶关籍或对韶关有重要贡献的人物（如张九龄、慧能、余靖等），请制作成 PPT 并简要介绍他们的基本情况和对韶关作出的贡献。

（2）选取一个韶关独有的艺术形式，请制作成 PPT 并简要介绍他们的基本情况。

（3）选取一个韶关的民间习俗或现代节庆，请制作成 PPT 并简要介绍他们的基本特征，和同学们一起分享。

【知识准备】

人文活动旅游资源是指那些以社会风情为主体，反映社会风貌、人文意识、人文教育以及人文文化等内容，可以被旅游业开发利用的活动性、过程性旅游资源。

2003年5月1日实施的中华人民共和国国家标准《旅游资源分类、调查与评价》(GB/T18972—2003)，将人文活动旅游资源划分为4个亚类、16个基本类型，即人事记录（人物、事件）、艺术（文艺团体、文学艺术作品）、民间习俗（地方风俗与民间礼仪、民间节庆、民间演艺、民间健身活动与赛事、宗教活动、庙会与民间集会、饮食习俗、特色服饰）和现代节庆（旅游节、文化节庆活动、商贸农事节、体育赛事活动）等，如图3－48所示。

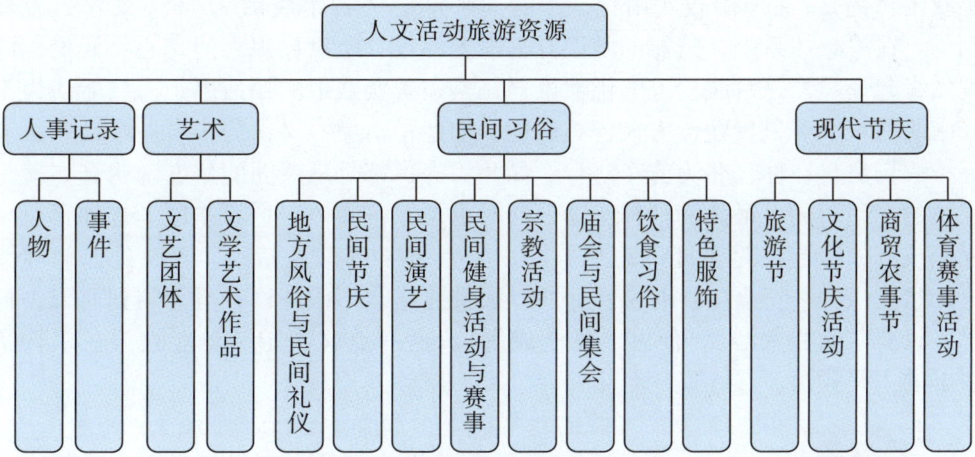

图3－48　人文活动旅游资源分类

一、人事记录

图3－49　张九龄像

韶关风光秀丽，景色宜人，人杰地灵。这里有南朝名将侯安都、唐朝名相张九龄、禅宗祖师六祖慧能、宋朝名臣余靖、明朝大将陈璘；有抗日名将张发奎、薛岳；有革命英雄李任予、余贵等。

◆唐朝名相张九龄

张九龄（678—740年），字子寿，一字博物，韶州曲江（今广东省韶关）人，唐开元尚书丞相，著名的政治家、文学家、诗人。他忠耿尽职，秉公守则，直言敢谏，选贤任能，不徇私枉法，不趋炎附势，敢与恶势力作斗争，为“开元之治”作出了积极贡献。他的五言古诗，以素练质朴的语言，寄托了深远的人生慨望，对扫除唐初所沿袭的六朝绮靡诗风，贡献尤大，被誉为“岭南第一人”。他主张重视地方官人选，选官应重贤能，不循资历。后因与主政者不合，一度辞官返回家乡。期间，他主持修筑了梅关古道上的大庾岭驿道，保障了南北交通要道的畅通。

◆禅宗六祖慧能大师

六祖慧能大师（638—713 年），俗姓卢氏，唐代岭南新州（今广东省新兴县）人。佛教禅宗祖师，得黄梅五祖弘忍传授衣钵，继承东山法门，为禅宗第六祖，世称禅宗六祖，是中国历史上有重大影响的佛教高僧之一。慧能大师的真身，供奉于广东韶关南华寺的灵照塔中。

慧能大师实现了印度佛教中国化、玄学佛教生活化、贵族佛教平民化（都市佛教山林化）、义理佛教实用化；慧能大师宣扬“顿悟成佛”，不立文字，教外别传。在思想体系上，慧能的学说有三根支柱：一是世界观上的真心一元论，即真如缘起论；二是解脱论上的佛性论；三是宗教实践上的顿悟思想。慧能认为不管南北西东、尊卑贵贱，人人皆有佛性，佛性常清净；又认为于自性中，万法皆见；一切法自在性，名为清净法身。如此等等，都是从不同的角度说明真如就是永恒的、绝对的、最高的精神实体，同时也是宇宙实体、世界本原。这种真心一元论或真如缘起论是慧能的思想核心，是其佛学的理论基础。解脱论上的佛性论，慧能认为一切众生皆有佛性，所以成佛之道，不假外修，更无须到西天去拜求，只要“直指人心”，便可“见性成佛”。这一点又决定了慧能教派在宗教实践上的主张顿悟。

【小知识】

现代韶关人

图 3－50　张颂文

现代韶关也是人才辈出，如在文化艺术领域有：张颂文，粤北地区首个考入北京电影学院表演系的学子，学生时期担任学院学生会主席，毕业后曾留校任教多年，随后开创个人表演工作室，是目前国内最负盛名的表演指导之一，林志玲、钟汉良、田亮等众多明星通过他的指导，演技迅速得到提升。他主演的《乘龙怪婿》深受大众喜爱。王心钢，韶关著名作家，中国作家协会会员。《张发奎传》2005 年获全国城市出版社优秀图书一等奖；《品读粤北》2009 年 6 月获韶关人民政府授予的韶关市首届文艺创作风度奖；长篇小说《水滴》2014 年荣获第九届广东省精神文明建设“五个一工程奖”，是广东省最高荣誉的文艺大奖。涂志伟为翁源籍旅居美国著名画家，20 世纪旅美杰出华人，美国国家

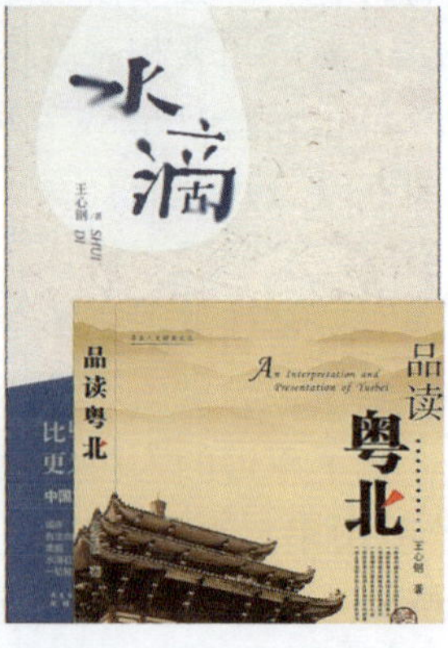

图 3－51　王心钢作品

图 3－52　涂志伟美术馆

级美术评委，被美国政府授予“油画大师”称号，被西方媒体誉为“亚洲第一人”。2008 年，涂志伟在家乡翁源三华“书堂石”旁兴建“涂志伟美术馆”；2009 年春节，涂志伟回乡参加“翁山诗书画院”开馆仪式，为家乡翁源创导“文化翁源”品牌奔走相告、出谋划策。

二、艺术

韶关民间文化的传承和发展，都显示出粤北独特的魅力，无论是在个人独特的民间工艺中，还是团体在全国、全省的艺术展示中，都显示出了浓厚的粤北特色，如粤北客家山歌、粤北采茶戏、仁化石塘“月姐歌”等。

“月姐歌”几百年来以口传心授的方式，仅流传在仁化县石塘镇石塘村的女性中，并成为石塘村妇女欢庆中秋佳节的独特活动。现已经成为广东省非物质文化遗产。每年农历八月初一至八月十五，上至八旬老妪，下至五岁幼女，全体女性村民出动，期间每晚都聚集在临时搭设的“月姐歌堂”里，围绕“接”回来的“月姐”载歌载舞、玩游戏。凡参加“月姐歌”活动的女性，必须先沐浴更衣、焚香祈祷。众人聚齐后，先要进行隆重的祭祀仪式——“接月姐”，齐唱“接月姐”歌，然后是“迷月姐”，“月姐”则由众人推举的一名未婚女子来充当。到中秋节午夜，“送月姐”要从歌堂一直送到石塘河边，沿途放鞭炮，把黄香簕等物品推入河中，众人在河畔焚香燃烛，祭祀祈祷一番。至此，一年一度的“月姐歌”活动才算结束。

三、民间习俗

韶关是广东少数民族的主要聚居区，这里保留着独具特色的民族风俗：长鼓舞、开唱节、瑶族婚娶。

每逢节日喜庆，嘉宾来访，瑶族必跳长鼓舞来欢迎。相传在很久以前，盘古王的女儿房莎十三妹与人间的一个小伙子结为夫妻。一个恶人想害死这个小伙子再娶房莎十三妹为妻。盘古王得知此事，把房莎十三妹召回天庭。房莎十三妹告诉丈夫，只要到南山上砍棵琴树做长鼓，等到盘古王婆诞那天击鼓跳上 360 圈，就可上天庭与她团圆了。从此后人每逢盘古王婆诞那天都要跳长鼓舞。

瑶家风俗规定，从农历二月初二起一直到七月初七，是不准唱歌和谈情说爱的，否则会受到社会舆论的谴责。七月初七，传说是瑶族的祖先——盘古王的诞辰，盘古王开天辟地，在劳动中编造了歌，所以粤北连山一带的过山瑶把这一天定为“开唱节”。

瑶胞婚俗饶有风趣，至今还保留着“男嫁女”“儿女从母亲”的习俗。新婚之日，新郎需步行到女方家，男女双方的亲友到女方家参加婚礼。

十里不同风，百里不同俗。韶关是南粤门户、岭南交通的要道，韶关珠玑巷也是中原文化与岭南文化的交汇地。同时，韶关更是客家文化的聚集地、广府文化的发祥地，从而形成了多姿多彩、源远流长的农业生产民俗、节日习俗、饮食习俗等传统节庆民俗文化。

图 3－53　乳源瑶族长桌宴

农业生产民俗科学合理，不误农时。粤北农民依照农历二十四节气的规律安排生产已成为习惯。有的农谚要求人们不误农时，如“立春早打算，惊蛰动犁头。春分好浸种，谷雨快莳田”“春分不浸种，大暑禾不熟”“小暑小禾黄，大暑满田光”“插田到立夏，插不插都罢”“莳田到立秋，莳也丢不莳也丢”“立夏禾，不够喂鸡婆”“立秋禾，饿死两公婆”等。

在农事活动习俗方面，粤北人有早出晚归的习俗。为赶抢季节，农谚有“人睡天光，田地丢荒”“披星戴月勤而快，早起三朝当一工”。为赶抢季节丰收，还有亲朋帮工的习俗。“亲帮亲，邻帮邻。”不论耕田建屋，事主只要打声招呼，亲朋就会赴约，约定俗成，只招待茶饭，不计报酬。

粤北农民还有打横塘习俗。这是指不论谁家的鱼塘，只要塘主干塘捕鱼，渔具收拾停当以后，群众便可下塘捉鱼摸虾，塘主不得干涉，俗称“打横塘”。

另外，还有捡摘油茶习俗。这是指山区农民自种油茶，每年霜降之前都要采摘收成。到了霜降那天，任由群众上山捡摘，山主不得干涉。

四、现代节庆

韶关各式旅游节庆活动精彩纷呈，乐昌九峰桃花节、新丰樱花节、翁源赏花节、南雄杜鹃花节、浈江樱花节、南雄梅岭梅花节等越来越有名气，各种赏花系列活动内容丰富，包括摄影大赛、征文活动、美食品尝、登高比赛等子活动。这些都使游客感受到韶关不一样的美丽春光。除了赏花系列活动之外，韶关还有仁化石塘堆花酒节、曲江罗坑茶文化节、始兴枇杷节和杨梅节、南雄珠玑姓氏文化节、翁源三华李节和九仙桃节、仁化万时山帐篷节、韶关青岛啤酒节等各种文化节庆活动和汽车拉力赛、自行车邀请赛、端午节龙舟赛等赛事，还举行佛光普照“南华诞”传灯法会，举行以“徒步丹霞，享受自然”为宣传主题的徒步穿越丹霞山活动。

以“徒步丹霞，享受自然”为宣传主题的徒步穿越丹霞山活动，于每年11

月末举行。徒步穿越丹霞山活动自2008年举办首届以来，参与人数就逐年递增，并受到社会各界的广泛关注，除了港澳、珠三角和韶关本地铁杆粉丝外，还有来自美国、马来西亚等国家的驴友报名参加。徒步穿越丹霞山活动富有挑战性，迷人的乡间小路，可充分领略市区皇冈山、矮寨、马头寨、上京古道和丹霞山巴寨、上天龙、姐妹峰、僧帽峰、阳元石、田螺峰、锦江等沿线风光。近百里的徒步穿越以黄沙、古溪、茅坪、暖坑、车湾五个沿线签到补给点为主，贯穿整个线路，真正做到穿越丹霞腹地。穿越活动以多人集体组队、集体计算成绩的形式，既新鲜又能体现团队互助精神。

图3－54　自行车邀请赛

【挑战自我】

表3－21　人文活动旅游资源分类

H 人文活动旅游资源	HA 人事记录	HAA 人物　HAB 事件
	HB 艺术	HBA 文艺团体　HBB 文学艺术作品
	HC 民间习俗	HCA 地方风俗与民间礼仪　HCB 民间节庆　HCC 民间演艺　HCD 民间健身活动与赛事　HCE 宗教活动　HCF 庙会与民间集会　HCG 饮食习俗　HCH 特色服饰
	HD 现代节庆	HDA 旅游节　HDB 文化节庆活动　HDC 商贸农事节　HDD 体育赛事活动
［注］通过本节课的学习和探究，老师希望你能够有所发现，请将你的发现增添进来吧（如果发现本分类没有包括的基本类型时，使用者可自行增加。增加的基本类型可归入相应亚类中，置于最后，最多可增加2个。编号方式为：增加第1个基本类型时，该亚类2位汉语拼音字母＋Z；增加第2个基本类型时，该亚类2位汉语拼音字母＋Y）。		

【后期制作】

请完成下列作业，并上传至校园网站http://sgzz.xinhuiren.com。

（1）请查阅资料，填写表3－22，并简要介绍他们。

表3－22 韶关人物简介

人物	简介
侯安都	
张九龄	
六祖慧能	
余靖	
陈璘	
张发奎	
薛岳	
李任予	
王心钢	
朱熹平	
……	

（2）分小组各排练一段粤北客家山歌或粤北采茶戏，进行一次粤北客家山歌或粤北采茶戏比赛。

（3）粤北地区的节日习俗很有特色，如“小年夜”送灶君；除夕迎“灶君”、贴春联、挂灯笼、点明灯、全家吃“团年”饭；正月十五闹花灯；清明上坟扫墓祭祖；南雄端午节游龙船、唱龙船歌；仁化八月十五唱“月姐歌”等。分小组，每个小组挑选一个节日习俗，查找资料制作节日习俗简报并向同学们介绍粤北地区的节日习俗。

（4）每年春节前，民间有自制过年糕点的习惯，有炒米饼，炒米，油炸番薯片、芋头片等地方特色的过年糕点；粤北农村几乎月月有节，大多数会自做豆腐和有粤北风味的油糍、灰水糍、艾糍、饭焦糍、白水糍、芋头糍、蕉叶糍、灯盏糍等糍类食品；山区农民常采马蹄基苗、耳环菜、山苋菜、地黄菜、黄狗头嫩枝苗等；南雄的米糕与状元糕也很有名。利用回家的机会，收集一些过年糕点、年节食品和当地野菜等，组织全班办一个展示粤北特色的美食文化节。

第四章

韶关旅游交通地理

第一节　旅游交通概述

【学习目标】

（1）能够说出旅游交通的概念。
（2）能够举例说明旅游交通的三个不同层次。
（3）能够说出旅游交通的特点。
（4）能够举例说明旅游交通的作用。

【课前活动】

（1）假设周末你和家人准备前往丹霞山旅游，要借助哪些交通工具？旅游交通费用至少应该准备多少？请上网查找有关资料并设计行程。

（2）假设有游客分别从香港、广州、上海、北京到丹霞山旅游，可以借助哪些交通工具？旅游交通费用应该准备多少？请上网查找有关资料并设计行程。

（3）上网查找有关豪华旅游专列、豪华大巴、豪华游轮等旅游交通工具的图片和资料，制作成 PPT 与同学们交流分享。

（4）上网查找近几年“黄金周”假期旅游景点出现的拥堵现象的资料，制作成 PPT 与同学们交流，并讨论：如果你身在其中，该如何避免发生事故？

【知识准备】

交通作为促进旅游业发展的三大支柱之一，对旅游业具有至关重要的影响。交通技术的进步极大地推动了旅游产业的发展，交通状况的好坏也直接影响着游客对旅游目的地的选择。随着国民生活水平的不断提高，人们对生活方式的质量追求更为突出，游客的出行方式和要求也日益多样化。

一、旅游交通概述

1. 旅游交通的概念

旅游交通是为了适应现代旅游业发展的特殊需要，从公共交通行业中衍生出来的新兴产业。一方面，它与公共交通运输业密切关联，在很大程度上依赖于公共交通的基础设施，如铁路、公路、航空和水运航线等；另一方面，它又与旅游业息息相关，与旅行社、景点、饭店等企业保持着紧密的业务关系。可见，旅游交通业是一个新兴的交叉型、服务型经济产业。

【小知识】

公共交通泛指所有收费提供交通服务的运输方式，也有极少数免费服务。在我国许多城市，公共交通一词常会简化为“公交”。广义的公共交通包括民航、铁路、公路、水运等交通方式；狭义的公共交通是指城市范围内定线运营的公共汽车及轨道交通、渡轮、索道等交通方式。

旅游交通与饭店、旅行社一起并称为旅游接待业的三大产业，目前国内外对旅游交通的认识仍缺乏统一的界定，较为集中的一种观点认为：旅游交通是旅游者利用某种手段和途径，实现从一个地点到达另一个地点的空间转移过程。这其中既包括旅游者从旅游客源地到目的地的往返，也包括旅游者在旅游目的地的不同旅游景点之间的往返。

2. 旅游交通的层次

旅游交通可分为以下三个层次：第一层次是外部交通，即从旅游客源地到目的地的交通，它沟通的是大尺度空间，主要以航空和铁路运输为主。外部交通决定着旅游者可以进出旅游目的地的总量，对旅游业的发展具有长远的战略意义。

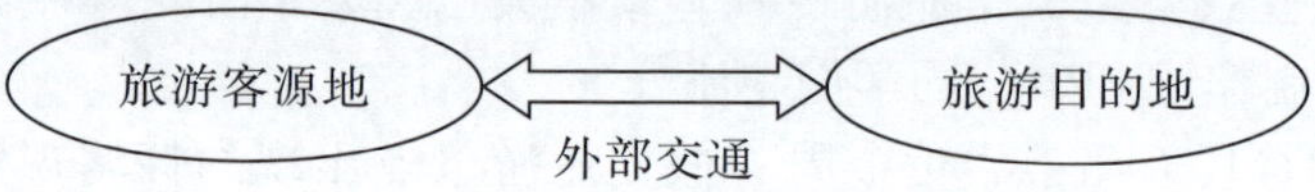

图 4－1　旅游交通第一层次

第二层次是中间交通，也称为景区外部交通，是指由旅游中心城市到各风景区的交通，它沟通的是小尺度空间，一般以铁路、公路、水路运输为主。它决定着旅游目的地能否保持旅游交通热、温、冷线旅游客运量的相对均衡。保证旅游者在旅游目的地内正常流动和分流，对旅游业的发展具有重要的现实意义。

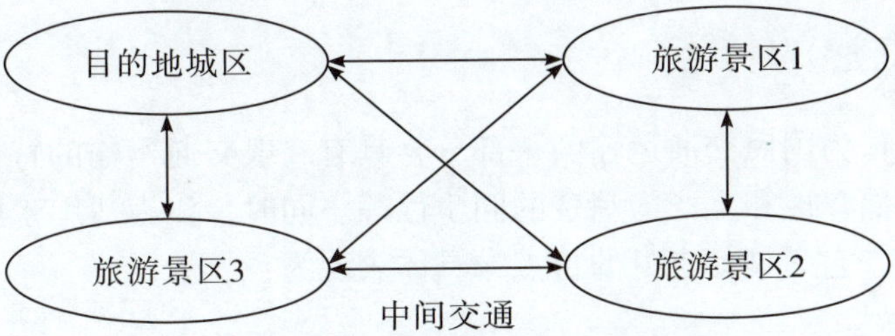

图 4－2　旅游交通第二层次

第三层次是内部交通，指风景区内的交通，属于短距离的空间位移，主要采用徒步、汽车（电瓶车）和特种旅游交通工具（索道、缆车）等方式。旅游景点的交通通达性直接影响游客对景区的感受和评价，顺畅的内部交通能让游客“进得去、散得开、出得来”，从而保证旅游质量，而拥挤、混乱的交通则会令游客产生不满和负面情绪，进而影响旅游景点的口碑和形象。

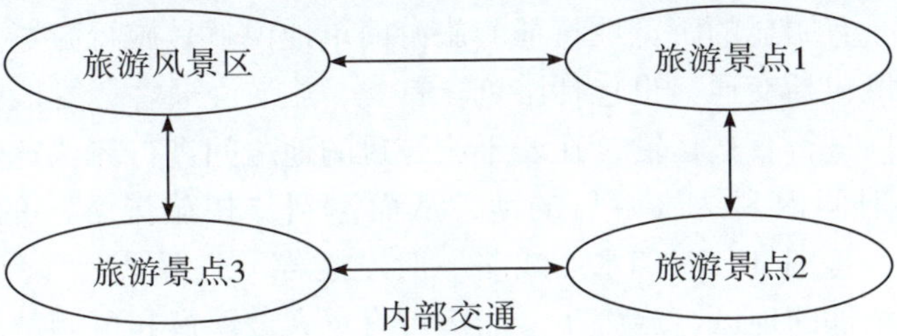

图 4－3　旅游交通第三层次

任何一个旅游目的地的经营管理者都不可能在所有的客源地架设专用的旅游交通网线，而必须借助公共交通，旅游汽车和游船只能在连接旅游景点的线路和航线上运营，而在旅游景区内部的交通工具基本上不具备长途运输和规模运输的能力，可见旅游交通的三个层次之间是互相联系、相辅相成的，它们共同构成了一个完整的旅游交通系统。

【归纳比较】

表 4－1　旅游交通与公共交通的异同

	旅游交通	公共交通
相同点		
不同点		

二、旅游交通的特点

旅游交通作为国民交通运输的一部分，具有一般交通运输的特性，如产品的无形性、不可储存性和生产与消费的同步性等。同时，作为适用于旅游业的综合交通运输系统，它又具有自身的特点，具体表现为：

1. 综合性

现代旅游业的产生和发展是以交通运输业的发展为前提的。一方面，旅游的“食、住、行、游、购、娱”每一个环节都离不开旅游交通工具的支持，旅游交通成为旅游业的一个重要组成部分；另一方面，旅游业的发展也促进着交通运输业的进步，如铁路运输中有专门的旅游专列，航空业中发展起来的旅游包机都是由此而产生的。可见，旅游与交通二者相辅相成、相互影响，这体现了旅游交通的综合性特征。

2. 游览性

旅游交通具有明显的游览性特征。旅游简单地说就是旅行游览，旅行也就是交通，游览则既包括交通，也包括游览。首先，旅游交通客运一般只在旅游客源地与目的地之间进行直达运输，在若干旅游目的地之间进行环状运输，使旅游者能够在最短的时间内到达旅游目的地，从而达到“快旅慢游”的目的；其次，旅游交通线路，特别是公路和水运线路一般连接若干旅游景区（点），或经过风景、风情特色浓郁的地区，旅游车、船多带有宽大玻璃窗和可调节座椅，以便旅游者能在旅行过程中集中参加多项游览活动，领略沿途美景，从而做到“旅中有游”；最后，还有一些特种旅游交通工具本身就对旅游者有着极大的吸引力，能够满足旅游者求新、求奇、求特、求异的心理需要，从而达到“游旅结合”。

3. 舒适性

旅游交通除了运载旅游者实现空间位移的基本功能外，还要具备满足旅游者游览、娱乐、享受等需求的条件。与普通公共交通相比，旅游交通更注重舒适性。如在铁路运输方面，旅游列车在车厢设施、服务项目和质量、乘客定员控制等方面，都要优于一般旅客列车，旅游大巴也是以带空调、音响的豪华型客车为主。长途旅行方面，旅游者主要选择既舒适又安全的大中型喷气式客机。当今世界最舒适的旅游交通工具当属超级豪华邮轮，它们的排水量在十万吨级以上，目前全球有十五艘邮轮拥有星级客房、风味餐厅、购物中心和各类娱乐、健身设施，被誉为“活动城市”。

【小知识】

2013 年 10 月 5 日，位列全球十五大最豪华邮轮之一的百慕大籍豪华邮轮

“钻石公主”号访问青岛。该邮轮总吨位达11.6万吨，长290.4米、宽48.2米、高62.5米，共有18层，有客舱1 337间。另外邮轮上还设有5个主餐厅、4个大小不等的游泳池，拥有海上最大的网吧，还有浪漫的结婚礼堂。各式酒吧、夜总会、健身中心、图书馆等设施一应俱全。远远望上去就像漂浮在海上的一座城堡，非常豪华。

“钻石公主”号是世界著名邮轮公司——美国嘉年华邮轮集团旗下公主邮轮公司的一艘超级豪华邮轮，主要经营历时3个月之久的环球航线，沿途停靠18个国家的30多个港口。

4. 季节性

由于受节假日、气候、观念等条件的影响，旅游者的旅游活动呈现明显的季节性特征，即旺季和淡季。旅游交通客运也随着旅游淡旺季的变化而变化，表现出季节性的特征。这一特点在运力安排方面给旅游交通业带来巨大困难，按旺季配置运力会导致淡季运力的闲置浪费，造成经济损失；而按淡季配置运力则会带来旺季交通拥挤，影响社会效益，同时还会造成资源的浪费，错失发展良机。我国目前主要有“春节”“国庆”两大旅游“黄金周”。在“黄金周”内，全国各大著名旅游景区无不人头攒动、车辆拥挤，有些景区甚至酿成事故，而节后则游客稀疏、门庭冷落。

三、旅游交通的作用

1. 旅游交通是旅游业产生和发展的先决条件

人们外出旅行必须完成从常住地到旅游目的地的空间转移，除步行之外，交通工具是帮助人们实现旅游活动的必要手段和前提。旅游交通贯穿旅游活动的始终，是旅游活动和旅游业发展的基石。据有关资料统计，同为国家AAAA级旅游景区，2013年中秋假期仁化丹霞山景区接待游客50 433人次，珠玑古巷接待游客27 026人次，而南岭国家森林公园接待游客只有1 245人次。究其原因，除了知名度的差异外，旅游景点的交通便捷性也是其中一个重要的影响因素。

2. 旅游交通是旅游地社会经济发展的重要推动力

旅游业包含“食、住、行、游、购、娱”六要素，世界旅游组织公布的资料显示，旅游业对GDP的带动系数为1∶4.3，即旅游业增加收入1元，就可带动国民经济相关行业增加收入4.3元。一方面，发达的现代交通能把越来越多的旅游者运送到旅游目的地，从而保障当地旅游业持续稳定地发展；另一方面，旅游交通连接景点、饭店、餐馆、商店和娱乐场所等旅游经营单位，能够为社会创造更多的就业机会，吸纳大量社会富余劳动力，推动当地社会经济的发展。

表 4-2　2000—2013 年韶关旅游业相关统计数据

年份	地区生产总值（亿元）	旅游接待人数（万人）	旅游收入（亿元）	人均旅游消费（元）	旅游收入占 GDP 的比重（%）
2000	192.72	306	12.58	411.11	6.53
2001	212.00	350	15.10	431.43	7.12
2002	231.02	450	20.11	446.89	8.70
2003	264.23	466	20.62	442.49	7.80
2004	305.10	546	24.42	447.25	8.00
2005	335.81	503	21.35	424.45	6.36
2006	395.41	611	25.46	416.69	6.44
2007	471.69	854	40.64	475.88	8.62
2008	545.87	1 044	52.60	503.83	9.64
2009	571.73	1 226	71.38	582.22	12.48
2010	683.10	1 582	106.82	675.23	15.64
2011	831.95	1 841	129.85	705.20	15.95
2012	888.48	2 118	155.90	736.07	17.55
2013	1 010.10	2 437	187.20	768.16	18.53

3. 旅游交通是旅游业稳定而重要的收入来源

在旅游活动中，“食、住、行、游（景点门票）”四项是旅游者最基本的消费。相对而言，“食”和“住”的支出有一定的弹性，可以根据游客不同的经济层次而自行调整，“游”的支出也可以通过放弃游览一部分景点来降低，唯有交通支出无法回避。国家旅游局统计处与中国旅游研究院产业处的数据显示，2007年，国内旅游消费中，交通、餐饮、购物的比例分别为 24.5%、15.1%、16.5%，到了 2012 年，散客外地游花费构成为交通 37.5%、餐饮 20.4%、购物 18.6%，散客本地游花费构成为餐饮 30.5%、交通 25.7%、购物 23.8%。可见，旅游交通已经成为旅游业稳定而重要的收入来源之一。

4. 旅游交通是旅游活动的重要内容

在不少旅游景点，旅游交通已经成为旅游景点中的一个重要组成部分，如游览同为丹霞地貌的福建武夷山九曲溪，就只有借助竹筏这一交通工具，才能欣赏到“丹山碧水”的美丽风光，游仁化丹霞山的翔龙湖和锦江也是如此。还有一些旅游项目本身就是对某些特种旅游交通工具的体验和参与，如九泷十八滩和百丈崖的漂流等，如果缺少了配套的旅游交通工具，这些旅游项目本身也就失去了存在的基础。

【后期制作】

（1）调查从韶关市区前往仁化丹霞山和乳源南岭国家森林公园的交通班次并探讨原因。

（2）查找“2000—2013 年韶关旅游业接待人数及旅游收入图”，看看韶关的旅游业是从哪一年开始取得突破性发展的，并上网找出当年韶关发生了什么重大事件，其中哪些与韶关旅游业的发展有关系。

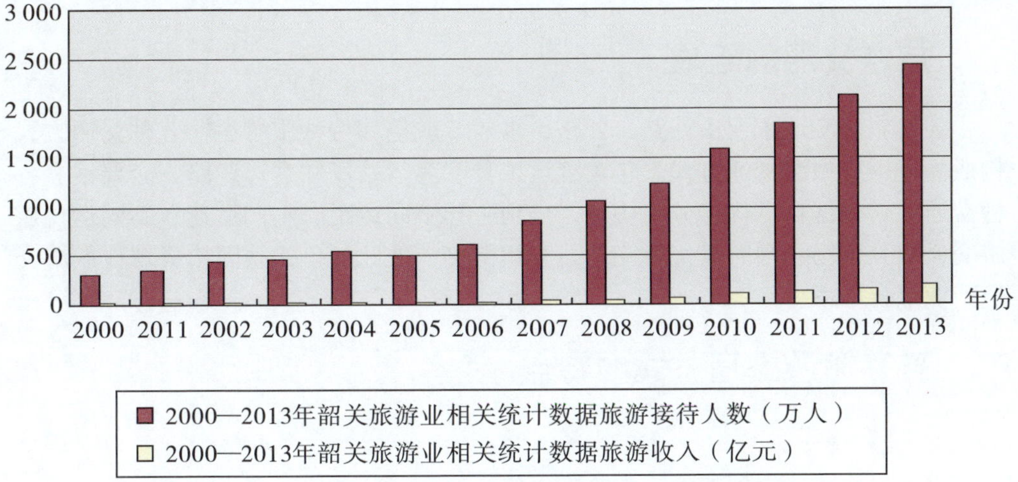

图 4－4　2000—2013 年韶关旅游业接待人数及旅游收入图

第二节　韶关各种旅游交通的类型与特点

【学习目标】

（1）能够说出常见的旅游交通运输工具的优缺点。

（2）能够说出途经韶关的主要铁路（含高铁）和公路（含高速公路）的线路。

（3）借助韶关交通图，能够说出从韶关市区前往韶关各大主要旅游景点的交通线路。

【课前活动】

（1）选择一种交通运输方式，以小组合作的方式制作成 PPT，简要介绍这一交通运输方式的发展历史和优缺点。

（2）在韶关旅游资源分布图上画出韶关主要的铁路和公路线。

【知识准备】

韶关位于广东省北部，与湖南郴州、江西赣州以及本省的清远、广州、河源接壤，处于以珠三角、港澳地区为中心的华南经济圈与湖北、湖南、江西、安徽、河南等华中经济圈的交叠渗透地带，自古以来就是华南沿海通往我国内陆地区的交通要道，是建设中的国家公路运输枢纽城市和国家一级铁路枢纽城市，具有便捷的旅游交通大环境。

一、旅游交通的组成

现代旅游交通主要由铁路、公路、水运、航空和特种旅游运输五种交通方式构成。每一种旅游交通方式又包含客运工具、客运站场和客运线路三个要素。各种交通方式根据自身优势分工协作，分别主导不同运距、不同运速、不同运价旅游交通细分市场，同时又优势互补，互相衔接，彼此竞争，共同构成现代旅游交通产业综合体系。

二、各种旅游交通方式的特点

1. 铁路旅游交通

在现代交通运输体系中，铁路是发展较早的运输方式，距今已有170多年的历史。1841年，英国人托马斯·库克包租了一列火车，运送了570人从莱斯特前往拉巴夫勒参加禁酒大会，往返行程17.7千米，团体收费每人一先令，免费提供带火腿肉的午餐及小吃，还有一个唱赞美诗的乐队跟随。这次活动在旅游发展史上占有重要的地位，它是人类第一次利用火车组织的团体旅游，标志着近代旅游活动的开端。

铁路旅游交通的优势表现为运载量大、安全正点、快速高效和经济实惠等，游客可以在车厢内饱览沿线风光，同时还可以夜间乘车，白天旅游，既节省了时间，又节省了费用。1988年，我国铁路部门为外国旅游团体专门开设了长途、短途的“中国东方快车”旅游专列，目前也接受国内旅客团体。旅游专列设备完善、舒适，游客能够以车当家，并能为结伴旅游的游客提供相互交流的场所，特别受老年游客的欢迎。其劣势主要是工程量大、造价高、灵活性和舒适性较差。由于我国幅员辽阔、地域广大，目前铁路交通仍然是我国最主要的旅游交通方式。随着高铁时代的来临，铁路运输的速度和效率将不断提高，铁路运输的舒适性也将得到提高，人们选择铁路交通作为旅游交通方式的意愿也在增强。

韶关的铁路网是由京广、武广和韶赣铁路组成的“Y”字形铁路网，它有效地连接了周边的湖南省、江西省和清远、广州等地区，加强了韶关和其他地区间的合作，京广线被誉为“南北交通的大动脉”。特别是武广高铁开通以后，韶关至广州的运行时间由原来的3小时缩减到48分钟，极大地促进了韶关与“珠三角地区”的融合。

【小知识】

美景吸引四方游客，“东方快车”旅游专列开进韶关

2014年11月26日下午，随着一声汽笛长鸣，承载着近300名北京旅客的“东方快车”豪华旅游专列徐徐开进了韶关火车东站。

2015年开始，韶关旅游局与中国国旅总社开展战略合作，共同开拓北京地区及北方客源市场，旅游专列则是重要合作内容之一。来自北方的游客乘坐豪华旅游专列来到韶关，欣赏历史名城的秀丽风光，品味红石公园丹霞山的美丽，体验温泉之都的暖冬风情。

初冬的北方阵阵寒意袭来，让北方的人们不禁向往多彩而温暖的南国。告别雾霾、逃离喧嚣、沐浴暖阳、轻装远行。本次“东方快车”旅游专列共接待了近300名北京游客，他们从首都出发往南行，沿途游览南国美景，首站抵达粤北名城韶关，从韶关火车东站开启韶关之旅，体验“最佳人居温泉”的养生保健之道，夜宿曹溪温泉假日度假村。次日，游客前往“世界丹霞地貌命名地”的丹霞山，水陆两游碧水丹霞，品红石魅力独绝。而后前往中国佛教名寺、禅宗六祖慧能弘扬“南宗禅法”的发源地南华禅寺。据悉，行程共11天，专列还将前往广西、湖北等地。

（摘自韶关旅游局网站）

2. 公路旅游交通

图4-5　南岭登山节

公路旅游交通是世界上最普遍、最主要的短途旅游交通方式。旅游交通具有路网密度大、站点覆盖面广、客运班次频繁等特点，因此乘坐十分方便，团队或散客旅游等均十分喜爱这种方式。公路旅游交通可以自行确定旅行时间和线路，随时停车游览、用餐和休息，并能够深入旅游景点，实现“从门到门”的运输，具有非常大的灵活性。旅游者驾私家车出游更是不受时间限制，并可根据需要任意增减游览景点，适时调整行程计划，因而更加灵活方便。但公路运输运行速度较慢，汽车的速度一般在每小时70～80公里，高速公路最快车速也不超过每小时120公里，与火车和飞机的速度相比较慢。同时，由于汽车容量的限制，载客量十分有限，一般大型客车也只能乘载40～50人，与火车几千人的运载能力无法相提并论。此外，受公路等级、交通管制、汽车性能以及驾驶人员素质等多种因素的影响，公路旅游运输的舒适性和安全性相对较差。

目前，世界各国广泛修建高速公路，这使得公路旅游交通的地位越来越重要。我国也在广泛修建从旅游中心城市到著名风景区的高等级公路，以缩短游客旅行时间，解决旅游业中的“瓶颈”问题。截至2011年底，韶关公路总里程达到13 750千米，其中干线公路1 953千米，占总里程的14.2%；高等级公路1 340.68千米，占总里程的9.76%；公路密度为74.5千米/百平方千米，已经初步形成了以国省道为骨干、以县乡道路为经络的“五纵六横”网状分布的公路网。四通八达的公路外接相邻省市，内通市内乡镇，为韶关旅游的发展奠定了坚实的基础。

图4－6　京港澳高速公路韶关段

3．水运旅游交通

水运旅游交通以港口为客运站场，以船舶为客运工具，以水上航道为客运线路，主要从事水上游览和中距离旅游运输活动，如远洋巡游和内河客运等，承担世界上约8%的国际旅游交通运输量。水运旅游交通运载量大，线路投资少，可欣赏沿途风光。但由于江、河、湖、海在地理上分布不均，并严重受制于冰冻、台风等恶劣气候条件，水路运输的灵活性和安全性不够理想。在旅游舒适度方面，水路运输有功能和特点反差极大的两种基本类型，即班轮运输和游轮运输。前者以运送旅游者为主要功能，运输优点是价格低廉，缺点是速度慢、舒适性差，后者以观光、度假为主要功能，优点表现为豪华舒适、安逸浪漫，缺点主要是速度慢、价格昂贵。

韶关港是我国内河开放较早的港口，其发展历史可以追溯到汉代。韶关境内主要的河流有北江、武江、浈江、锦江、龙归河和滃江，航道通航里程共386千米，是粤北地区重要的物资中转港口、商旅往来要津。然而随着韶关铁路、公路运输条件的不断改善和提高，韶关的水运旅游交通快速萎缩，基本上退出了运输市场，目前仅作为辅助交通运输方式在个别河段的渡口和部分旅游景区内以“水上观光旅游”的方式存在。

图4－7　韶石山渡口

4．航空旅游交通

航空旅游交通是国际旅游者使用最频繁的交通方式之一，前来旅游的外国游客半数以上选择航空运输方式进入我国（见表4－3）。航空旅游交通的出现，不仅缩短了时空距离，也使得跨国旅游不断发展。在今天，航空业的发达程度已经成为衡量各国旅游业发展水平的重要标志。与其他运输工具相比，航空旅游交通具有速度快、航程远和乘坐舒适的优点，现代的喷气式飞机，时速一般在 900 千米左右，比行驶在高速公路上的汽车快 8 ~ 10 倍，比行驶在高速铁路上的火车快 2 ~ 3. 6 倍，比高速远洋游轮快 15 ~ 24 倍。例如，从我国首都北京到广东的省会广州，乘坐普通火车至少需要 21 个小时，高铁也要 8 ~ 9 个小时，乘坐飞机则仅需 3 个小时左右。航空旅游交通的缺点主要是价格高、运载量较小，即便是目前最大型的民用航空飞机空中客车 A380，采用最高密度座位安排时最多也只能承载 850 名乘客，目前一般座位数在 550 个左右。此外，航空旅游交通还要受到天气条件的限制，大雾和雨雪天气会影响其飞行，这在一定程度上影响了航空运输的准时性。航空港占地面积大，用地条件高，加上飞机起飞和降落时会产生巨大的噪音，机场选址一般远离市中心地区，因此航空交通只有与其他交通工具相互配合，才能完成旅游交通服务。

表 4 – 3　2012 年 1—12 月来华旅游入境人数统计表（按入境方式分）

国家和地区	合计（万人）	入境方式				
		船舶	飞机	火车	汽车	徒步
合计	13 240. 55	479. 28	2 142. 13	135. 73	2 984. 42	7 498. 99
香港同胞	7 871. 3	123. 72	174. 86	76. 48	2 431. 98	5 064. 26
澳门同胞	2 116. 07	8. 59	7. 03	0. 26	138. 25	1 961. 94
台湾同胞	534. 02	78. 11	322. 87	2. 53	55. 97	74. 54
外国人	2 719. 16	268. 86	1 637. 37	56. 46	358. 22	398. 25

原来的韶关机场位于韶关西北方向的乳源县桂头镇，是空军二级机场，可升降波音 737 和空客 320 等大型民航客机。机场距离韶关市区 30 千米，距乐昌市区 28 千米。1986 年，其经总参谋部批准为“中国民航韶关临时起降点”，开辟了韶关至广州的客货运输航线。此后的两年零九个月时间里，韶关机场共飞行 492 个航班，运送中外乘客 21 000 人次，后出于机场规模限制及飞机退役、外调等原因，于 1989 年 11 月停航。韶关机场作为构筑集公、铁、水、空为一体的立体化交通枢纽的重要一环，目前已列入全国民用机场布局规划和广东省“十二五”规划重点建设项目计划，韶关与省机场集团公司于 2014 年 7 月 28 日签署了合作建设运营韶关机场的协议，韶关机场的各项前期工作正在加紧推进。

5. 特种旅游交通

特种旅游交通是指除了人们通常用的交通方式（铁路、公路、水运和航空）以外，为满足旅游者某种特殊需求而产生的交通运输方式。这类交通除了为旅游者提供空间位移服务以外，还能为旅游者提供新奇、刺激、惊险、独特等旅游体验，从而为旅游业的发展作出独特贡献。特种旅游交通类型丰富多样，游览性强、文化含量较高，一般可以分成两类：一类是传统型的特种旅游交通，如马、骆驼、竹筏、黄包车等，这些运营方式一般只需简易的运输工具、站场和线路，因而运营成本低，运价低廉；另一类是现代型的特种旅游交通，如缆车、索道、观光电梯等，一般需要专用站场和专用线路，因而运输成本较高，运价也相应较高。特种旅游交通的缺点主要是灵活性差、客运功能弱（有些甚至不具备客运功能）、舒适性较差（缆车、索道和观光电梯除外）。

图 4－8　丹霞山缆车

图 4－9　丹霞山索道

传统型的特种旅游交通仅存在于特定的社会环境之中，蕴含着古朴原始的文化内涵，从而使旅游者得以体验这些方式所代表的地方民俗文化。比如，骑马可以使旅游者亲身体验中国西北游牧民族的马背文化，乌篷船则令人感受到绍兴地方特色浓郁的水乡交通民俗。在我国旅游资源的类型中，山岳型旅游资源占据了其中很大的比重，这些旅游景点的道路却多为人工铺设石阶，对旅游者的身体素质提出了较高的要求，从而将大量年老（少）体弱的游客排除在外。而缆车和索道的出现，既减轻了徒步之劳，又为各个年龄层次的游客提供了安全、舒适、便捷的交通工具，从而提高了山岳型旅游风景区的可进入性，加快了这些景区游客的集散。目前我国主要的风景名山大多建有缆车和索道。

【归纳比较】

表 4－4　各种旅游交通方式运输优势对比

类型	运距	运速	运价	舒适性	游览性	灵活性
铁路旅游交通						
公路旅游交通						

（续上表）

类型		运距	运速	运价	舒适性	游览性	灵活性
水运旅游交通	班轮运输						
	游轮运输						
航空旅游交通							
特种旅游交通	传统方式						
	现代方式						

【后期制作】

（1）在韶关交通图上标注铁路（含高铁）线和公路（含高速公路和国道、省道）线名称，上网查找这些铁路线和公路线的起点和终点以及途经的省份，看看这些线路能为韶关带来哪些地方的旅游客源。

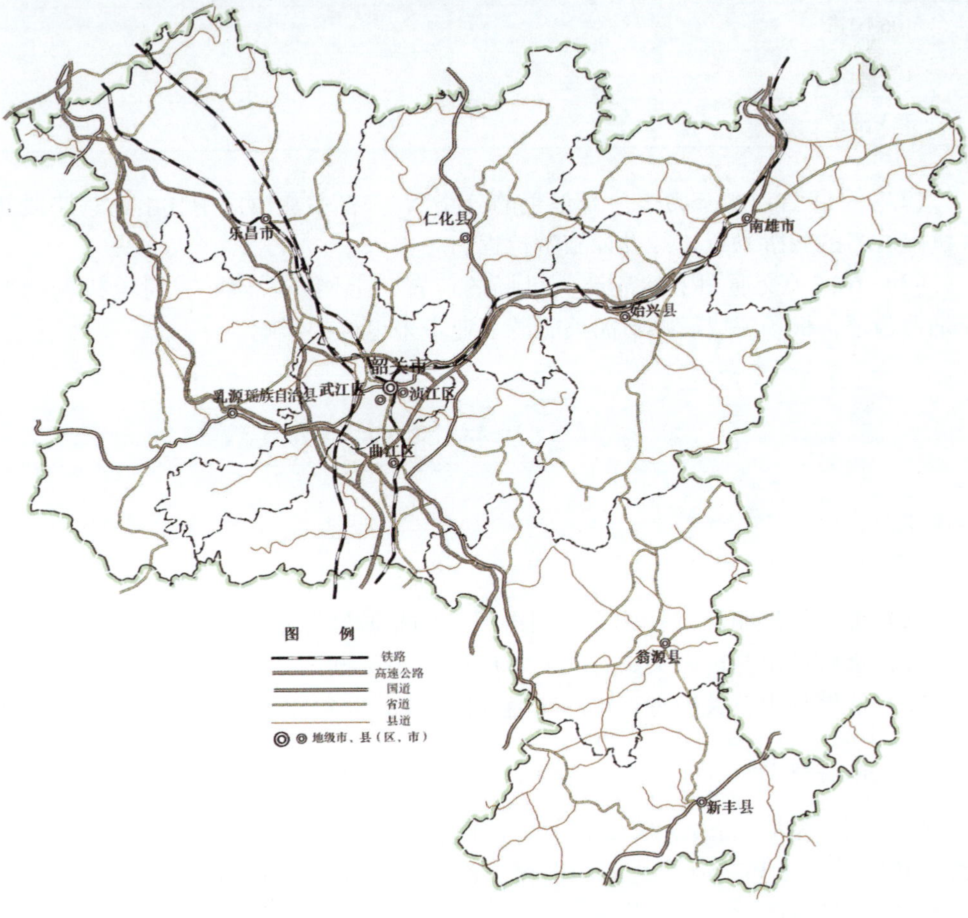

图 4－10　韶关交通图

表 4－5　韶关铁路线概况

铁路线	起点	终点	途经省（市）
京广线			
京广高铁			
韶赣铁路			

表 4－6　韶关公路线概况

公路线	起点	终点	途经县（区）
京港澳高速公路			
韶赣高速公路			
广乐高速公路			
105 国道			
106 国道			
107 国道			
323 国道			

（2）S244 省道被誉为“广东最美的公路”，在韶关旅游图中找出这一路段韶关境内著名的旅游景点，并设计旅游行程。

（3）在韶关交通图上标注韶关机场的位置，上网查找资料，讨论机场的选址是否合理，机场建成后将对韶关旅游事业带来怎样的影响。

第三节　韶关旅游交通布局

【学习目标】

（1）能够说出韶关“一中心，四组团”的旅游资源布局情况。

（2）能够说出当前韶关旅游交通布局存在的问题。

（3）能够说出韶关即将兴建的交通线路。

【课前活动】

（1）“红三角”是指广东省韶关、江西省赣州市与湖南省郴州市，上网查找“红三角”的由来和三地在地形、气候、经济、文化、旅游资源等方面的异同，并制作成 PPT 与同学们交流分享。

(2) 查找韶关与赣州、郴州的交通线路，制作成 PPT 与同学们交流分享。

(3) 查找韶关到广西桂林的交通线路，制作成 PPT 与同学们交流分享。

【知识准备】

一、韶关旅游资源空间分布形态

作为旅游大市，韶关目前共拥有旅游景观 100 余个。近年来，在市委、市政府的正确领导下，韶关已基本完成了对景点的初级开发，基本形成了“一中心，四组团”的旅游资源布局。“一中心”即包括以小岛为核心的韶关城市中心区域，旨在为韶关地区旅游业提供交通、管理、商务等综合服务。“四组团”即围绕“一中心”所形成的周边区县间的特色旅游资源集群，分别是“仁化—曲江自然文化旅游组团”“乐昌—乳源山水生态旅游组团”“南雄—始兴历史文化旅游组团”和“翁源—新丰田园风光旅游组团”。四个组团各具优势，强强联手，共同组成韶关种类多样的旅游资源体系。其中韶关西部和北部以丹霞山、南华寺为龙头，形成了以自然文化资源为主、山水生态资源为辅的旅游组团，集中了全市主要的优势景区，品牌效应明显，吸引力较强，每年游客接待总数占全市游客接待总数的 70% 以上。而东部和南部则多以人文文化和田园风光为主，吸引力相对较弱，同时由于资源开发度较低，资源的产品化和精品化不足，开发建设相对滞后，目前没有形成较有优势的旅游资源，总体开发同西北部地区相比还存在一定差距。

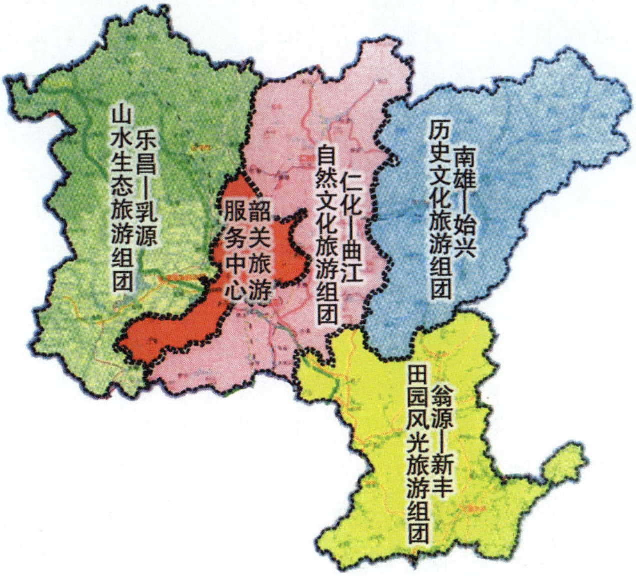

图 4－11　韶关旅游资源组团分布图

二、韶关旅游交通布局

（一）旅游交通布局的概念

旅游交通布局又称交通运输配置，是指铁路、公路、水运、航空等各种交通运输方式的交通线路的布局，以及与完成全线运输任务有关的各项运输设施布局，如铁路车站、枢纽、水运航道、港口码头、公路车站及客货设施、航空港等。

旅游交通只是交通运输部门中一个独特的分支，旅游交通布局远比交通运输布局单纯。它所考虑的主要是旅游地内、旅游地之间及旅游客源地与旅游目的地之间直接的交通问题，即旅游交通网络系统的布局问题。它是以交通运输布局为基础的，因此在旅游交通布局的时候也应体现交通运输基本的布局原则，但旅游交通是旅游发展规划的重要组成部分，因此它与公路、铁路、机场、码头等单体建筑规划也有区别。

（二）当前韶关旅游交通发展现状

目前韶关主要的交通运输方式为铁路和公路，经过多年的发展，基本实现了对韶关主要旅游景区的全面覆盖，有效地保证了韶关旅游景区的通达性。但韶关的旅游交通也存在着一些制约性因素，影响和制约着韶关旅游业的发展，具体表现为：

1. 旅游交通运输与旅游业的发展不相配套

从韶关交通图中可以看出，目前韶关路网主要集中在以市区为核心的两侧地区，而且以市区以西的曲江、乳源、乐昌为主，武广高铁、京港澳高速公路、广乐高速公路均在这一侧。市区以东目前只有韶赣高速公路和韶赣铁路连通东北部的仁化、始兴、南雄三地的部分地区，而对于始兴大部分旅游资源和翁源、新丰两县，却没有对应的铁路、高速公路和国道相连，这使得位于这一区域的客家大围、兰花花卉长廊、深渡水、东华山、广东车八岭国家级自然保护区、云髻山省级自然保护区等景区因缺乏交通基础设施的衔接而难以得到发展。

2. 以往的交通设计侧重于对通行能力的提高，使得游客“过而不留”

历史上的韶关不仅是“咽喉交广、唇齿江湘”的战略要地，更是粤北地区的政治、经济和文化中心。随着京广铁路复线、京港澳高速公路、武广高铁等现代交通干线的开通，韶关对外交通环境不断改善，地理区位优势更加显著。这原本对韶关的旅游业发展具有极大的促进作用，然而交通路网结构的不够完善，也使得韶关成为旅客“过而不留”的通道。根据韶关旅游调查资料，韶关的外来客源主要集中在珠三角地区，占69.8%，加上前面提到的韶关旅游交通和旅游业的发展不相配套，存在一定程度的脱节，使得人们在出行时更多将韶关作为出行的“中转站”而不是“驿站”，这对韶关旅游业的发展是极为不利的。

3. 交通路网结构不合理，景区通达性仍需提高

通达性是指交通网络中各节点相互作用的机会大小，这也是指从出发地前往目的地的方便程度。从韶关交通图中我们可以看出，以公路网建设为例，韶关的高速公路网与铁路网基本重合，为“Y”字形，国道基本上呈现“X”形的放射状，省道虽然基本形成了“环形 + 放射”的路网形态，但总体较为分散和凌乱。并且三种主要交通通道未能将各大旅游景区有效地串联起来，导致断头路、回头路多，降低了景区之间的关联性，使得韶关旅游景区间不能够形成有效的组团优势。另外，韶关部分景区通往高速公路、国省干线之间的连接公路路况较差，存在选线不合理、通行能力低、路面硬化不够等问题，从而进一步降低了景区的通达性，使得景区的吸引力难以充分发挥。

4. 旅游交通组织和旅游配套设施不完善

国内外的发展经验表明，单纯依靠基础设施的扩容、建设是难以从根本上解决交通拥堵问题的；相反，交通基础设施通行能力的提高会进一步诱发更多的潜在交通量。因此，通过先进的交通组织手段，提高交通组织水平，从软环境上提高交通服务能力是最佳的解决办法。韶关的交通组织经过近几年的发展，基本上能满足人们日常出行的需求，但一旦进入旅游旺季，交通紧张的问题立即凸显，这极大地阻碍了韶关旅游业的发展和景区接待能力的提高。同时，韶关旅游交通配套设施，如停车场、服务中心、集散中心、信息服务系统等建设相对滞后，相同旅游交通复制设施建设不配套，这些因素均增大了旅游接待的压力。

三、韶关旅游交通规划

（一）外部旅游交通规划

外部旅游交通承担着联系韶关与周边城市的作用，保障韶关境外游客能够方便快捷地进出韶关，现阶段韶关主要的对外交通方式为铁路和公路两种。根据韶关游客抽样调查数据，85%的游客来自珠三角及其他周边省市地区。可见韶关外部旅游交通规划直接影响韶关旅游业的发展，因此，对外旅游交通区位的确定要从大区域、都市圈的角度来考虑。

韶关地处湘、粤、赣三省交界处，根据韶关所处的地理区位，韶关未来的对外旅游交通区位主要为以下几个方向：

从现有的韶关交通图中可以看出，在四个方向中，目前只剩下广西方向没有开通。而同为“两广”的广西是我国著名的旅游大省，也是韶关未来旅游业发展的重点方向之一。无产阶级革命家陶铸曾经说过：“桂林山水甲天下，唯恐广东一丹霞。”可见两地的旅游资源具有极强的互补性，因此未来韶关——广西方向交通区位线将成为韶关外部旅游交通的主力线之一。根据《国家高速公路网规

划》（2005 年）、《广东省高速公路网规划》《中长期铁路网规划》以及最新规划调整的一些设想，同时结合韶关对外旅游运输通道的分析情况，韶关对外旅游交通规划最终确定了“一横二纵”的铁路网和“一环四横三纵”的高速公路网布局方案。

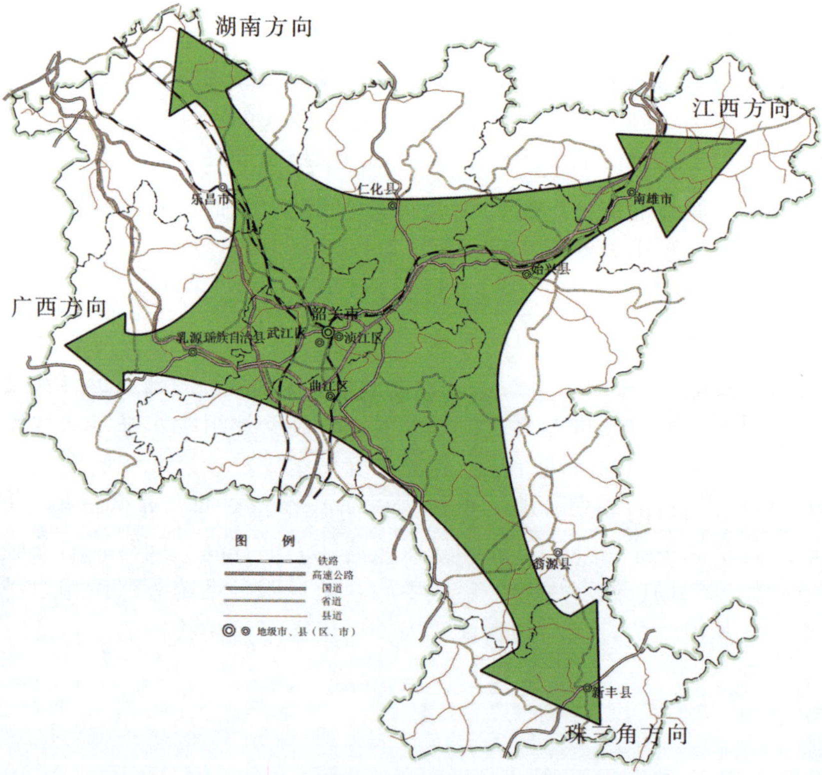

图 4－12　韶关对外旅游交通方向示意图

1. 铁路：“一横二纵”的铁路网

一横：韶赣铁路及其延长线——贺韶铁路

韶赣铁路是京广和京九铁路的东西走向连接线，于 2009 年 8 月正式开工，2014 年正式通车。柳州经贺州至韶关铁路曾列入 1970 年广西编制的“四五”五年发展计划，但出于各种原因一直无法实施。2008 年党中央、国务院果断出台了当前进一步扩大内需、促进经济增长的十项措施，为柳州经贺州至韶关铁路建设提供了历史性机遇。2010 年 8 月，广东省人民政府与铁道部举行部省战略合作会谈，双方同意争取将韶关至柳州（经贺州）铁路列入国家铁路“十二五”规划中，目前前期工作已经启动。

一纵：京广铁路（略）

二纵：武广客运专线（略）

2. 公路："一环四横三纵"的高速公路网

一环：韶关环城高速公路

主要由广乐高速公路（重阳—龙归段）、京港澳高速公路（龙归—白土段）、韶赣高速公路（白土—大桥段）及环城北路构成。一环主要起到从韶关市区顺利连通各分方向高速公路的作用，利用现有高速公路实现韶关中心城区与各区县旅游景点的快速联系。

图 4－13　广乐高速坪石段与京港澳高速交界处

一横：韶赣高速公路（略）

二横：贺韶高速公路

起点为韶关市区，对接韶赣高速公路，途经乳源、阳山、连州、连山，终于清远与广西贺州交界处，韶关境内长 60 千米。该高速公路的建设一方面能够引导韶关以西地区的游客到韶关旅游；另一方面可以将广西桂林、韶关丹霞山两个世界级旅游景点联系起来，这对于促进韶关旅游业的发展具有重要作用。

三横：汕昆高速公路

全长约 1 710 千米的汕昆高速公路，是国家规划建设的重要高速公路路网之一，也是广东省实现东西横向交通的大动脉之一。2004 年，省交通部门委托北京华杰工程咨询有限公司开展龙川至连平段可行性研究报告工作，当时，工程计划于"十二五"期间实施。汕昆高速公路韶关段东接连平，西至官渡，约 45 千米。该路段建成，将使韶关连接珠三角核心区，贯通大西南。

四横：大广高速公路

大庆—广州高速公路，简称大广高速，在韶关新丰境内基本与 105 国道平行，北上连平，南接从化，约 37 千米，能够实现韶关与河源、广州及惠州间的联系。

一纵：京港澳高速公路（略）

二纵：广乐高速公路（略）

三纵：仁深高速公路

仁深高速公路是广东省的一条纵向高速公路，起于韶关仁化县城口镇大麻溪粤湘交界处，与湖南省炎汝高速公路相接，向南经韶关、惠州、东莞和深圳等四个地级市，止于深圳市盐田区梅沙街道，韶关境内全长约 168 千米。作为纵贯韶关的一条大通道，该高速公路的规划建设能够很好地起到串联韶关东部地区景点的作用，同时该路段的建设可实现韶关与广州、深圳及湖南的快速联系。

（二）内部旅游交通规划

内部旅游交通线网整体布局与很多因素有关，如旅游资源分布、现有交通干线网走向、旅游客源分布、地理地形条件等。目前，韶关基本形成了以市中心区为主的旅游服务区和以周边丹霞山、南华寺、大峡谷、大南岭、梅关古道与珠玑古巷、广东车八岭国家级自然保护区六大景点为主的旅游景区。以上地区均是韶关旅游业未来发展的重点和核心，并且均处在韶关重要的内部旅游交通通道和外部旅游交通通道之上，是韶关旅游交通的重要区域。

1. 市内“三横四纵”的干线公路网

一横：由 G323、贺韶高速组成，是连通乳源、武江、浈江、仁化、始兴、南雄六县市，串联广东大峡谷、瑶族风情园、云门寺、鸵鸟瑶寨、张九龄墓、丹霞山灵犀河、始兴县博物馆、东湖坪客家民俗文化村、恐龙化石遗址、恐龙博物馆、龙华山温泉、珠玑古巷、梅关古道等旅游景点的通道。

二横：由 G323、京港澳高速、X803、S344、X346 组成，是连通乳源、武江、曲江、始兴四县市，串联南岭国家森林公园、石坑崆峰、云门寺、瑶族风情园、鸵鸟瑶寨、马坝人遗址、曹溪温泉假日度假村、南华禅寺、小坑国家森林公园、满堂客家大围、广东车八岭国家级自然保护区等旅游景点的通道。

t 三横：由 S345、S246、S342、乐梅公路组成，是连通乐昌、仁化、始兴三县市，串联双峰寨、丹霞山、总甫温泉、东湖坪客家民俗文化村、始兴县博物馆等旅游景点的通道。

一纵：由京港澳高速、S249 组成，是连通乐昌、乳源两县市，串联南方红豆杉森林公园、大桥温泉、通天箩地下森林、云门寺、瑶族风情园等旅游景点的通道。

二纵：由广乐高速、S248 组成，是连通乐昌、乳源、武江、曲江四县市，串联金鸡岭、7011 基地、张九龄墓、马坝人遗址、曹溪温泉假日度假村、南华禅寺等旅游景点的通道。

三纵：由 G106 组成，是连通仁化、浈江两区县，串联丹霞山、灵犀河、大鉴禅寺和韶关中心区等地的通道。

四纵：由仁深高速、S244 组成，是连通始兴、翁源、新丰三县，串联总甫温泉、东湖坪客家民俗文化村、始兴县博物馆、深渡水、东华山、四季花果生态旅游区、云髻山、梅坑温泉等旅游景点的通道。

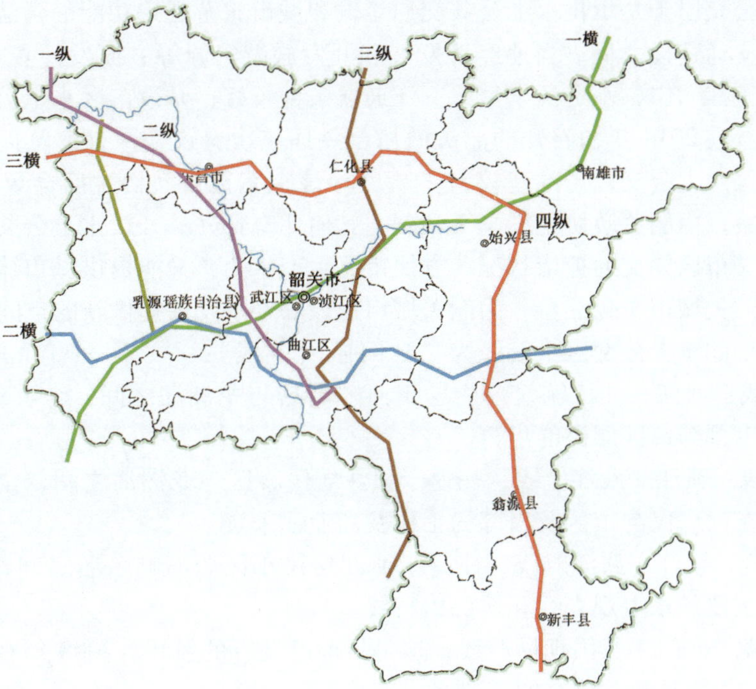

图 4－14　韶关市公路网

2. “Y”形城市轨道交通网

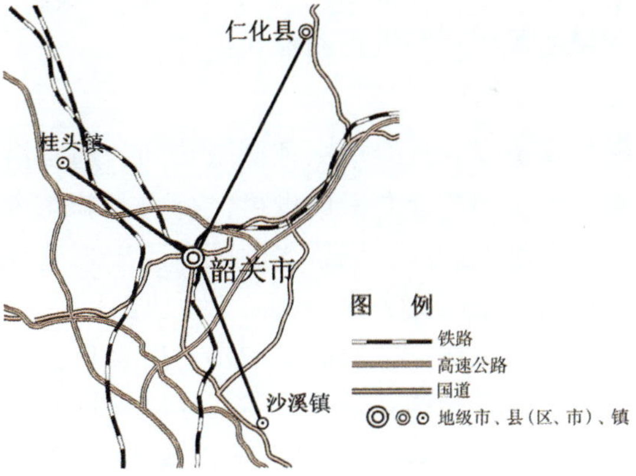

图 4－15　韶关“Y”形城市轨道交通网

轻轨以其能力大、速度快等优点被称为“大容量铁路交通”与“快速交通系统”。这种轨道交通系统通常以市中心为轨道线，市区以外为地面或高架线。作为城市交通的重要组成部分，轻轨以运输能力大、快速准时、全天候、节省能源和土地、污染少等优势成为旅游交通不可或缺的组成部分。根据城市的未来发展思路，韶关将修建约 75 千米的城市轨道线路，届时将形成以韶关市区为核心，连接韶关机场、仁化丹霞山、曲江南华寺三大游客集散地的“Y”形城市轨道交通网，方便游客进出韶关，进一步提高韶关内部旅游交通的服务等级和服务水平，加强韶关“大丹霞”与“大南华”两大王牌景区之间的交通联系。

3. 水上公交巴士航线

水上公交巴士是承担水上公共交通运输和城市旅游观光功能的营运船只，在加强城市交通建设、促进当地经济发展和开发旅游资源等方面发挥着重要作用。韶关拥有三江六岸，水资源丰富，三江通航条件较好，开设市区水上公交巴士具有可行性。在2014年初召开的韶关政协十一届三次会议上，有市民提交了《关于开设市区水上公交巴士的建议》的提案。该提案被市政协主席会议列为2014年重点提案，由韶关政协主席李飞和副主席何伟青督办。开设水上公交巴士，既能缓解韶关市区的交通拥堵状况、方便市民生产生活，又能提供城市旅游观光功能，提升韶关城市文化品位，为韶关城市形象和经济发展提供新的空间。

新规划的水上公交巴士航线为“3干线、2支线”：

1干线：武江—北江航线，往返于河畔名居与龙洲岛之间，全程约9千米，主要便于南郊与市区居民的出行。

2干线：浈江—武江航线，往返于浈江居民小区与龙洲岛之间，全程约9千米，便于东河居民与市区及南郊的工作及商业往来。

3干线：浈江—武江航线，往返于浈江居民小区与河畔名居之间，全程约6千米，是主要的水上观光线和居民出行线。

1支线：北门—黄田坝横渡线，这是目前已运行的航线，2008年客流量已在8万人次左右，是韶关公交的重要组成部分。

2支线：永安南城—鸿泰花园横渡线，韶关南郊北江大桥与百旺大桥之间间距约6千米，两桥之间居民区、商场较多，在此设置横渡线，可以极大方便北江两岸居民出行和进行商业交流。

4. 城市绿道网

绿道是一种线形绿色开敞空间，通常沿着河滨、溪谷、山脊、风景道路等自然和人工廊道建立，内设可供行人和骑车者进入的景观游憩线路，连接主要的公园、自然保护区、风景名胜区、历史古迹和城乡居住区等，有利于更好地保护和利用自然、历史文化资源，并为居民提供充足的游憩和交流空间。2010年，广东省提出在珠三角全面启动构建融合保护生态、改善民生和发展经济等多种功能的区域绿道网络体系——珠三角绿道网。韶关第一条绿道是韶州公园绿道，于2010年7月启动，12月竣工，成为全省山区市建成的首条绿道。它不但为市民提供了又一个休闲、锻炼的好去处，也成为韶关生态文明建设和宜居城市建设的一个新亮点。除此以外，又修建了莲花山绿道和杜鹃公园至丹霞山绿道，目前韶关绿道网已具备一定规模，也产生了较好的社会效益。但在已建成绿道的充分利用、后续维修保养、活动项目开发、品牌形成等方面还有待加强。

韶关绿道规划结构为“一环两横三纵，三江六岸”，重点打造一条环城绿道、两条横向绿道、三条纵向绿道及三段延绵“三江六岸”的滨江绿道。主要包括一条区域绿道、六条城市绿道以及四个社区绿道示范区。

（1）区域绿道。

1号绿道——丹山禅韵观光休闲绿道。以韶关著名旅游景观为主要特色，是连接丹霞山与南华禅寺两大龙头旅游资源的重要绿色旅游走廊。重点展现以丹霞山为代表的自然风光和以南华禅寺禅宗文化为代表的韶关历史文化底蕴。沿途景色秀丽宜人，自然与人文景观共融，活动空间形式丰富，适合观光、游憩，为城乡居民及游客营造了既可领略韶关秀丽山水美景，又可体验城市文化底蕴的游赏空间。

图4－16　韶关绿道

（2）城市绿道。

2号绿道——都市观光休闲绿道。串联武江、北江南北两岸，充分体现韶关城市“山环水聚”的形态特点，展现独具特色的山水城市风光。

3号绿道——都市休闲游憩绿道。串联众多城市公园，形成极具特色的城市公园休闲游憩廊道。

4号绿道——都市运动休闲绿道。横贯市区中北部，连接新、老城区和郊野乡村，以运动休闲为特色。

5号绿道——青山秀水生态休闲绿道。“挟青山、衔秀水”，生态环境优美，充分展现滨水江景和生态绿野风光。

6号绿道——环城郊野生态休闲绿道。以山川田城及丰富的人文景观为特色，构建环境优美、景色宜人、活动类型多样的大型环城绿廊。

7号绿道——三江六岸滨江文化休闲绿道。江、山、城相映，文化、生态景观丰富多彩，为居民提供了文化休闲的宜人空间。

（3）社区绿道（社区绿道示范区）。

规划社区绿道示范区共四片，分别为西联新区社区绿道示范区、韶州公园社区绿道示范区、芙蓉山景区社区绿道示范区、莲花山景区社区绿道示范区。

随着经济发展和社会进步，人们的闲暇时间日益增多，休憩需求也在不断增长，这给旅游交通运输业带来巨大冲击和影响，导致人们出行特征的改变。《韶关市旅游发展总体规划》的相关调查表明，韶关组团游、自驾游及背包游的比例为37.43∶47.45∶15.12；国家及广东旅游局的有关统计数据也显示，2012年全国共有14.2亿人次选择以自驾方式参与旅游，占全国全年旅游出行人数的48%，到2013年，全国自驾车旅游总人数上升到17.3亿人次，占年度出游人数的53%。由此可见，在游客日益崇尚自由与个性的出行方式及汽车消费持续火爆的大背景下，未来几年内以传统的观光为主的旅游基本形态将被打破，而具有休闲度假元素的产品，如温泉养生、森林旅游会日益受到游客的青睐。韶关旅游交通布局规划在立足韶关旅游资源的基础上，辐射珠三角及全国旅游市场，将形成“布局完善、结构合理、能力充分”的旅游交通设施体系，为韶关旅游营造良好的发展环境，为将韶关旅游打造成支柱产业奠定坚实的基础。

表 4－7　2012—2015 年韶关旅游交通线网项目实施安排

项目	名称	建设时间	建设规模及内容
铁路	贺韶铁路	2013—2015 年	韶关段约 60 千米
公路	大广高速	2012—2015 年	韶关段约 37 千米
	汕昆高速	2012—2015 年	韶关段约 45 千米
	韶关环城北线	2012—2015 年	韶关段约 22 千米
	仁深高速	2012—2015 年	韶关段约 168 千米
水运	水上巴士	2012—2015 年	计划兴建 3 个中心站、16 个普通停靠站和 1 个客运船舶停泊区
站场	芙蓉新城汽车客运站	2012—2015 年	2014 年底开工，占地约 54 亩，是集公路、高铁、公交、出租、社会车辆等多种运输方式于一体的国家一级综合客运枢纽站

【后期制作】

（1）上网查找贺韶铁路与贺韶高速公路的有关资料，在韶关旅游图上绘制线路图，并找出这一交通线上的旅游资源。

（2）上网查找仁深高速公路的有关资料，在韶关旅游图上绘制线路图，并找出这一交通线上的旅游资源。

（3）上网查找有关资料，在韶关旅游图上绘制出韶关绿道的分布示意图。

第五章

韶关主要旅游线路

【学习目标】

（1）说出旅游线路的概念。

（2）熟悉韶关经典旅游线路。

（3）熟悉韶关市区的旅游景点及旅游服务设施，能够为旅游者提供旅游咨询服务。

（4）了解韶关专题旅游线路及特种旅游线路，培养旅游线路创意理念。

（5）根据旅游线路设计的原则和步骤设计简单的旅游线路。

第一节　旅游线路概述

一、旅游线路的概念

旅游线路是旅游活动的具体体现，旅游线路设计无论是对旅游者、旅游目的地还是对旅游业来说都具有十分重要的意义。根据旅游线路设计的不同主体，旅游线路具有不同的概念。

（1）以旅游行政管理部门为主体设计的旅游线路一般是指在旅游目的地、旅游景点和旅游景区之间将相关的旅游内容串联起来组成的旅游线路。

图 5－1　省道 S344－S244 广东最美自驾游线路示意图

这种旅游线路设计侧重于对旅游市场的开发和规划，对区域旅游线路的设计具有指导意义。如 2014 年韶关旅游局组织设计的以韶关市区—小坑—隘子—司前—深渡水—罗坝—顿岗—始兴县城（省道S344－S244）为试点的乡村休闲度假旅游示范线路，以开发这条“广东最美自驾游线路”的特色和魅力，打造高品位乡村休闲度假的旅游项目。为配合韶关、珠三角、红三角等地的旅游目标市场，由丹霞山风景名胜区、汝城温泉文化园在2010年推出的主题为“韶关北线游，粤北湘南行”的县域旅游经济发展常规线路，由“丹霞山—中华性博物馆—热水温泉文化园—飞水寨丹霞大瀑布—万时山岭南大草原”5个景区构成的高山草原生态旅游线路成为一条连接仁化丹霞山、汝城热水二地的纽带，对促进红三角县域旅游产业发展起到重要作用。

（2）以旅行社为设计主体的旅游线路是指在一定地域空间内，针对旅游目标市场，凭借旅游资源和旅游服务，专门为旅游者的旅游活动设计的将旅游目的地合理贯穿起来的线路。

从旅游经营的角度来讲，旅游线路就是旅行社销售的旅游产品，旅游线路在时间上从旅游者接受旅游经营者的服务开始直到旅游活动完成，包含了旅游活动“食、住、行、游、购、娱”六大要素。以旅行社为设计主体的旅游线路侧重于考虑旅游客源市场需求和经济效益。设计开发科学合理的旅游线路并取得销售的成功，是旅行社在旅游市场上生存发展的关键。

（3）以旅游景区为设计主体的旅游线路是指在景区范围内，专门为旅游者的观光游览活动设计的，将景区各分散景点通过旅游景区的道路建设、线路覆盖以及旅游流量优化等方式合理贯穿起来的游览线路，如丹霞山老山门—锦石岩寺—幽洞通天—长天一线—丹梯铁索—长老峰—海螺峰—宝珠峰—韶音亭线路即为丹霞山旅游最经典的线路。景区内各景点的风格不尽一致，通过合理科学的旅游线路设计，将景区内最具风景特征的景点连接起来，使游客能在有限的时间内欣赏和感受到景区的总体特色；旅游活动项目的参与性设计也能增加景区的魅力，动静结合能丰富游客的游览体验、延长游客逗留时间、提升景区的经济效益。

图5－2　丹霞山长老峰景区游览线路

（4）对于背包客、自驾游、自助游旅游者，他们往往根据自己的经济实力、闲暇时间、旅游偏好、旅游目的、旅游动机、旅游经验和所掌握的旅游信息为自己设计旅游线路，这也可称为旅游攻略。与以旅行社为设计主体的旅游线路相比，自助式旅游线路灵活机动，丰俭由人。随着线上旅游产品、网络消费预订及支付手段的不断成熟和旅游交通的高速发展，自助式旅游将会成为潮流趋势。

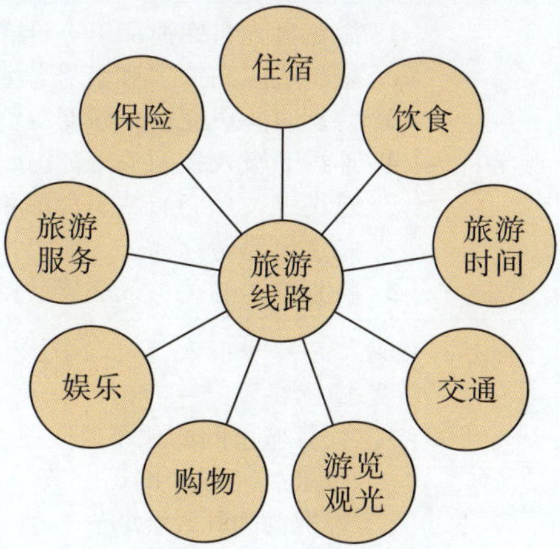

图 5－3　旅游线路结构图

【旅游线路内容】

请分析图 5－3 旅游线路结构图，结合你的生活经验说说一条完整的旅游线路应包含哪些内容。

分析表 5－1 某旅行社近期推出的山水禅韵系列旅游线路，具体说出该旅游线路包含的内容。

表 5－1　某旅行社山水禅韵系列旅游线路

丹霞山、南华寺三天游（产品编号：山水禅韵 201×02022）	
2 月 22 日	【广州南站武广高铁】—【客人自行安排晚餐】—【韶关】—【入住酒店】 下午按乘车时间从广州南站集中出发，乘坐武广高铁“和谐号”前往韶关（车程约 70 分钟）。晚上游客可自由逛街，感受韶关市区丰富多彩的夜生活。当晚入住韶关风度华美达广场酒店。住宿：韶关风度华美达广场酒店
2 月 23 日	【自助早餐】—【睡到自然醒或自由活动】—【午餐】—【丹霞山】—【瑶族歌舞表演】—【入住酒店】—【客人自行安排晚餐】 （酒店自助早餐的参考时间为 7：30—10：00，以酒店具体公布为准）睡到自然醒之后，11：00 前往世界地质公园——丹霞山：它是由红色砂岩构成的，有“色渥如丹、灿若明霞”之誉，岩石经千百年流水的塑造形成巍峨独特的地形，地理学上称为“丹霞地貌”（车程约 1 小时，安排游览长老峰、阳元石，游览约 4 小时），午餐后，观赏【瑶族歌舞表演：节目有瑶族的师公烈火迎宾、瑶山敬茶舞、师公手拉茶壶、傩舞、瑶山师公口吐圣火、瑶家板鞋舞、瑶家婚嫁抢新娘、上刀山、竹杠舞】（约 1 小时）。客人根据喜好自行安排晚餐。住宿：韶关风度华美达广场酒店
2 月 24 日	【自助早餐】—【睡到自然醒】—【南华寺】—【午餐】—【武广高铁】—【广州南站自由散团】 （酒店自助早餐的参考时间为 7：30—10：00，以酒店具体公布为准）睡到自然醒之后，10：30 游览广东四大名寺之一的南华寺（游览约 1.5 小时），午餐后乘武广快线“和谐号”返程抵达广州南站（约 70 分钟），后自由选择交通方式返回市区，结束愉快行程

（续上表）

<table>
<tr><th colspan="4">丹霞山、南华寺三天游（产品编号：山水禅韵 201×02022）</th></tr>
<tr><td>旅游特色</td><td colspan="3">1. 游览世界自然遗产——丹霞山；
2. 乘坐武广高铁“和谐号”直达韶关；
3. 游玩时间更充裕，深度游览韶关，无须早起；
4. 连续升级入住韶关市区国际连锁超豪华酒店——韶关风度华美达广场大酒店，逛街以及品尝韶关美食都相当方便。更享 128 元的精美豪华自助早餐、酒店私家恒温游泳池；
5. 特别赠送韶关市区瑶族歌舞表演，感受瑶族风情</td></tr>
<tr><td>价格</td><td colspan="3">成人：¥999 /人　　小孩（12 周岁以下）：¥299/人
费用已含：
1. 代订城市间的火车票交通费用、旅游观光汽车费用、住宿费、餐费、包价项目景点（区）的第一道门票费以及导游服务费（导游服务费含全陪/地陪，标准为 360 元/团）。
2. 小孩收费：2～11 周岁的执行小孩收费，此收费包括车位、餐位费用（不包含火车座位、酒店床位及景点费用），由于各景点对小孩门票收费的身高标准规定不同，故景点门票费用由客人按各景点的收费标准自行购买。
3. 婴儿收费：2 周岁以下（不含 2 周岁）的执行婴儿收费，此收费不提供车位、餐位、床位及景点费用。
4. 用餐：含 2 正 2 早，酒店自助早餐 128 元/成人（小孩餐费减半），正餐 25 元/成人（小孩餐费一样）；正餐 8 菜 1 汤，不含酒水；餐饮风味、用餐条件各地有一定的差异，大家应有心理准备。
5. 景点交通收费说明：
①丹霞山：身高 1.2～1.5 米为半票，1.5 米以上为全票。如在旅行社前台购票，半票需补 75 元，全票需补 130 元；如在景区门口购票，半票需补 75 元，全票需补 150 元，请客人在报名时选择。
②客人 60～70 岁（不含 70 岁）的，或凭有效证件可享受丹霞山门票半票优惠，减 55 元。全日制大/中/小学生凭本人有效学生证享受丹霞山门票半票优惠，减 55 元。客人必须携带相关证件出团。
客人 70 岁以上（含 70 岁）或持军官证出游的，凭有效证件可享受丹霞山门票全免，减 130 元。客人必须携带相关证件出团。
③高铁票：身高 1.2～1.5 米的为半票，1.5 米以上的为全票。在旅行社前台购票，半票需补 60＊2 程＝120 元，全票需补 110＊2 程＝220 元。
④南华寺：身高 1.1～1.4 米的为半票，1.4 米以上的为全票。如在旅行社前台购票，半票需补 10 元，全票需补 20 元；如在景区门口购票，半票需补 10 元，全票需补 20 元，请客人在报名时选择。
⑤用车：旅行社将根据团队人数安排 9 座小车至 55 座空调旅游车，保证每人一个正座。
6. 此行程为旅行社综合包价产品，若持学生证、军官证等有效证件享受门票优惠的，旅行社则按照采购价在团费中退减</td></tr>
<tr><td>报名截止日期</td><td>201×－02－20</td><td>出团人数</td><td>9 人以上出团</td></tr>
</table>

二、旅游线路的类型

旅游线路的类型因研究的角度和旅游的目的而异，本书根据目前韶关旅游线路设计运用的情况将旅游线路细分为以下几种。

（一）按照旅游活动的时间和空间的跨度划分

以旅游活动的时间、空间的跨度来划分旅游线路，是以旅游者在旅游过程中所跨越的时间、空间的范围为依据，将旅游线路划分为远程旅游线路、中程旅游线路和近程旅游线路。

表 5－2　按时空跨度划分的旅游线路分类表

旅游线路类型	旅游里程	旅游时间	特点
远程旅游线路	1 000 千米以上	5 天以上	范围大、费用高、设计难度大
中程旅游线路	200～1 000 千米	2～5 天	范围较大、费用适中、设计难度一般
近程旅游线路	200 千米以下	1～2 天	线路短、时间少、费用低、设计难度小

如表 5－2 所示，在韶关区域的范围内，按照韶关旅游资源的分布及开发的程度，韶关旅游线路中鲜有时间超过 5 天、里程超过 1 000 千米的远程旅游线路。大多数旅游线路为在 5 天以下的中程旅游线路及 1～2 天的近程旅游线路。如表 5－1 的“丹霞山、南华寺三天游”，如果旅游行程紧一些，也可以设计成两日游的线路。

（二）按照旅游活动的轨迹划分

旅游活动的轨迹是指旅游者在旅游过程中的空间位移过程。根据旅游者的运动轨迹，可将旅游线路分为周游型旅游线路、逗留型旅游线路、节点型旅游线路。

1. 周游型旅游线路

当旅游者旅游活动的运动轨迹为闭合环状的线路时，这样的旅游线路就称为周游型旅游线路。如旅游者进行广州—新丰云髻山—曲江南华寺—仁化丹霞山—南雄珠玑巷—广州这一旅游线路即属于周游型旅游线路。

周游型旅游线路具有以下特点：

（1）旅游内容以观光游览为主。

（2）旅游景点的选择以当地最高级别的旅游点为主。

（3）旅游线路呈闭合状，尽量不走回头路。

（4）旅游效率高，是一种成本最小化的旅游线路。

（5）花在路途上的时间较长，旅游者容易疲倦。

（6）活动安排紧凑，走马观花导致旅游效果一般。

（7）设计难度较大。

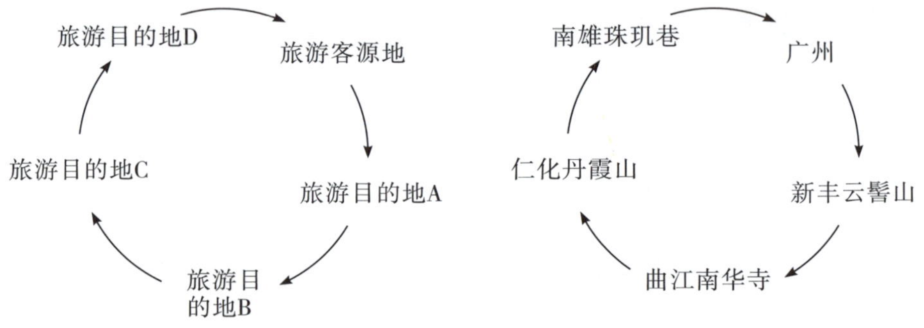

图 5－4　周游型旅游线路示意图

2. 逗留型旅游线路

逗留型旅游线路是指旅游者在一次旅游过程中的旅游目的地不多，但在旅游目的地逗留的时间较长，以度假、休闲、探亲、养生为主要内容的旅游线路。逗留型旅游线路的旅游者对旅游目的地的知名度要求一般不高，但追求独具特色和旅游体验的完美。

3. 节点型旅游线路

节点型旅游线路是指旅游者以空间的运动轨迹为节点，以某一点为中心（该点可以是常住地，也可以是临时住地），从放射状的线路到该点的周边进行的旅游活动。

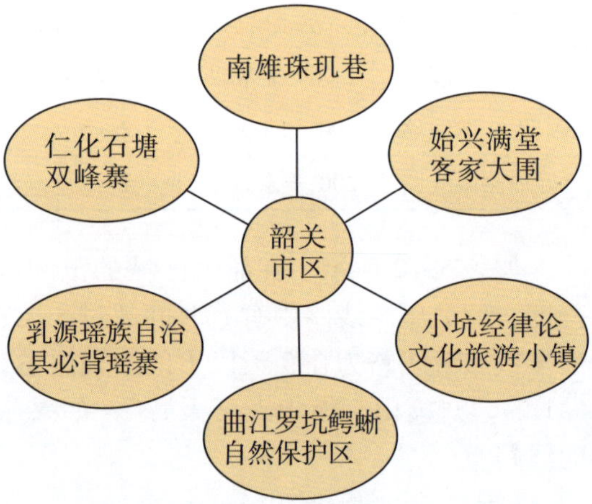

图 5－5　节点型旅游线路示意图

节点型旅游线路的特点是当天往返；每天旅游的线路不长，符合游客对住地的心理归属感。

（三）按照旅游活动的内容和性质划分

根据旅游活动的内容和性质来划分，旅游线路可以分为观光游览型、休闲度假型和专题型旅游线路。

1. 观光游览型旅游线路

本类型旅游线路是为一般无特殊要求的观光旅游者设计的，是最常见、最基本的旅游类型，常以内容丰富多彩的自然风光和民族风情为主来满足多数旅游者观光游览的需要，也是韶关旅游接待中最主要的旅游线路，如南华寺—风采楼—丹霞山—珠玑巷—梅关三日游旅游线路。

2. 休闲度假型旅游线路

休闲度假型旅游线路多用于满足游客休息、度假、养生的需要，在旅游目的地逗留的时间较长，对旅游景点环境质量要求较高，远离闹市，住地有森林、湖泊、温泉等地方。

3. 专题型旅游线路

专题型旅游线路是一种以某一主题为活动内容将相应的旅游目的地串联而成的具有较强互动性、参与性、知识性和趣味性的旅游线路，如红色旅游、美食旅游、购物旅游、温泉养身旅游、青少年修学旅游、宗教朝圣旅游等。例如，始兴县东湖坪客家民俗文化村—花果山温泉—车八岭国家级自然保护区—满堂客家大围的“围楼—生态游”；集温泉、度假、禅修、养生于一体，突出以“禅文化”为特色的“南华寺—经律论文化旅游小镇游”；翔龙湖—蝴蝶谷—弥勒大佛（猿人石、舜帝石）—大石岩—金城寨—天柱石—黄沙坑—望郎归—东方女神—僧帽峰—宝塔峰—屏风寨—阴元石的“卧龙岗原始森林生态科考线路”都属于专题型旅游线路。

图 5－6　丹霞山卧龙岗原始森林生态科考线路

（四）按照旅游活动的组织形式划分

根据旅游者出游的组织形式，旅游线路可以分为包价旅游线路、自助式旅游线路。

1. 包价旅游线路

包价旅游线路是指从旅游者出发直至旅游活动结束的整个过程，都由旅行社来设计组织完成，旅游活动“食、住、行、游、购、娱”等各项活动内容、日程安排、价格均由旅行社安排计划，旅游者一次性付费购买的旅游线路。根据旅游者选择旅行社服务的程度，可分为全包价旅游线路和半包价旅游线路。

（1）全包价旅游线路。

全包价旅游线路价格中包括了旅游行程中的“食、住、行、游、娱”五项内容，除自行购物的费用外，旅游者一次性付费后无须再支付相关的其他费用，如交通费、住宿费、餐饮费、景点门票费、保险费、导游服务费等。选择全包价旅游线路的旅游者在旅游活动中省心省力，旅游费用少，但自由度较低。

（2）半包价旅游线路。

半包价旅游线路是指选择旅行社 2 项以上服务项目的旅游线路，如仅选择旅行社的交通和住宿服务，其他旅游活动项目由旅游者自行安排。半包价旅游线路弥补了全包价旅游线路中自由度较低的缺陷。如表 5－1 所示的旅游线路即是半包价旅游线路。该线路除酒店提供的自助早餐外，其他正餐均由客人自行解决，客人的餐饮安排有相当大的自由度。

2. 自助式旅游线路

自助式旅游线路是指旅游者通过网上旅游服务平台或者通过亲朋好友预定交通、住宿服务，按照自身旅游需求自行组织和策划旅游活动的一种旅游线路。虽然自助式旅游线路自由度高、灵活机动，但由于旅游活动中存在不确定因素，故如在旅游旺季，旅游者需要做精细计划才能顺利完成旅游活动。

（五）按照旅游交通的使用情况划分

旅游线路可以按照旅游者采用的交通工具划分为徒步旅游线路、自行车旅游线路、自驾车旅游线路、高铁旅游线路、摩托车旅游线路。如韶关丹霞山绿道旅游，既可设计成徒步旅游线路，也可设计成自行车旅游线路或自驾车旅游线路，每年一度的徒步丹霞活动已经成为韶关旅游的名片。

图 5－7　丹霞山绿道骑行线路

三、旅游线路的设计原则

1. 安全原则

没有安全就没有旅游，因此旅游线路设计应遵循“安全第一”的原则，考虑社会治安、交通、饮食、旅游设施等安全因素。

2. 市场需求原则

旅游者客源地、职业、年龄、文化程度、家庭成员构成不同，对旅游的需求也有所不同。如在人均收入比较高的经济发达地区，旅游者出游经验多，已经不再满足于观光游览型的旅游线路，而趋向于选择休闲度假型旅游线路；对于年轻一族，各式各样的富于刺激性、探险性及参与性的户外运动也易于获得他们的青睐；带有专业指导陪同的亲子游也获得年轻父母的推崇。因此，旅游线路设计首先要分析旅游者的旅游动机，根据市场的变化更新，开发适应市场需要的旅游线路，同时应前瞻性、创造性地引导旅游消费。

3. 主题突出原则

旅游线路设计要具有鲜明的主题，如韶关经典观光游览型旅游线路（丹霞山—南华寺）中的两个景点的组合搭配，能使旅游者在游览后对韶关“元起丹霞、禅蕴韶关”的旅游主题形象有深刻的体会；秋季的南雄平田银杏、帽子峰林场、龙华山温泉两日游就是一条经典的摄影主题线路，“银杏染秋”让摄友们流连忘返。

4. 多元化原则

多元化原则是指旅游景点的搭配、食宿娱乐安排多元化，它能让旅游者体会到旅游目的地多彩的一面，避免“白天看庙，晚上睡觉”单调重复的局面。韶关旅游资源丰富多彩，除了没有滨海旅游资源，其他类别的旅游资源在韶关都能找到踪迹，其中不乏高品质、重量级的旅游资源，所以完全有条件组合成多种类型的旅游线路供市场选择。

5. 时间合理性原则

旅游线路时间安排是否合理，首先要看旅游线路上各项活动内容所占的时间、位置和间距是否恰当，其次要看旅游活动期间有没有合理设计交通运输方式，“旅少游多”，减轻旅途疲劳，争取更多的游览娱乐时间。

6. 效益兼顾原则

旅游效益是旅游者、旅游企业和全社会的共同追求。旅游者追求的是以最少的时间、最省的精力、最少的费用获得最完美的旅游体验；旅游企业追求的是以最低的成本获得最大的经济效益和发展；社会追求的是通过旅游带来良好的社会、经济、文化、生态效益。因此在旅游线路设计上要兼顾三方的利益。

四、旅游线路的设计步骤

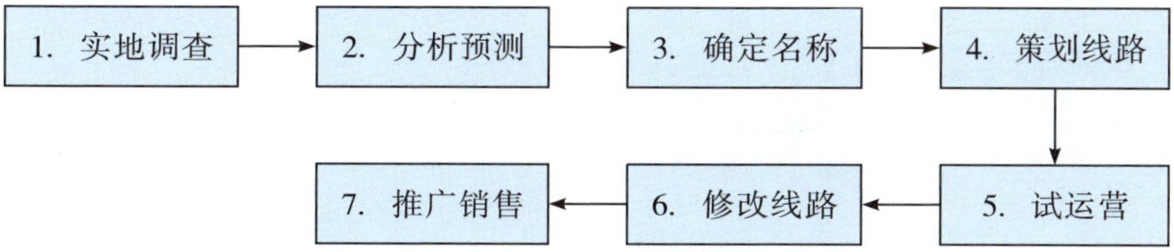

图 5－8　旅游线路设计步骤

【后期制作】

（1）调查韶关市区小岛的旅游资源、旅游服务设施及其分布。

（2）结合所学知识分小组（每组5~6个同学），完成韶关旅游地理实践手册。

第二节　传统旅游线路

【学习目标】

（1）了解韶关地区的传统旅游线路，并能举一反三地将所掌握的当地旅游资源，整合设计成不同的旅游产品。

（2）掌握旅游线路设计的要点，能根据市场需求和不同的客源特征，有针对性地设计旅游线路。

【课前活动】

（1）韶关最具代表性的旅游景点是什么？有什么特点？

（2）你和你的家人、同学、朋友，参加过“韶关人游韶关”的活动吗？你们去过韶关的哪些旅游景点？印象如何？

（3）收集韶关旅游景点的门票，在校园内开一个小小展览会。如：

图5-9　丹霞山门票

【知识准备】

传统旅游线路一般是指观光游览型旅游线路。

一、韶关传统一日游经典线路

表 5-3　韶关传统一日游经典线路

线路名称	行程安排
世界自然遗产丹霞山一日游	阳元山—水上丹霞（锦江游船）—长老峰—翔龙湖
曲江一日游	马坝人遗址—南华禅寺—曹溪温泉
南雄一日游	梅关古道—珠玑古巷—三影塔广场
南岭国家森林公园一日游	小黄山—瀑布群—亲水谷
云门寺、大峡谷一日游	云门寺—广东大峡谷
云门生态旅游区一日游	云门寺—云门峡漂流

二、韶关传统多日游旅游线路

表 5-4　韶关传统多日游旅游线路

线路名称	行程安排
魅力韶关经典两天精华游	D1：南华寺—曹溪温泉或枫湾温泉（住：温泉度假村） D2：丹霞山
魅力韶关精彩三天休闲游	D1：南华寺—百丈崖漂流（住：韶关市区） D2：丹霞山（住：丹霞山或南雄） D3：梅关古道—珠玑古巷—三影塔广场
魅力韶关四天深度游	D1：古佛洞天—云门寺—丽宫温泉（住：温泉度假村） D2：南岭国家森林公园（或广东大峡谷）—韶关市容（住：韶关市区） D3：梅关古道—珠玑古巷—东湖坪客家民俗文化村（住：丹霞山） D4：丹霞山（阳元山—水上丹霞—长老峰—阴元石）
乳源魅力三天游线路	D1：南岭国家森林公园—入住橙屋酒店—午餐（橙屋餐厅）—小黄山—瀑布群—晚餐 D2：早餐—观赏“幽峡、碧水、奇石”的亲水谷—必背瑶寨游览—观看瑶族歌舞—品尝独特瑶家美食—云门寺—中国南岭瑶族风情街—奇石一条街—入住县城小岛饭店 D3：早餐—天景山仙人桥—午餐—广东大峡谷—回程

三、线路设计案例

（1）韶关××学校××班团员活动日，计划组织同学们到南岭国家森林公园一日游，人数约30人，请试着为他们做个线路设计。

①线路名称：南岭国家森林公园一日游。

②线路特色：走进北回归线上最大的一片绿洲去亲近大自然，感受“广东物种宝库”的独特魅力。

③交通情况及行车里程、时间：集中，前往南岭国家森林公园：大学路—韶赣高速—京港澳高速（大桥出口下）—S249—X327，行车里程约95千米，行车时间约1.5小时。

④行程安排：早上7：30在韶关××学校门口集中出发，乘车前往南岭国家森林公园参观游览。上午先游览小黄山景区（游览约2.5小时），后游览以水为背景的瀑布长廊（游览约1.5小时），午餐后再游亲水谷（游览约2小时）。

尽兴后结束愉快行程乘车返回韶关市区。

⑤景区消费：门票：挂牌价100元/人，60～69岁老人、1.2米以上的学生、现役军人，凭有效证件40元/人；70岁以上的老人、记者、导游凭有效证件免票，1.2米以下的小孩免票。

⑥费用预算：

表5－5 南岭国家森林公园一日游费用估算

支出名称	单价
车费	60元/人
门票	40元/人（学生票）
餐费	团队餐25元/人
保险费	约5元/人
导游费	约10元/人
合计	约140元/人

⑦设计思路：学生集体活动出游，经费有限，为节约费用同时最大限度地保障安全，建议选择参加由旅行社组织的团队旅游。

（2）广州××公司年轻白领四人，想利用双休日两天时间到韶关观光旅游，游览韶关最有代表性的著名景点，请为他们的出游设计一个合理而清晰的线路。

①线路名称：丹霞山、南华寺、曹溪温泉两日休闲游。

②线路特色：参拜禅宗祖庭，沐浴曹溪圣水，尽览世界自然遗产精华。

③行程安排：

D1：上午9：00在广州南站集中，乘坐高铁抵达韶关，乘车前往丹霞山，游览世界自然遗产、世界地质公园、“中国丹霞”的命名地——丹霞山：抵达后在大山门外午餐，餐后游览阳元山（游览约2小时）—水上丹霞（锦江游船，游览约1小时），晚上住在丹霞山。

D2：大约凌晨4：30起床，乘坐缆车登上长老峰观日出（游览约2小时）—翔龙湖游览区（游览约1小时），下山后早餐，餐后乘车返回韶关市区，转车前往南华寺（游览约1.5小时），在景区附近品尝素斋后乘车前往曹溪温泉假日度假村，自由享受露天温泉浴（大约2.5小时）。晚餐后结束愉快行程，乘坐高铁返回广州。

④交通情况及行车里程、时间：

a. 大交通：广州南—韶关，高铁往返，费用：114.5×2=229元/人。

b. 韶关站乘坐专线巴士前往丹霞山，行车里程约70千米，行车时间约1.5小时，票价：约20元 。

c. 丹霞山—南华寺：先从丹霞客运站乘坐专线巴士至韶关东站，行车里程约50千米，行车时间约1小时，票价：16元 ；再从韶关东站广场，乘坐专线巴士或韶关—铁龙线前往南华寺，行车里程约22千米，行车时间约40分钟，票价：5元 。

d. 南华寺—曹溪温泉：乘坐309路公交车，行车里程约2千米，行车时间约3分钟，票价：1元 。

e. 曹溪温泉—韶关站：乘坐23路公交车，行车里程约25千米，行车时间约30分钟 ，票价：3元。

⑤景区消费：

a. 丹霞山门票：挂牌价200元/人，60~69岁老人、1.2米以上的学生、残疾人，凭有效证件100元/人；韶关市民凭身份证30元/人；70岁以上的老人、现役军人、记者，凭有效证件免票，1.2米以下的小孩免票。

b. 索道：平日价：单程40元/人，双程60元/人；
节假日：单程45元/人，双程70元/人；
1.2~1.5米小孩：平日25元/人，节假日30元/人（不分单、双程）；

c. 锦江游船：90元/人，1.2~1.5米小孩45元/人，韶关市民（凭身份证）58元/人；

d. 翔龙湖渡船：单程20元/人，双程35元/人；

e. 南华寺门票：挂牌价20元/人，1.2~1.5米小孩10元/人，70岁以上老人、现役军人、皈依居士，凭有效证件免票；1.2米以下的小孩免票。

f. 曹溪温泉门票：挂牌价120元/人，度假村住客凭房卡八折；1.2~1.5米小孩半价。

⑥费用预算：

表 5－6　丹霞山、南华寺、曹溪温泉两日休闲旅游费用估算

支出名称	单价
交通费	229＋20＋16＋5＋1＋3＝274 元/人
门票	200＋20＋120＝340 元/人
景区内消费	40＋90＋20＝150 元/人
餐费	人均消费 50 元/人/正餐起，早餐 20 元/餐起
合计	大约 1 000 元/人

⑦设计思路：年轻白领有一定的消费能力，希望旅程中交通便捷、舒适，追求新、奇、特的旅游体验，不喜拘束。因此，建议自助游。在大交通上，建议高铁往返，以节省时间。抵达韶关后，考虑到交通的便捷性，先游览丹霞山（从韶关站有专线车直达丹霞山），晚上安排住在丹霞山；同时，建议次日早起观日出，可加深旅游体验，符合目标游客的消费习惯。

【后期制作】

国庆黄金周快到了，佛山的刘先生和弟弟两家人，拟于长假期间自驾车到韶关旅游四天，选择了“魅力韶关四天深度游”这一精品线路。请你运用所学旅游资源知识，为他们做一份详细的线路设计并上传至学校网站。

第三节　专题旅游线路

【学习目标】

（1）了解专题旅游线路的设计方法和要点。

（2）学习根据市场需要和资源现状，将韶关旅游资源根据主题，重新分类、整合成线路。

（3）掌握专题旅游线路策划的要点：把握市场及客人的需要，并根据客人的年龄、性别、职业等进行策划。

（4）学习创意旅游策划，学习写作专题旅游线路及文案。

（5）能够为自己设计一条韶关主题的旅游线路，并能为游客提供韶关旅游线路咨询。

【课前活动】

（1）从 1992 年开始，国家旅游局每年都会制定旅游宣传主题。2015 年是

“美丽中国—丝绸之路旅游年”，你知道以前国家制定的旅游宣传主题有哪些？韶关的旅游宣传主题是什么？

（2）你是否曾与同学、朋友、家人一起进行过春游、家庭游、科考游、红色旅游等专题旅游？你是策划者还是参与者？感觉如何？请与同学们分享你的旅游体验。

（3）马克思主义告诉我们，量变引起质变，其中排列方式的变化也会引起质变。前一节传统旅游线路的设计，往往是以韶关突出的旅游资源为关键点串成线路，经过学习你是否会对线路重新排序、改动？你有何改进建议？

【知识准备】

一、专题旅游线路

根据特定游客的特殊需求、爱好，将凝练成的出游主题，与相关的旅游目的地、活动内容融合成具有较强目的性、互动性、参与性、知识性和趣味性的旅游线路，属于专题旅游线路。专题旅游的最大特色就是主题明确，活动有一定的深度和关联性，在一定程度上是一种“私人定制”。

二、专题旅游线路的国内外案例

为了迎合游客求知、求新、求奇的旅游心理，国内外近年都开展了诸多专题旅游活动。在相互交流合作方面，2012 年开展的中国“俄罗斯旅游年”，中国赴俄罗斯游客数量达到 34 万人次，同比增长 47%。2013 年，中国、俄罗斯互办“旅游年”，双方举办了近 400 项内容丰富、形式多样的活动，2013 年 1 月至 9 月间，中俄旅游互访总人数达 237 万。

图 5－10　2012 年中俄旅游年文艺演出

国外也先后开展了一系列的专题旅游，如以纪念活动为中心的“鲁本斯年”“希腊地中海的浪漫风情游轮游”等旅游，使游客接待量显著增长。近年来，国内推出的丝绸之路旅游、美食之旅、红色旅游、蜜月旅游等各具特色的专题旅游，已初步取得成效。同时，结合大众流行的专题旅游线路，也得到了青年游客的喜爱。

2012 年，携程网借《舌尖上的中国》如火如荼之势，推出了国内 20 多个省市的美食旅游线路——“舌尖上的旅行”，以美食特色为主打点，结合线上 OTA 平台的优惠，并通过在“住”“行”“游”“购”上的全面创新，取得了极佳的经济效益和口碑效应。

图 5－11　携程网的“舌尖上的旅行”

2013 年《爸爸去哪儿》节目横扫祖国大江南北，“北京灵水村”“宁夏沙坡头”“云南普者黑”这些曾经名不见经传的地方都变成了搜索热词，而当年 12 月，山东烟台的“亲子游”报名人数比去年同期增加三成左右。面对火热的亲子游市场，不仅携程网、驴妈妈等线上旅游平台，国内大中小旅行社纷纷重点推出亲子游线路，而且国外的澳洲、迪拜、泰国等全球十多家旅游局也纷纷推荐当地适合亲子游的旅游资源力抢中国客源。节目火，进而带动了景区、主题线路的火热，也给游人带来了更好的旅游体验，主题游的带动作用可见一斑。

图 5－12　爸爸去哪儿官方亲子游

【小知识】

据工信部2014年9月的数据显示，中国移动电话用户达12.73亿户，其中，移动互联网用户总数达8.71亿户；随着移动互联网的发展，“说走就走的旅行”已经从一种理想变成触手可及的现实，而够新奇、高品质、高参与度的专题旅游线路，将更贴近现代人以兴趣为纽带而进行的分类，有着广阔的发展前景。

三、专题旅游线路策划的核心要点

结合前面提到的安全、市场需求、主题突出、多元化、时间合理性、效益兼顾这六大旅游线路设计原则可知，专题旅游线路更要有深度、新意、亮点和乐趣。

1. 专题旅游要有深度

要根据客源特征，把握客人需求，对“症”下药，将景点与线路主题更好地结合。专题旅游，即旅游者追求的是以最少的时间、最省的精力、最少的费用获得最完美的旅游体验，故“定制”最合适的旅游线路，必须要考虑客人的年龄、职业、性别、出行目的、经济实力等多方面因素。同时，旅游目的地追求的是经济效益和社会效益的统一，旅游企业追求以最低的成本获得最大的经济效益和发展效益，所以在旅游线路设计上要结合旅游心理学和当地的资源实际，尽可能兼顾三方利益，实现三赢。

2. 专题旅游要求新意

必须顺势借力，准确把握时代脉搏与时尚潮流，创新线路。上面提及的“舌尖上的旅行”“亲子游”正是借助了节目的优势，因时因地制宜，不仅炒热了不少旅游资源，而且推动了旅游线路的发展。除此之外，旅游专题线路创意的来源，既可以是行业内旅游六要素的逐一创新，也可以从企业内部、旅游者和竞争者的不同主体的互动中得来，还可以从大时代趋势和当下热门中得来，比如现在正在热播的电视、电影作品，如《超体》《奔跑吧兄弟》《星际穿越》等大片，都能成为新奇创意的来源。

3. 专题旅游要有足够的亮点和乐趣

在移动互联网下的社群经济时代，旅游产品和线路随着知识网格化和时间碎片化的发展，使得人们更加注重旅行过程中的参与感、体验性、探险与竞争，从而留下欢乐难忘的记忆。比如，现在大部分的亲子游还停留在将主题与景点单纯串联的阶段，今后还可以进一步增加参与感；再如效仿节目，在旅行过程中为父母和孩子设置一些挑战任务和障碍，或是分成几组进行竞赛对抗，让旅行变成一种探险式的体验。如此不仅是亲子游，闺蜜游、相亲游、奖励旅游、会议旅游也都可以考虑。

专题旅游线路案例一

红色旅游

【学习目标】

（1）了解红色旅游的概念及其区别于其他旅游独特的特点。

（2）了解在韶关发生的红色战役及历史事件，牢记其年代、地点、关键人物。

（3）了解韶关开展红色旅游的优越资源。

（4）通过对韶关现有红色旅游景点的掌握，组合设计出1～2条富有特色的韶关红色旅游线路。

【课前活动】

（1）跟爷爷奶奶或其他长辈聊聊他们当时所经历或知道的发生在韶关的红军战斗历史，倾听这些抗战故事，并把它们和同学们分享。

（2）能准确说出几位在韶关参加过抗战的主要人物，并了解他们的生平简介。

（3）能说出几处在韶关发生的农民暴动的地点和主要发起人。

（4）能熟读《梅岭三章》和《赣南游击词》。

（5）说说你心目中的红军是什么样的。

【知识准备】

一、红色旅游

红色旅游，主要是指以中国共产党领导人民在革命和战争时期建树丰功伟绩所形成的纪念地、标志物为载体，以其所承载的革命历史、革命事迹和革命精神为内涵，组织接待旅游者开展缅怀学习、参观游览的主题性旅游活动，红色旅游有其自身独有的特点。

1. 学习性

红色旅游的学习性，主要是指以学习中国革命史为目的，以旅游为手段，学习和旅游互为表里。

2. 故事性

红色旅游景点具有丰富的历史典故，革命人物亦是丰富、生动、贴近群众生活，能产生亲和力。通过了解这些革命人物和故事，揭示人民群众创造历史的真谛，使历史鲜活和丰满起来。

3. 参与性

红色旅游本身就是实践性学习。红色旅游的组织者要设计、组合出“原汁原味、有惊无险、苦中有乐、先苦后甜”的产品来。

二、韶关红色旅游景点资源

韶关现有的红色旅游景点资源按阶段大致可分为三类：

表 5－7　韶关红色旅游景点资源

类型	主要景点
以大革命时期为主题的红色旅游景点	1. 仁化双峰寨和重阳镇青水塘（西水暴动） 2. 北江农军学校（今韶关市区建国路市粮食局附近） 3. 犁市当铺（位于浈江区犁市镇犁市居委人民路南）。1927 年 12 月，朱德率部移驻曲江犁铺头休整，朱德就住在当铺楼上 4. 乐昌梅花镇的“红七军革命烈士纪念园”，纪念由邓小平等人在此掀起的梅花战役 5. 乐昌龙王潭是当年红四军经过的地方 6. 南雄梅岭、水口战役纪念园都是 1932 年水口战役的发生地
以抗日战争时期为主题的红色旅游景点	1. 八路军驻韶办事处西河巷 2. 关帝庙旧址、中山公园（抗战时期的临时飞机制造厂） 3. 帽子峰碉堡、斌庐；南雄瑶坑 4. 始兴红围与八一村、五里亭省委机关旧址 5. 黄岗村余汉谋指挥部、粤汉铁路旧址
以解放战争时期为主题的红色旅游景点	1. 梅关、钟鼓岩国共两党谈判旧址 2. 翁源新江革命纪念碑、韶关烈士陵园

三、红色线路旅游者的类型结构

参与韶关红色旅游线路游览的人群主要分为以下类型：

表 5－8　红色线路旅游者类型

类型	年龄结构	所在地区	参观动机
学生	5～24 岁	韶关本市学生	参观学习
部队官兵	17～40 岁	驻韶部队和本市官兵	部队集体活动，学习党的历史
政府部门党员干部	22～58 岁	韶关及周边地市	单位集体活动，学习党的历史
企事业党员干部	18～58 岁	韶关及周边地市	单位集体活动，学习党的历史
离退休老干部及先烈后代	年龄不等	美国、中国台湾、中国香港及内地各省市	缅怀历史、追忆过去
一般游客	年龄不等	港澳台及内地	参观学习、游览

四、韶关红色旅游线路设计

按红色旅游游览主题，可设计二至三天的游览线路。

例：韶关三天红色之旅（抗战时期主题）。

第一天：广州—南雄—梅关—钟鼓岩国共两党谈判旧址。

早上到客人单位接团后，乘空调旅游车前往韶关，午餐后往南雄梅关参观（游览约 2.5 小时）（梅关古称秦关，又称横浦关。宋时，人们以砖砌路面，立关于梅岭上，署有“梅关”二字，梅关是历史上南来北往的重要驿道，也是兵家必争之地。项英、陈毅等老一辈无产阶级革命家，在梅岭一带进行了艰苦卓绝的游击战争，陈毅在此写下了脍炙人口的《梅岭三章》，现在梅岭也被列为省重点风景名胜区）。游览后赴钟鼓岩国共两党谈判旧址参观（游览约 1 小时）（1938 年 9 月，陈毅作为中共赣粤边特委和红军游击队的全权代表，到达大余池江，与国民党大余县政府代表鲁炯雯在池江区公署进行了正式谈判。双方经过协商，成功达成了停止武力进剿、释放在押共产党人和政治犯、将游击队改编成抗日义勇军等国共合作抗日七条协议）。晚餐品尝南雄特色菜梅岭鹅王、酸笋焖鸭、南雄特色酿豆腐等美食。晚餐后自愿游览南雄市区步行街。入住南雄珠玑大酒店。

图 5－13　梅岭

图 5－14　陈毅梅岭隐蔽处

第二天：南雄—瑶坑—红围—八一村—铜钟寨—花果山温泉—始兴。

早餐后，开车赴南雄瑶坑参观（游览约40分钟）（70多年前，中共广东省委机关曾经秘密迁移到韶关南雄瑶坑地下办公达1年7个月之久。此办公地点总建筑面积约200平方米，由5间房组成，土木结构，从道路侧进入第一间房就是原来的办公室，其余四间是休息室、秘密会客室）。参观完后乘车赴始兴（汽车约为1小时）红围参观（游览约1小时），参观完后到附近的八一村游览（八一村是震惊省内外的外营惨案、抗日时期红军医院所在地，也是始兴县抗日战争、解放战争时期游击队的主要根据地之一。为纪念1954年8月1日在外营惨案中壮烈牺牲的革命战士和殉难同胞，始兴县政府修建了革命烈士墓、八一村纪念碑，后又把该村列为抗日战争时期的革命老区、爱国主义教育和革命传统教育基地。2009年6月26日，时任广东省委书记汪洋同志率队亲临八一村视察，指导外营围楼、革命历史展览馆修缮工作）。参观后到八一村村民家品尝当地农家菜，忆苦思甜。午餐后游览八一村附近的铜钟寨（游览时间约2小时）。这里奇峰峭拔，祥云常绕，风光绝美，是始兴名胜十景之一。景区内主要景点有藏军洞、南天门、天梯、仙姑阴元洞、七仙女洞群、九凤飞瀑、大峡谷和古战场遗址等。寨顶可穷千里目，一览众山小，有风度大队机枪阵地、国际航标等。铜钟寨风光绝美，而最神奇的景观就是因丹霞地貌结构而自然形成的、完美的“生命之门，大地之母”——阴元洞群。然后乘车赴花果山温泉（逗留时间约2小时），在那儿泡温泉以消除疲劳。晚餐品尝始兴美味河鲜及生态有机蔬菜，晚餐后入住始兴远东大酒店。

第三天：始兴—八路军驻韶办事处西河巷—帽峰公园—省委机关旧址及历史陈列馆—广州。

早餐后乘车（约1小时）到达韶关市区，车游八路军驻韶办事处西河巷（现已改建）（1938年10月广州沦陷后，八路军驻广州办事处迁至韶关，改名为“八路军驻韶关办事处”。八路军租用西河“安园”和武江南路62号，作为办公及接待之用，并在工农巷12号租了一间房作招待所）。随后到五里亭帽峰公园游览（时间约1小时）。后赴省委机关旧址及历史陈列馆参观（游览时间约1小时）（1941年春，粤北省委迁至韶关五里亭。抗日战争时期，在中共南方局、中共南方工作委员会的领导下，中共广东省委成为广东人民抗日斗争的指挥中枢）。午餐后乘坐空调大巴（约3小时）回广州，返回温馨的家。

专题旅游线路案例二

乡村旅游

【学习目标】

(1) 了解乡村旅游的概念与类型，熟悉乡村旅游的元素。

(2) 熟悉韶关各县（市、区）的乡村旅游代表企业。能够根据游客的需求，设计和了解乡村的分布，并结合前面所学的和实际生活，举例说明乡村和周边旅游资源的情况。

(3) 通过组织实地游玩，加深对乡村旅游的体验与感悟，能够根据季节和主题需求，设计1~2条韶关乡村旅游线路。

【课前活动】

(1) 韶关乡村资源丰富，你觉得乡村旅游应该具有哪些特点，它们为什么属于乡村旅游的范畴?

(2) 你去过省内外哪些乡村旅游的景区、酒店、农家乐、农家庄园? 你印象最深、体验最好或经历最差的是哪个? 原因是什么? 如果你是农家乐老板，你会如何更好地经营?

(3) 你觉得韶关乡村旅游的发展受到哪些因素的影响? 哪些有利于发展，哪些限制了发展? 这些因素在我们设计线路的时候，有什么需要注意的?

【知识准备】

自2006年中国乡村旅游年、2007年中国和谐城乡游后，我国乡村旅游业蓬勃发展。据不完全统计，截至2013年底，全国休闲农业聚集村9万个，规模以上休闲农业园区超过3.3万家，农家乐已超过150万家，接待游客超过9亿人次，营业收入超过2 700亿元，带动2 900万农民受益。可见，乡村旅游的发展势不可当，积极发展乡村旅游刻不容缓。

一、乡村旅游

乡村旅游是指依托农村自然生态、田园景观、民俗风情、村落农舍等乡村旅游资源，以“吃农家饭，住农家屋，游田园景，品风俗情，享休闲乐”为主要内容，集休闲观光旅游、领略乡村民俗风情、体验农耕文明于一体的旅游新业态。

韶关的乡村旅游业处于发展初期，目前以“农家乐”为主。为了优化旅游业结构，引导和促进乡村休闲旅游的发展，打造乡村旅游新亮点，2013 年底，韶关评定了首批农家乐示范点 30 家。其中，仁化县农家乐以“丹霞仁家”统一命名，突出表现了该地农家的“丹霞之美、仁义之爱、家园之乐”；新丰县打造的“丰江美食长廊”（正在优化升级为“丰江生态农家乐园”），以其独特的概念、丰富的乡村旅游资源、良好的“乐”字体验，获得了省市的关注和游客好评。

图 5－15　新丰县丰江美食长廊

下面请同学们以农家乐为重点，收集、了解仁化县乡村旅游的资料，为东莞游客设计一条乡村旅游体验两日游的线路，出行目的是增长见闻、亲近家人，让孩子体验农村生活。

二、仁化乡村体验旅游线路设计

例：仁化丹霞山、石塘古村、农家乐亲子两日游。

第一天：东莞虎门高铁（启程）— 喜洋洋农庄（三星级丹霞仁家，观光及午餐）— 双峰寨（爱国主义教育基地）— 石塘古村（中国历史文化名村、广东省古村落）— 古村人家一对一家庭体验活动（各自在对口家里晚餐）— 福宝农家乐园（四星级丹霞仁家住宿、早餐、观光、游玩）。

第二天：丹霞山景区（世界自然遗产、世界地质公园、国家 AAAAA 级风景区）— 景阳农家菜馆（二星级丹霞仁家，午餐）— 阳元山景区（天下奇石）— 水上丹霞（游江观景）— 山水湾农庄（三星级丹霞仁家，晚餐）—（韶关高铁）返程。

专题旅游线路案例三

商务考察投资之旅

【学习目标】

（1）了解商务考察投资之旅的概念、设计方法和操作要点。

（2）学习一条韶关商务考察投资之旅的线路，并尝试指出其中的优缺点。

（3）根据课程所学，通过阅读课外资料，能够向游客介绍韶关的优势旅游资源与投资环境。

【课前活动】

（1）商业，也是经济。经济和商业的发展，也会带动地域经济实力的增长。经济学中，常把投资、消费、出口比喻为拉动经济增长的“三驾马车”，其中投资对于经济的拉动作用最为明显、快速。近年来，东莞、韶关对口帮扶工作围绕“一园一城七组团”的总体要求，起步快、开局好。想一想，如果你有一位叔叔在东莞，他想来韶关考察、投资，你会如何向他介绍韶关的优势资源呢？

（2）多看多思考：韶关曾经是粤北的工业重镇，钢铁、烟草和化工为三大支柱产业，企业均以重工业为主；但大量开采，导致韶关主要矿产资源（如煤矿、铁矿、铅锌矿）已濒临枯竭。2011 年 12 月，经国务院批准，韶关成为中国第三批资源枯竭型城市。现在的韶关正在通过传统工业绿色升级，利用生态产业的后发优势，探索转型升级之路。请与同学们一起搜索并阅读《2015 年韶关政府工作报告》，找出其中与旅游、招商、文化相关的文段，并谈谈如何将这些内容与实际学习、线路设计相结合。

（3）想一想，如果设计一条考察投资线路，你作为一名计调或政务导游，应该注意些什么？

【知识准备】

一、商务考察投资线路

商务考察投资线路，属于商务旅游的一个细分。世界旅游组织将商务旅游定义为：“出于商业的目的，人们到达并在非居住地停留的活动。”旅游资深学者魏小安认为：“以商务为主要目的的复合型的旅游方式，即商务旅游活动。一是以商务为主要目的，二是复合型的旅游方式，包括会议、展览、谈判、考察、管理、营销等活动都属于商务活动。”而这里所说的商务考察投资线路，是商务旅游中根据韶关发展实际情况细分的。

二、商务考察投资出行目的

游客：多为商务客人、政府官员，时间宝贵、目的性强。通过考察了解商业项目、学习借鉴经验或寻觅投资机会。

目的：政府招商引资，拉动经济增长；企业寻找投资方，业务交流。

三、商务考察线路操作流程

（1）了解客户商务考察的具体信息（包括意向目的地、出发时间、行程内容及长短、考察行业、所需提供的其他特殊服务等）。

（2）根据所掌握的具体信息进行沟通、策划，设计几个基本行程并说明设计理由，提出建议，供游客选择及修改。

（3）经过反复修改，游客确定行程后，根据行程提出报价，双方协商价格；达成一致后，游客交付一定比例的订金，策划者正式发出公函。

（4）根据公函对接情况，与游客协商，确认最终行程和价格，并不断跟进。

【小知识】

商务考察投资之旅，多涉及政府部门，且有预约与接待，所以务必发出书面公函。其中，考察的目的、人员职务结构构成及接待时间，在很大程度上会影响接待方的态度与重视、配合程度。所以出行前，一方面，应该根据距离远近、考察内容，先确定己方最优的时间、线路组合及备选方案，并提前通过电话联系对方，做好提前的非正式对接联络工作；另一方面，正式申请时，要明确拜访的详细目的、双方交流洽谈的重点，并附上出团人员的详细名单、职位，以方便对方做好准备工作，达到交流效果。

四、案例导入

韶关10日资源考察之旅

（1）考察背景：20××年秋季，某外省旅游代表9人将乘坐飞机，来韶关进行为期10天的资源考察之旅，希望能最短时间、最高效率、最全面地调研韶关的重点旅游资源，以作学习借鉴之用，你作为策划者，将如何策划线路？

（2）考察线路：

①新丰县—翁源县—始兴县—仁化县—乳源县—浈江区、武江区—（召开座谈会）曲江区—乐昌市——南雄市；

②行程具体安排：

表 5－9 韶关 10 日资源考察之旅行程安排

时间	内容
10 月 ×1 日	考察组成员预计于 10 月 ×1 日 10：55 抵达广州白云机场，与对接人取得联系，乘车前往新丰县； 下午：考察组成员在新丰县进行考察（云天海森林温泉、秀田古树公园、九栋十八井大宅院）； 晚上：晚餐后住宿于新丰县
10 月 ×2 日	上午：考察新丰云髻山、樱花峪、大丰观光休闲农场，中午前往翁源县并就餐； 下午：考察组成员前往考察（湖心坝客家群楼、江尾镇兰花基地、涂志伟美术馆、冷泉滩）； 晚上：住宿于翁源县
10 月 ×3 日	考察组成员前往始兴县进行旅游资源考察（张九龄纪念园、满堂客家大围、张发奎将军故居）； 晚上：住宿于始兴县
10 月 ×4 日	考察组成员前往仁化县进行旅游资源考察（周田张九龄家族祠堂、丹霞山、水上丹霞、石塘双峰寨及古村落、云龙寺塔）； 晚上：晚餐后住宿于仁化县
10 月 ×5 日	上午：考察组成员前往乳源县进行旅游资源考察（云门寺、南岭、丽宫国际旅游度假区、必背瑶寨）； 下午：继续在乳源县进行考察； 晚上：晚餐后住宿于乳源县
10 月 ×6 日	上午：考察组成员前往乐昌市进行旅游资源考察（金鸡岭、7011 军事基地、古佛岩、乐昌峡水库）； 下午：继续在乐昌市进行考察； 晚上：住宿于乐昌市
10 月 ×7 日	考察组成员在浈江区和武江区进行考察（五里亭省委机关旧址、张九龄墓、重阳温泉、矿山公园、芙蓉古刹、丹霞山浈江片区）； 晚上：住宿于韶关市区
10 月 ×8 日	上午、下午：召开座谈会； 晚上：住宿于韶关市区

（续上表）

时间	内容
10 月 ×9 日	上午：考察组成员在曲江区进行旅游资源考察（南华寺、马坝人遗址）； 下午：继续在曲江区进行考察，结束后前往韶关； 晚上：住宿于韶关市区
10 月 ×10 日	考察组成员前往南雄市进行旅游资源考察（珠玑古巷、梅关古道、广州会馆、三影塔）。考察结束后，送考察组成员返广州乘机

注：住宿由各县对接人员推荐预定可提供网络服务的三星级酒店。

车辆及餐饮：由主办方安排，各县对接代表陪同。

【后期制作】

（1）根据专题旅游线路案例一，设计一条统战旅游线路（两天）。

（2）参照韶关重点乡村旅游企业名单，分小组查阅资料，将名单中的乡村企业的地址、经营特色及美图等资料填写在韶关重点乡村旅游企业一览表 5－10 上。

表 5－10　韶关重点乡村旅游企业一览表

地区	名称、地址、特色	美图
仁化县	福宝农家乐园、仁化县丹霞街道车湾村岭背云客山 ★特色风味：丹霞仁家农家菜与铁皮石斛药膳的有机结合 ★亮点：全方位展示丹霞仁家的自主、自便、自娱的休闲慢生活，畅享丹霞仁家的青山绿水、土炮土菜土畜产……	 图 5－16　福宝 1  图 5－17　福宝 2
……	……	……

附：韶关重点乡村旅游企业

◆新丰县

樱花峪、大丰观光休闲农场、雪山林苑农庄、小河湾饭店、新江源农庄、丰衣足食农庄、九里香石锅鱼庄、新宝塔山庄、竹林人家山庄、李宁山庄、金青观光农业合作社、碧湖湾休闲农庄、丰珠山庄、逢源山庄

◆翁源县

仙鹤花卉、绿丰园农民专业合作社、翁源县泽雨农业科技有限公司、翁源坝仔胜龙名茶生产基地、粤台农业试验区管委会、幽兰山庄、桃园农家乐、九古酒家、东华明珠山庄、翁源广东信达茧丝绸股份有限公司

◆乳源县

南岭一峰生态园、农业协会、粤凰生态园、云瑶宫山庄、一峰种养专业合作社、乳源农业开发有限公司、开心农场

◆乐昌市

杏帘农庄、出水岩鱼庄 、龙王潭景区、白水寨景区、星期八农庄 、九峰农家谣山庄 、古佛洞天景区

◆南雄市

和盛农家乐、雄州人家、顺德农庄、帽子峰林场景区、三佳村生态农庄、石寨沟温泉度假区、观音山休闲度假村、广府人客栈、全安坤阳养生食府

◆曲江区

小坑莲花池生态园、白土锦湖山庄、马坝鸿润生态园、马坝祝家庄私房菜馆、大塘大和山庄

◆始兴县

石斛山庄、清化生态农庄、广源生态农庄、河塘生态庄园、成德家庭农场、火龙果农家乐、瑶佬古农场

◆武江区

田鑫果园、顺景山庄

◆仁化县

福宝农家乐园、山水湾农庄、喜洋洋休闲农庄、丹霞印象、红豆兰庭客栈、景阳农家菜馆、有园山庄、明昇山庄、南庄生态名园、倚云山庄、金果山庄、周田农庄、韶石山庄、龙坑农庄、中山门农庄、金福农庄、走马坪农庄、思源农庄、杨园农庄、大田庄园、火龙果农庄、原色客栈、阳元村酒店

◆浈江区

百香园生态农庄、明宏生态园、三雄开心农场

（3）韶关有很多美丽的乡村自然景观，请通过阅读附录3：2015年韶关旅游节庆活动列表汇总，判断哪些是典型的乡村旅游资源，并记忆韶关重点乡村旅游资源。

（4）根据专题旅游线路案例三，参看韶关地图，看看本线路的行程安排和景点是否存在不妥之处（小提示：可以在韶关地图上，标注出线路的出行顺序和安排）？应该如何改进？

（5）请讨论：如何设计线路，可以使投资者、学生等游客，在高强度的商务考察、修学之旅中保持兴奋感和热情？将讨论结果上传至学校网站。

（6）知识迁移：

2015 年 6 月到 10 月间在仁化丹霞山世界地质公园、世界自然遗产举办的丹霞山亲子旅游节是由国内知名的旅游策划机构——远方网联合广东韶关丹霞山管理委员会、一块去旅行网以及国内 200 家亲子旅游网站联盟共同策划执行的大型亲子旅游节庆活动。该活动包含登山、游船、农事体验、烹饪体验、手工体验等 40 多个亲子旅游项目，在 5 个月的时间里持续为热爱自然、亲近田园的亲子家庭提供创新、健康、安全的亲子旅游服务，并取得良好的市场反应。请看线路安排：

线路 1：童年，山野里有我很多朋友

第一天：

入住丹霞印象客栈，上午前往丹霞山景区，游览丹霞山景区锦石岩寺，看刻在石头上的丹霞史，做顶天立地男子汉。

中午体验丹霞山特色美食后，回到客栈午休，参加丹霞印象客栈的漂流瓶 DIY 手工小课堂。

下午前往景区内乘坐丹霞方舟，看壮美的红石公园全景。天气好的话，还可以欣赏丹霞夕阳美景。

晚上继续体验丹霞印象客栈的美食小课堂。端午节有包粽子活动。

第二天：

早上乘坐翔龙湖的游船进入卧龙岗景区，开始半天的动植物科普之旅。

中午返回阳元村体验儿童餐。

下午乘坐水上丹霞游船，观赏水鸟，感受水上的丹霞山全貌。

返程。

线路 2：在丹霞山体验红豆般的温情

第一天：

入住丹霞山红豆客栈，和红豆姐姐学做手链，送给妈妈。上午前往丹霞山景区，游览丹霞山景区锦石岩寺，看刻在石头上的丹霞史，做顶天立地男子汉。

中午体验丹霞山特色美食，下午前往景区内乘坐丹霞方舟，看壮美的红石公园全景。天气好的话，还可以欣赏丹霞夕阳美景。

下午回到客栈休息，参加红豆兰庭客栈非常有特色的蛋壳作画手工小课堂。

晚饭后继续体验红豆客栈的版刻奇石和恐龙化石 DIY 小课堂。

第二天：

早上乘坐翔龙湖的游船进入卧龙岗景区，开始半天的动植物科普之旅。

中午返回阳元村体验儿童餐。

下午乘坐水上丹霞游船，观水鸟，感受水上的丹霞山全貌。

返程。

线路 3：来自山间的田园童话

第一天：

入住丹霞山原色客栈，上午前往丹霞山景区，游览丹霞山景区锦石岩寺，看刻在石头上的丹霞史，做顶天立地男子汉。

中午体验丹霞山特色美食，下午前往景区内乘坐丹霞方舟，看壮美的红石公园全景。天气好的话，还可以欣赏丹霞夕阳美景。

下午回到客栈休息，参加原色客栈非常有特色的蜡染制作手工小课堂。

晚饭后继续体验原色客栈的画石头和画竹筒小课堂，画出属于自己的艺术品。

第二天：

早上乘坐翔龙湖的游船进入卧龙岗景区，开始半天的动植物科普之旅。

中午返回阳元村体验儿童餐。

下午乘坐水上丹霞游船，观赏水鸟，感受水上的丹霞山全貌。

返程。

请在网上进一步查询丹霞山亲子旅游节庆活动的背景资料并分小组讨论：

（1）这一主题旅游线路的策划是在什么背景下推出的？

（2）分析该旅游线路包含产品的组合有什么特点（从住宿、餐饮、旅游活动项目、旅游目的地的选择以及旅游交通等方面进行分析）。

（3）这类型的线路可以在韶关的哪些景区推出呢？请做一个简要的分析报告。

以上讨论结果请小组长代表小组和其他组员一起分享。如果你有更好的创意，请将你的线路设计或者活动项目上传至校园网和大家分享。

第四节　特种旅游线路

【学习目标】

（1）学习理解什么是特种旅游以及特种旅游的分类。
（2）了解如何策划和组织特种旅游活动。
（3）初步了解韶关有哪些特种旅游资源。
（4）懂得设计简单的特种旅游线路。

【课前活动】

（1）通过网络搜集发生在韶关的特种旅游活动的情况（时间、地点、参加人员、线路、活动图片等），并做成 PPT 和同学们一起分享。

（2）通过网络或资料了解韶关适合比较多的人进行特种旅游的地方。

【知识准备】

一、特种旅游的概念

特种旅游是一种新兴的旅游形式，它是在观光旅游和度假旅游等常规旅游基础上的提高，是对传统常规旅游形式的一种发展和深化，因此是一种更高形式的特色旅游活动产品。这里所说的特种旅游，是指为满足旅游者某方面的特殊兴趣与需要，定向开发组织的一种特色专题旅游活动。

二、特种旅游的特点

根据特种旅游的开展及实际操作经验的性质判断，它与观光旅游、度假旅游相比较，具有下述几个方面的内在特质：

（1）在旅游消费价值取向上，特种旅游侧重于自主性、个性化、目的性，而观光旅游侧重于对外在景观的感知，度假旅游侧重于休闲性和享受性。

（2）特种旅游的体验方式强调精神和体魄的因素，旅游者在运动中感知外部世界，在冒险或面对全新的环境时得到精神上的满足，旅游者本身对行程的组织有较高的自主性和能动性。

（3）特种旅游的手段和途径，是借助人力运作（徒步、狩猎、登山、驼队、自行车旅游）和自驾机动车运作（汽车、摩托车、其他机动运输工具）。

（4）特种旅游的线路和区域具有较大的特殊性。连续旅游跨度大、时间长，旅游目的地复合化是特种旅游的突出特征。特种旅游的自然环境和文化环境，一般具有浓烈的原始自然性，旅行经过的地区通常是边（边疆）、古（有悠久文明史）、荒（沙漠、人迹罕至之处）、奇（有奇特的地形地貌特征）、险（高山、峻岭、险地、恶水）、少（少数民族聚居地）地区。由此而组成的旅游线路和项目，对旅游者具有新鲜感、刺激感和探险性。

（5）参与特种旅游活动的旅游者一般需要具有冒险精神和耐受艰苦条件的体魄，一般选择志同道合的人作为旅伴，其内部有共同的文化准则。

（6）特种旅游的产品内涵会随时间的变化而变化，特种旅游在开发时具有的特殊审美情趣和特点会逐渐显现。

（7）根据中国的国情，特种旅游一般使用非常规的交通旅游形式，有时要经过非开放区，因此在政策上属于需要特别审批的产品。

特种旅游作为旅游形式的一个类别，它除了与观光旅游、度假旅游一样都具有为旅游者提供食、住、行、游服务的共性之外，最主要的特质是要与旅游者共同参与旅行，并在参与中提供服务和用自己的专业知识指导旅游者实现其旅游目标。此种旅游活动面大，常常涉及边远、人迹罕至的地域以及旅游活动方式超乎寻常，难度极大。就目前我国的实际情况来看，地区跨度大，使用汽车、摩托车、自行车作为旅游交通工具的旅行和非赛事的滑雪、攀岩、漂流、热气球、滑翔等体育旅行，到高山、峡谷、沙漠、洞穴、人迹罕至区域的探险旅行等均可列入特种旅游的范围。

【课堂活动】

请同学们从多方面列表整理出特种旅游与常规旅游的区别。

三、特种旅游的分类

表 5－11　特种旅游的分类

类型	活动方式
非赛事体育运动类	普通车、越野车、大篷车、摩托车、房车等。 户外活动游：滑雪、漂流、滑沙、滑草、攀岩、骑马、徒步穿越、户外生存、户外拓展、户外自行车山地车、极限活动、热气球、高空滑翔、狩猎等。 海上运动：滑水、帆板、皮筏艇、摩托艇冲浪、海上跳伞、海上垂钓等
探险类	登山探险、沙漠探险、森林探险、峡谷探险、洞穴探险等
考察观察类	观鸟、观蛇等；潜艇海底观光、潜水观海底生物等；文物古迹科考、冰川等自然地理科考、人文历史景观科考、学术考察、独特文化映证考察等科考游等
其他	修学旅游、医疗康复保健游、宗教游、摄影游、写生游、边境游、跨境游等

四、韶关特种旅游资源的特征

韶关作为广东省户外运动的天堂、驴友的毕业地，特种旅游资源极其丰富，它具有如下特点：

1. 多样性

韶关地处南岭以南，山川秀美，其旅游资源复杂多样、丰富多彩。其自然景观和人文景观都十分丰富，有温、热带的立体气候；有雄伟壮丽的山川地貌；有古老悠久的历史文化遗存及近现代革命历史纪念物；有各具特色的瑶族文化；有多种奇异典型的地质现象及动植物群落；有大量高峰绝壁、急流险滩和洞穴可供攀登、漂流和探险；还有数量和品种多样的温泉供人闲逸疗养。

2. 奇特性

韶关许多地区地学景观都具有奇特性，有的景观堪称世界自然奇观，形成旅游资源优势，如丹霞地貌（丹霞山巴寨、细美寨等）、特殊的地下喀斯特地貌（通天箩、古佛岩等）。

3. 地域的广泛性

全市旅游资源分布极为广泛，除丹霞山、南岭、大峡谷等旅游景观久负盛名之外，在与清远市交界的滑石山脉中还拥有众多海拔 1 000 米以上的山峰及高山草地，并且相当集中，从而构成景观区比较出名的千米以上独立山峰，有曲江区的船底顶、雪山嶂、雪花顶，乳源的石坑崆、石菲岭、天井山、狗尾嶂、大东山、三磨茇、阎罗头等，仁化县的万时山，乐昌市的九峰山、白云仙等，始兴县的车八岭、观音栋、龙斗斜、七星礅等，翁源县的青云山，新丰县的云髻山，南雄市的青嶂山、油山等；武江坪石到乐昌段的九泷十八滩。全市各地都有风景名胜区、点，并各有特色。

4. 跨境性

韶关省外与湖南、江西接壤，省内与清远相连。丰富的山地资源都在边界上。其中，与湖南、江西三省交界的万时山海拔约 1 600 米，以及全省最高峰石坑崆位于韶关、清远、湖南的交界上。

5. 生态性

韶关生物旅游景观极为丰富独特，不少动植物类型观赏价值极高，自然生态系统保存较好，拥有多个国家级和省级自然保护区，已形成韶关生态旅游景观。

6. 潜力性

韶关地处广东最北端，旅游资源丰富，但绝大多数未加以开发和利用，可利用和挖掘的潜力还很大。例如，位于曲江区与乳源县及武江区交界的无人区，是广东最大的无人区，其主峰船底顶海拔 1 586 米，是户外爱好者喜爱的地方，到如今仍处于半开发状态；乳源的京西古道，集自然景观与人文景观于一身，是徒步的好线路；而丹霞山南岭等许多已开发或正在开发的旅游资源也需要进一步深度开发，并不断补充内涵。

五、韶关千米以上独立山峰情况

韶关地处广东省北部、南岭山脉南部，以山地丘陵地貌为主。北有九峰山、大庾岭；中为大东山、瑶山、滑石山地；南为九连山、青云山。全市境内山峦起伏，高峰耸立，中低山广布。北部地势为全省最高，位于乳源、阳山、湖南省交界的石坑崆，海拔 1 902 米，为广东第一高峰，此外还有众多千米以上的独立山峰。

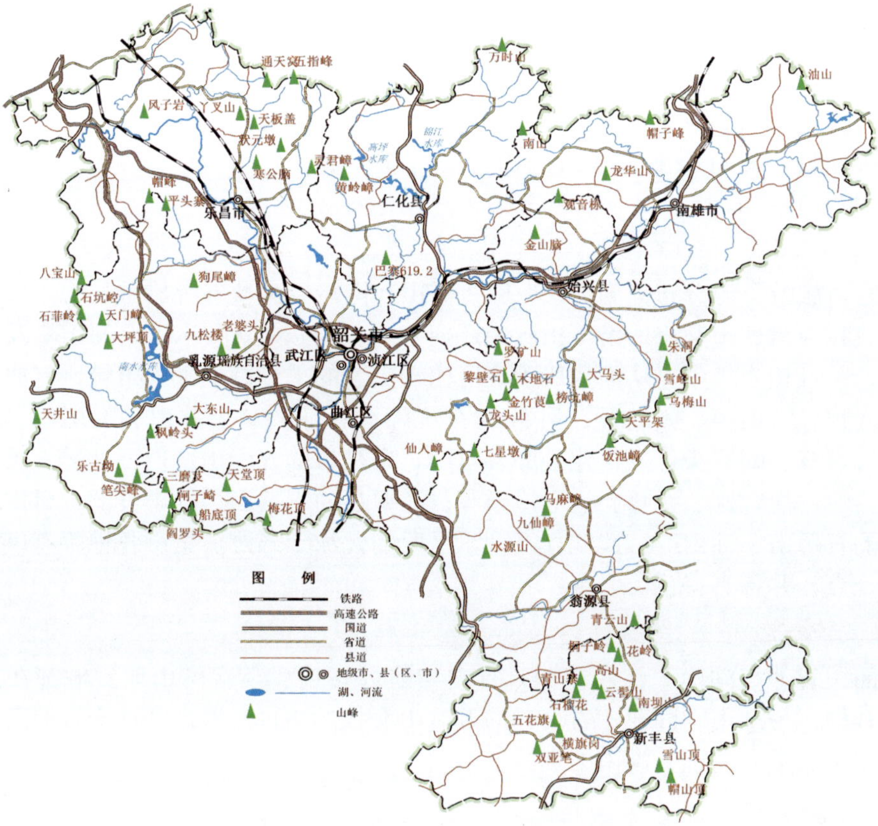

图 5－18　韶关千米以上独立山峰分布图

【课堂活动】

（1）在韶关千米以上独立山峰分布图上找出九峰山、大庾岭、大东山、瑶山、滑石山地、九连山、青云山等山脉。

（2）查阅资料，完成表 5－12 并上传至学校网站。

表 5－12　独立峰的特种旅游开发情况

独立山峰名称	所属县区	所属山脉	特种旅游开发情况	相关图片
船底顶（例）	曲江的最高峰。由于顶峰酷像船底而得名。主峰海拔1 586米	大东山	船底顶山有草地、石坡、溪谷、湿地、悬崖、丛林。船底顶穿越被称为驴友的毕业地，也是被中国国家地理评选为“十大非著名”山峰之一	 图 5－19　船底顶

六、韶关经典的特种旅游线路

（一）徒步登山穿越类

1. 丹霞山穿越线路

仁化丹霞山一带以独特的红岩地貌闻名于世，2010 年成为世界自然遗产，是中国典型的“丹霞地貌”所在地和命名地，面积约 280 平方千米，山群呈峰林结构，有各种奇峰异石 600 多座。适合徒步穿越、户外生存、户外拓展、登山探险、森林探险、峡谷探险及科考等。

线路一：探访韶关古道、穿越大丹霞。

图 5－20　远眺观音山

线路简介：这是一个风景优美、有一定挑战的徒步线路。风光美丽的丹霞峰林，丹崖赤壁。这是有先民走过的崎岖山路，残存的驿站、山寨、古石级。满山的桃金娘、杜鹃花点缀着曾经繁华的古道。从周田镇的麻坑村开始，经过蜡烛山，走上打锣岩古道，直到金龟岩，是上京古道段。锦江边上的牛鼻村有美丽的田园风光，线路中的巴寨是整个丹霞景区的最高峰。

线路：周田（猪头皮村）— 蜡烛峰 — 打锣岩（古道）— 金龟岩（扎营）— 牛鼻 — 观音山 — 巴寨 — 白莲（白泥坌村扎营）— 下坑水库 — 五仙岩 —扁寨 — 黄屋。全程约 40 千米，穿越线路如图 5－21 所示。

行程安排（三天）：第一天：早上 8 点前往麻坑。从麻坑开始徒步，途经蜡烛峰、打锣岩古道、穿窿岩抵达金龟岩，晚上在金龟岩扎营住帐篷。第二天：早上 8 点出发，途经锦江、牛鼻村、上天龙、暖坑村、巴寨、观音山抵达白泥坌村扎营，晚餐吃农家饭。第三天：早上 9 点出发，途经西竺岩、新寨、五仙岩、扁寨抵达黄屋村。徒步穿越结束，乘车回韶关。

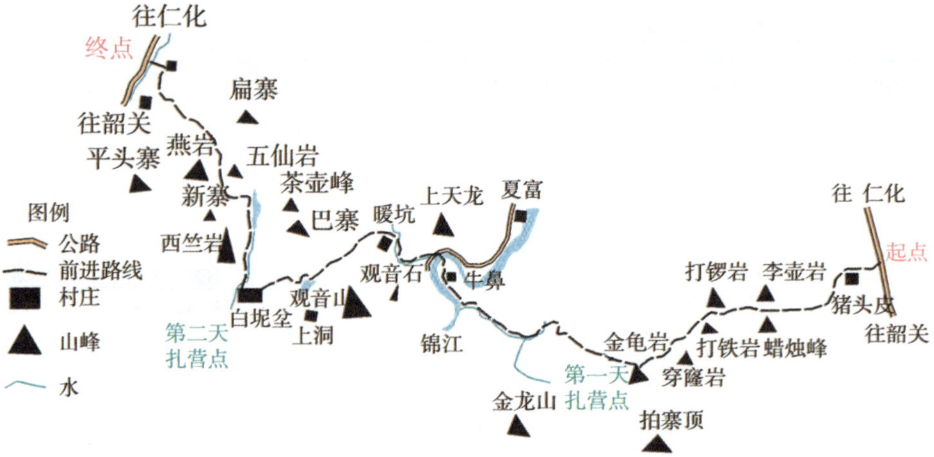

图 5－21　丹霞山穿越线路图

这条线路难度较大，而且路程较长，应注意分配体力，有些路段比较险要，道路情况复杂。由于很多时候在密林里徒步，在夏天容易中暑，故要做好预防工作。

线路二：黄沙坑夏富穿越。

线路简介：从周田镇的龙坑村开始，经过蜡烛山，走进黄沙坑，感受峰林秀丽。这里少有人的足迹，只有残垣断壁。第二天顺溪流而下，体验溯溪的乐趣，到锦江，来到古村夏富。百年村落，青砖灰瓦，充满古朴的乡村气息。从这里坐公交车回仁化县城，结束丹山碧水之旅。

图 5－22　野炊

行程安排（两天）：第一天：早上 9 点多从龙坑路口开始徒步，到达黄沙坑扎营。第二天下午到达夏富村结束徒步，线路如图 5－23 所示。

图 5－23　黄沙坑穿越线路图

图 5－24　户外课堂

图 5－25　行进途中

最佳旅行季节：夏天能让你更好地体验溯溪所带来的乐趣。

特别提示：这条线路难度较大，而且路程较长，应注意分配体力，有些路段比较险要，道路情况复杂。由于要涉水，故要做好物质的防水工作；另由于道路复杂，故必须有懂路的领队。

2. 船底顶无人区穿越线路

船底顶位于英德和曲江交接处，由于顶峰酷像船底而得名。主峰海拔 1 586 米，是两市的最高峰。船底顶的西边就是乳源大峡谷，山高谷深，地势险要，山峰连绵起伏，很有气势。在高嶂顶一带，经常可以看到云雾，石门台是省自然保护区，有很清澈的溪谷，自然景观不错。船底顶线路被称为“广东自虐巅峰之作”的“魔鬼级”线路。从大布—船底顶—坪坑—石门台路段，几乎涵盖丛林、草坡、碎石坡、巨石阵、溪谷等各种山野地貌。现在，船底顶一带已经探出了多条线路，但传统线路如上斜—船底顶—坪坑—石门台路段，更适合有一定户外经验和体能强的驴友。

线路一：罗坑大布中线穿越。

线路简介：本线路漫长而复杂，几乎涵盖了广东省内全部山地的地形地貌和植物群，登山、山脊纵走、溯溪、攀岩，漫长的滚石坡、巨石阵、沙石简易公路，沿途要经过大面积的草坡、湿地、竹林、灌木丛、亚热带森林。特别是第一段的线路，很多地方是一望无际的草甸，人走过后草丛马上就恢复原状，山脉纵

图 5－26　行进途中

图 5－27　营地

横，溪流密布，很多地方都很相像，如果没有非常熟悉线路的人带路，非常容易迷路。在这片地域迷路可不是开玩笑的，中心地带都是无人区，要从其中走出来，到任何一个有人烟的地方，最起码都得花上一天乃至数天时间。美丽的高山草地、神奇的松树、雄伟的高山、多姿多彩的植物、对体能和技能的挑战，都在吸引着旅游者参加。

行程安排：包车到曲江区罗坑新洞村，由于罗坑到新洞村的道路比较窄，建议使用25座以下车辆；然后车辆到乳源大布镇接，徒步到乳源县大布镇后再坐车，徒步线路如图5－28所示。

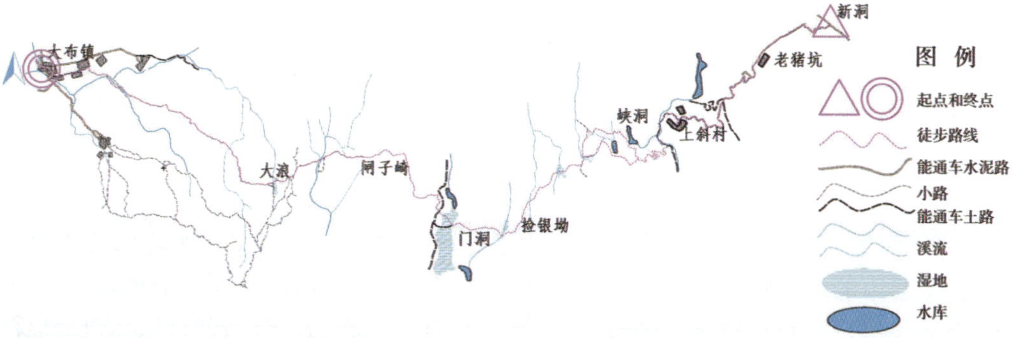

图5－28 罗坑到大布镇穿越线路图

最佳旅行季节：4～12月。春天的绿色、秋天的金黄、干净的天空都是出游的吸引点。

特别提示：全程25千米，基本都是崎岖山路。要翻越海拔1 200多米的闸子崎，是对体能的极大挑战，小路多而不明显，也容易迷路。准备好路途食品，野外不得用火。

线路二：船底顶穿越。

线路简介：船底顶位于曲江区罗坑镇的船底顶山，海拔1 586米，是曲江

图5－29 山顶上的营地

图5－30 攀越小悬崖

的最高峰。船底顶山有草地、石坡、溪谷、湿地、悬崖、丛林、山脊等，风光别致。本线路漫长而复杂，道路崎岖陡峭，爬高量大，是广东省强度最大的徒步登山线路。

行程安排（建议两天半时间，第一天可在峡洞扎营；第二天在船底顶上扎营，两天也行，中间在船底顶上扎营。一天轻装也可，但对体能要求很高）：包车到曲江区罗坑新洞村，由于罗坑到新洞村的道路比较窄，建议选择 25 座以下车辆，然后车辆到罗坑镇田庄接，徒步线路如图 5 – 31 所示。

图 5 – 31　船底顶穿越线路图

最佳旅行季节：4 ~ 12 月。

特别提示：全程 34 千米，基本都是崎岖山路。要翻越海拔 1 586 米的船底顶，对身体的体能挑战很大。小路多而不明显，也容易迷路。要经过陡峭的悬崖路段及较长的乱石坡，得多注意滚石等，道路不明显，最好有人带路，以免迷路；准备好路途食品，野外不得用火。

3. 西京古道徒步线路

线路简介："西京古道"也叫西京路，位于广东省乳源瑶族自治县大桥镇。其历史悠久，堪称古京城通往岭南地区的"高速公路"，距离乳源县城约 40 千米。始建于西汉建元六年（前 135 年），是汉武帝时期岭南各地通往京都的必经之道 。"西京古道"逢山开道，遇水搭桥，沿途村庄密集，古桥梁、古凉亭、古村宅、古民居仍历历在目。"西京古道"乳源段中保留较完整的路段有梯云岭段，约 2. 5 千米；猴子岭段，约 2. 5 千米。"西京古道"既是科考、教学的重要场所，又是旅游观光、避暑度假的理想胜地。主要景观有古凉桥［包括大富桥、通济桥（其中通济桥至今历时 240 多年，依然巍然挺立，保存之完整较为少见）、古凉亭（包括“小梅关”亭、梯云亭、象兑亭、官止亭、心韩亭、乐善亭、仰止亭、寿得亭、纳凉避雨亭等）]、观澜书院、古民居等。“西京古道”及沿途的古文化遗存，是旅游、考古、科研、挖掘客家历史文化不可多得的珍贵实物资料。该条线路是很好的徒步线路，刚好是一天的行程，路程中会有一些被荒草完全掩盖到没有路的地方，转走现在的公路，一段之后可再进古道。

图 5－32　观澜书院

行程安排（一天时间就行）：大桥镇开始，出镇，路过大桥汽车站，高速公路下，有个涵洞，过涵洞 100 米左右，留意左手边有隐约的青石路盘旋往上（不要走多了）。走上青石路就算进入古道了，这一段就是“猴子岭段”，一路直行，但越走，路上的荒草会越多，到完全找不着青石且荒草遮路之时，这段古道就算是到头了。可往左找寻出路，奔大路走公路。走上公路，就一路往红云镇走 4 千米左右路程，进入红云镇。开始经红云中学，有个“止仰亭”，然后再进古道去“上开封村”　“下开封村”。徒步结束，坐车到云岩镇（或走路，下开封到云岩），徒步线路如图 5－33所示。

最佳旅行季节：一年四季皆适宜。

特别提示：这条道路没有什么难度。道路时有时无，由于很多古道被新道路所占，已经消失不见，故更要小心前行。

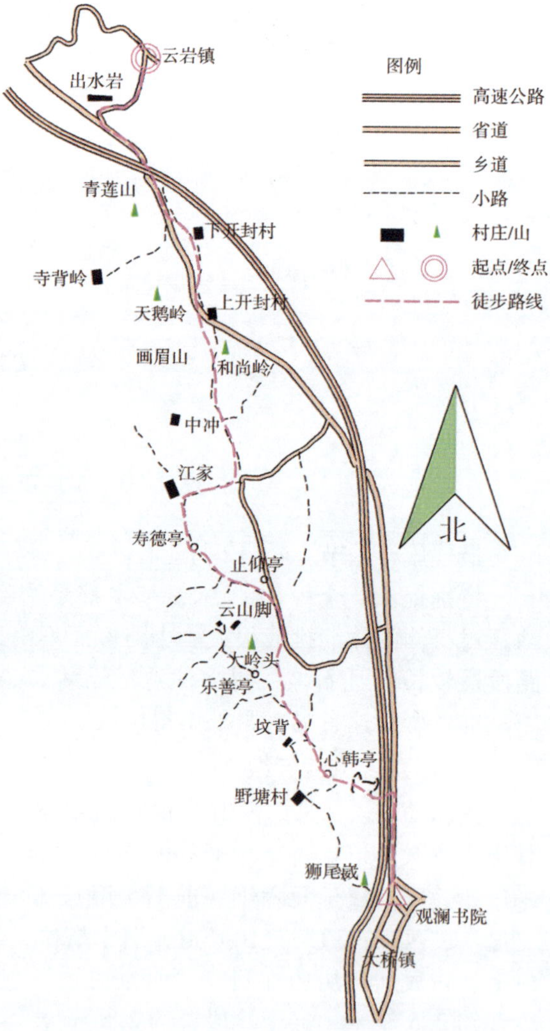

图 5－33　“西京古道”猴子岭段线路图

4. 乐昌五指峰穿越线路

线路简介：五指峰坐落在九峰浆源河溪上游的山梁上。遥望五指峰，其状如插入云霄顶住苍天的巨手，近前仰望却似一幢百余层高的摩天大楼。四周山崖陡峭如壁。其险峻胜于华山，实是“一夫当关，万夫莫开”之险地。通向峰顶只有一条崎岖的羊肠小径，越上越陡拙，恰如登天的梯子。登上五指峰顶，头顶苍穹，面临深壑，使人微有寒战。极目远眺，顿感天宽地阔，心旷神怡。四周突兀的秀丽奇峰一一展现在眼前。巍巍群山尽在脚下，一览众山小。南面是闻名乐昌的竹乡五山镇。那苍翠秀丽的竹林、梯田环绕的村庄尽收眼底，如置身于天宫俯瞰人间。眺望东面则是湖南省汝城县小恒镇钨矿，那矿山风姿大半也映入眼帘。一片片独有的湘粤林区风光美不胜收，使你目不暇接。该山是韶关乐昌市东面境地第一高峰，海拔 1 726 米，山峰如五指直立，面粤背楚，是登高、远眺、赏景的好去处。

图 5－34　远眺五指峰

行程安排（两天）：坐车到横坑开始徒步，晚上在雨水仙处扎营。第二天徒步到浆源山庄坐车，徒步线路如图 5－35 所示。

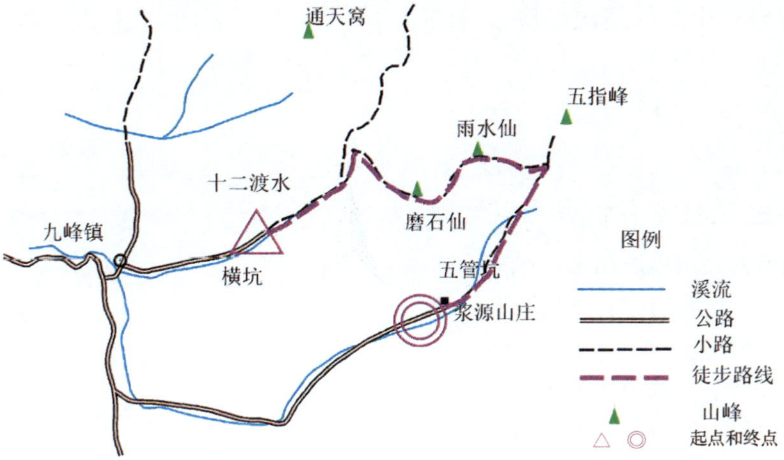

图 5－35　乐昌五指峰穿越线路图

最佳旅行季节：一年四季。

特别提示：这条徒步线路的难度一般，对体力要求也不高，但由于树林比较密，故注意不要迷失方向。

（二）水上运动线路（含漂流及溪谷运动）

（以锦江漂流线路为例）

图 5－36　绿水丹崖

线路简介：从瑶山电站下水，到浈江河的长坝电站结束，全程约 18 千米。整个漂流行程既平稳又安全，沿途还可以欣赏到美丽的丹霞山的田园风光以及惟妙惟肖的姐妹峰、童子拜观音等景点，游客可以更加贴近大自然，感受丹霞山的神奇魅力。

行程安排：早上 9 点坐车到达仁化县瑶山电站，从电站的水坝下游开始下水，中午可在途中的沙滩上解决午餐及休息，大概下午 5 点到达长坝电站，结束漂流，漂流线路如图 5－37 所示。

最佳旅行季节：夏季。

特别提示：水流不急，没什么难度，但注意下水前要检查所有工具并正确使用，保证安全，在没有穿戴救生衣的情况下应上船以代替下水游泳。

图 5－37　锦江漂流线路图

（三）户外骑行线路（含摩托车）

1. 深渡水骑行线路

线路简介：由市区出发，经大塘镇、小坑镇、隘子镇、司前镇、深渡水镇、顿岗镇、始兴县城，然后回到市区，全程约 200 千米，感受客家风情和自然风光。客家风情主要景点有东湖坪客家民俗文化村、隘子镇满堂客家大围；自然风光主要景点有深渡水瑶族乡清化河风光线、小坑水库等。深渡水生态景区位于深渡水瑶族乡境内，主要景点集中在清化河段 50 千米处。

图 5－38　深渡水公路

图 5－39　客家围屋

行程安排（两天）：第一天早上 8 点多，由市区出发，骑行到隘子镇吃午餐，然后到刘张家山温泉住宿；第二天早上 8 点出发，中午可在江口镇吃午餐，下午骑回市区，骑行线路如图 5－40 所示。

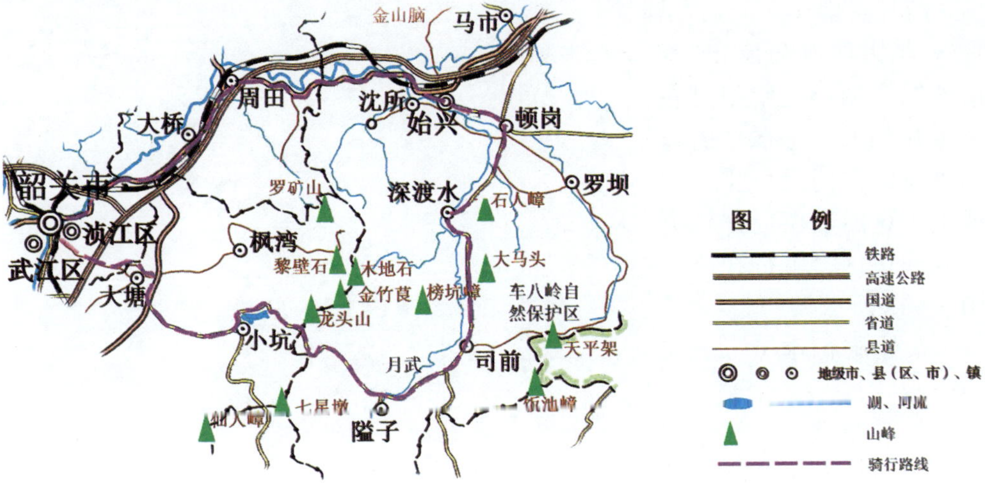

图 5－40　深渡水骑行线路图

最佳旅行季节：11—12 月，这时的秋色较浓。深秋时节枫红竹翠，景色呈现多种层次的色彩，非常适合山水写生。

特别提示：两天的骑行没什么难度，如果一天的话，对体能是个考验。游深渡水，必须深度游，细细品味。因此，建议安排两天，可在深渡水瑶乡住或刘张家山温泉住宿；这条线路也适合摩托车自驾游。

2. 丹霞绿道骑行线路

线路简介：丹霞绿道全长 45 千米，由市区杜鹃公园出发经沙头村、黄金村大桥、腊石小学、湾头村、高扶村、石坡头村、黄竹村委、父芷坝、瑶山村、夏富村、车湾村、丹霞山后门、阳元石景区，最后到达丹霞山前门。沿途有美丽的田园风光、丹霞地貌。车友们可以尽情地享受美丽的自然风光，领略丹霞山的独特地理风貌。

图 5－41　远眺大坑寨

图 5－42　路边的榕树

行程安排（一天）：早上 8 点从杜鹃公园出发，沿着绿道骑行，中午可在牛鼻村的农庄午餐，骑行到丹霞山正门后可坐车回或走 106 国道由周田镇方向返回市区，骑行线路如图 5－43 所示。

最佳旅行季节：一年四季。

特别提示：骑行线路全长约 100 千米，路面较好，坡度不大，对体力要求不高，但道路车多，路窄，须注意行车安全。

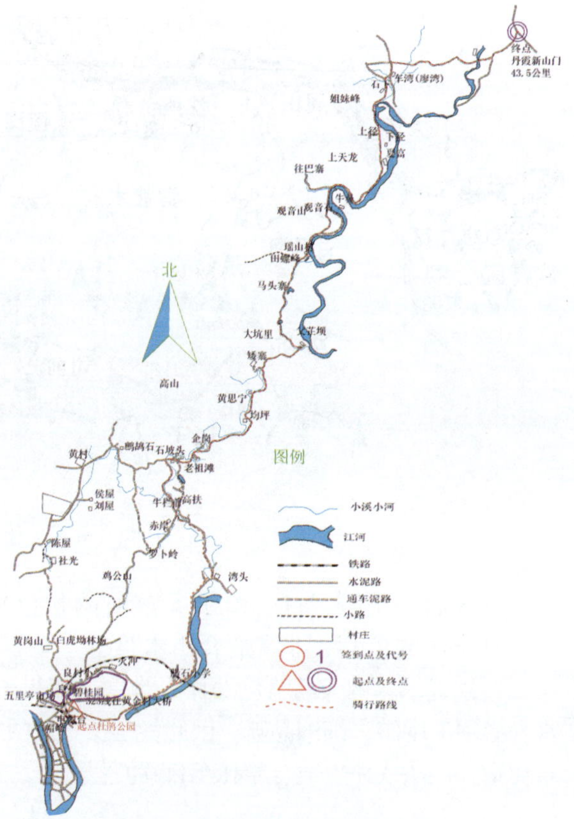

图 5－43　丹霞绿道骑行线路图

3. 必背骑行线路

线路简介：由市区出发，经重阳镇、桂头镇、方洞村、必背镇，然后从桂头镇、犁市镇回到市区，全程约 120 千米，感受瑶族风情和自然风光。必背镇风光十分秀美，公路和沿路的必背河将景观分为两部分。左侧高处为镇政府所在地，一处经过改造的瑶民新村出现在眼前；右侧有一桥。有木板构建的具有瑶族风味的树皮屋、吊脚楼，有巨大的水车、“过山瑶”民俗文化陈列馆以及民俗歌舞表演场等，每日还有瑶家小伙子和瑶族姑娘为你表演瑶族竹杠舞、顶杠、丰收舞和瑶族婚嫁等民族节目。在瑶族接待大楼的会客室正面墙上，悬挂着一幅巨大的瑶族民俗风情画，必背瑶族风土人情的主要特点基本上都反映在这幅画上。

在翠绿的松杉林中，层层梯田的半山腰里，掩映着错落有致、依山而建的瑶族村寨。瑶族的规模都比较小，少的独户或三几户一村，多的也不过十户八户，几十户一村是不多见的。瑶胞的房屋多以杉皮、杉木建造，也有的是以土砖青瓦建造。有的村寨是多间平列的，也有的是“上居下牧”的双层屋结构，上层住人，下层为牛栏或猪栏。

必背镇属石英砂岩地貌。沿必背河而行，两岸石峰如刀劈斧削，雄奇险峻，景观与张家界有异曲同工之妙。层次分明，风景区两山相夹，必背河水从谷底大大小小的石头上流过。必背河两岸山峰林立，高插入云，山顶常年云雾缭绕。其中最奇特的景点是“黄龙绝壁”“七步云岩”“老虎嘴险峰”。

图 5－44　方洞悬崖公路

图 5－45　桂坑梯田

行程安排（一到两天，两天可在必背镇住，体验瑶家风情）：早上 8 点由市区出发，经重阳到达方洞村，从水库前转入去桂坑村的路，然后到达必背镇。回程可从必背公路回到桂坑，然后从犁市返回市区，骑行线路如图 5－46 所示。

最佳旅行季节：4—5 月和 9—12 月。这时的梯田因为有水或稻子熟了，景色呈现多种层次的色彩，非常漂亮。

特别提示：两天的安排对体能要求不高，一般体能即可；一天的安排对体能要求较高。陡坡比较多，道路比较窄，要注意骑行安全。此线路也适合摩托车旅行。

图 5－46　必背骑行线路图

第六章 韶关旅游地理实践手册

韶关旅游地理实践手册一

韶关森林公园、韶关矿山公园博物馆考察

考察时间：8：00—17：00。

考察地点：韶关芙蓉山国家矿山公园、韶关矿山公园博物馆、韶关森林公园、韶关市气象局。

考察目的：

（1）认识韶关常见植物，实地考察韶关植被特点。

（2）实地考察韶关市区地形地貌，认识喀斯特地貌、沉积岩特点。

（3）了解“矿都韶关”的主要矿产及分布。

（4）参观韶关市气象局和芙蓉山雷达站的设施，了解气象知识及韶关气象特点。

考察准备：

铅笔、笔记本、韶关市区地图、照相机（有摄像功能的手机）、太阳帽、雨伞、水、干粮（午餐）、塑料袋（捡垃圾环保活动）。

考察行程安排：

表6－1　考察行程安排表

时间	地点	考察项目
8：00—9：00	韶关芙蓉山国家矿山公园	常见园林植物、石灰岩地质构造剖面、工业遗址与旅游
9：00—9：40	韶关矿山公园博物馆	韶关地史，地层、岩石的概况，韶关地区古生物分布情况、韶关矿业及近现代矿山企业发展史，了解“矿都韶关”“南国矿业明珠”“有色金属之乡”之称的缘由
10：00—11：30	韶关森林公园	韶关植被特点、亚热带指示性植物识别、辨认韶关周边山脉及地形地貌特点

（续上表）

时间	地点	考察项目
11：30—12：30		休息、游戏、午餐，公园环保活动
12：30—14：30		完成部分作业，讨论
14：30—16：30	韶关市气象局、芙蓉山雷达站	参观各种气象设备仪器，了解人工增雨的作业原理和作业流程，探秘天气预报的制作过程，学习各类气象知识和气象灾害防御知识
16：30—17：30		小结，返回

通过这次旅途，你的收获如下：

（1）认识韶关芙蓉山国家矿山公园 15 种以上常见园林植物。

表 6-2　常见园林植物概况表

植物名称和习性描述	照片
（例）夹竹桃，植物界被子植物门双子叶植物纲捩花目夹竹桃科夹竹桃属。有较强的毒性，可入药，孕妇忌服。有助于强心利尿、镇痛去瘀。原产于印度、伊朗和阿富汗，在我国栽培历史悠久，遍及南北城乡各地。夹竹桃喜欢充足的光照、温暖而湿润的气候条件。其花色有红色、白色和黄色	 图 6-1　夹竹桃
……	……

（2）实地绘制石灰岩向斜构造剖面图（现场完成）。

图 6-2　地层剖面介绍

（3）认识10种以上你最感兴趣的产于韶关的矿物。

表6－3　韶关矿物概况表

矿物晶石名称描述	照片
（例）褐铁矿是主要的铁矿物之一，它是以含水氧化铁为主要成分的褐色的天然多矿物混合物。但它的含铁量并不高，是次要的铁矿石。褐铁矿呈多种色调的褐色，一般为钟乳状、葡萄状、致密的或疏松的块状甚至土状，也有像黄铁矿那样的晶体形状（称为假象）。褐铁矿除了能提炼铁外，还可用作颜料。黄土的颜色主要也是由于含有它们而形成的	 图6－3　褐铁矿
……	……

（4）在山顶指点河山，观测韶关的地形地貌，讨论韶关市区的地形特点。在韶关市区地图上标注莲花山、黄岗山、帽子峰、高铁站的位置，分辨韶关东南西北的方位，了解韶关今后城市发展的规划。

（5）以小组为单位编制本次活动的宣传板报。在旅游专业活动中分享交流（主题自定，如“旅游活动与森林公园”“工业遗址与旅游”“修学旅游线路设计”“矿都韶关”“旅游与环保”等），并尝试向网站、报纸投稿，宣传韶关旅游。

（6）通过气象知识的学习，预约学校广播站天气预报栏目，充当“气象先生”或“气象小姐”，为同学们提供天气预报服务。

韶关旅游地理实践手册二

韶关市区小岛一日游线路设计实践活动

实践地点：韶关市区小岛。

实践时间：15 天（利用双休日）。

活动内容：

表 6－4 韶关市区小岛旅游线路设计活动安排表

步骤	时间	实践内容
（1）实地调查	1 天	韶关市区小岛旅游资源调查（记录、拍照）
	1 天	韶关市区小岛住宿业、饮食业、娱乐业、旅游购物业的调查
	1 天	韶关市区小岛交通线路调查
	1 天	韶关市区小岛旅行社问卷调查
	4 天	韶关市区小岛本地居民、游客问卷调查
（2）分析预测	1 天	完成韶关市区小岛旅游资源分类、分布表
	1 天	完成韶关市区小岛住宿业、饮食业、娱乐业、旅游购物业的调查及分布表
	1 天	完成韶关市区小岛交通线路示意图
	2 天	完成调查问卷统计及韶关市区小岛旅游调查分析报告
（3）线路设计	2 天	完成韶关市区小岛旅游线路游览景点列表
（4）线路推广	长期	在网站、QQ 空间、微信朋友圈发布韶关市区小岛游览线路推介并长期更新维护

实践活动组织：

（1）分 3 小组进行韶关市区小岛旅游资源调查，韶关市区小岛住宿业、饮食业调查，韶关市区小岛交通线路调查，并分别完成表图制作（小组间展示作业交流和分享）。

（2）共同完成旅行社和游客问卷调查。

（3）完成各式表格，并上传至校园网站 http：//www. sgszz. com。

（4）在老师的指导下完成调查问卷统计及韶关市区小岛旅游调查分析报告。

通过这次实践活动，你还可以完成以下任务：

（1）请根据所学旅游资源分类的知识，结合实地调查的情况，完成韶关市区小岛旅游资源调查表并上传至校园网站。

表 6－5　韶关市区小岛旅游资源调查表（样表）

类型	资源名称及简介	地址	照片
A 地文景观	（例）帽峰公园古称笔峰山、文笔峰，因外形酷似一顶东西摆放的巨帽而得名，素有韶州越秀山之美称。山体是一座石灰岩背斜岩层。山水现遗留 13 座碉堡群，有“群堡定韶”之说。南坡遍植杜鹃花（韶关花），每逢春季开花季节，成片花如火如荼，赏花者络绎不绝，成为帽峰公园一大特色。帽峰公园是一个市区公园，现已成为市民登高远眺、晨运健身和游客观光旅游的重要场所	西堤北韶关浈江区升平路 86 号	 图 6－4　帽峰公园
	……	……	……
B 水域风光			
C 生物景观			
D 天象与气候景观			
E 遗址遗迹			
F 建筑与设施			
G 旅游商品			
H 人文活动			
数量统计			

（2）在课程网站教学资源科上下载韶关市区小岛地图并完成韶关市区小岛景点分布示意图。

（3）完成表6－6韶关市区小岛住宿、饮食、娱乐、旅游购物业的调查表。

表6－6　韶关市区小岛住宿、饮食、娱乐、旅游购物业调查表（样表）

类型	序号	名称	地址	级别	特色	快照
住宿业						
	……	……	……	……	……	……
饮食业						
	……	……	……	……	……	……
娱乐业						
	……	……	……	……	……	……
旅游购物业						
	……	……	……	……	……	……

（4）在课程网站教学资源科上下载韶关市区小岛地图并完成韶关市区小岛住宿、饮食、娱乐、旅游购物商店分布示意图，将成品上传课程网站。

（5）在课程网站教学资源科上下载韶关市区小岛地图并完成韶关市区小岛交通线路示意图（注意标记市区道路单行道方向和双行道，标注停车场位置）。

（6）设计韶关市区小岛旅行社调查问卷和市区小岛游客及本地居民调查问卷（3份），即①韶关市区小岛旅游旅行社调查问卷；②韶关市区小岛旅游旅客需求调查问卷；③韶关市区小岛旅游本地居民调查问卷。

设计调查问卷注意事项：

①目的明确：本问卷调查的目的是：a. 了解旅行社对市区旅游线路的推广运用情况；b. 了解本地居民对市区小岛旅游景点的了解程度和对游客的态度；c. 了解外来游客对市区小岛的旅游需求及态度。通过调查来设计市区小岛旅游线路的推广方案，并对市区小岛的旅游推广、小岛的旅游文化品位提升提供建议。

②注意问题的逻辑性，应符合应答者的思维程序。一般是先易后难、先简后繁、先具体后抽象。

③简单明了，通俗易懂。

④控制问卷的长度。回答问卷的时间控制在3～5分钟内。

⑤便于资料的校验、整理和统计。

例：

韶关市区小岛旅游游客需求调查问卷

问卷编号：____________

亲爱的游客：

您好！我们是韶关市中等职业技术学校旅游服务与管理专业的学生，我们正在进行一项关于韶关市区小岛旅游游客需求的调查，目的是了解您对市区小岛旅游的需求和建议，为具有不同需求的游客设计出相应的韶关市区小岛旅游线路，帮助游客在韶关市区小岛旅游顺心，玩得开心！请您协助我们填写这张调查问卷。

本次调查不记名，所有回答只用于统计分析，涉及个人信息的内容，我们将严格遵守《统计法》，为您保密。您只需根据自己的实际情况，在每个问题所给出的几个答案中选择一个答案（如有多选，将给予说明），或在“______”中填写。您的回答将代表众多和您一样的游客，并将对提高韶关旅游的满意度提供帮助，谢谢您的合作！

韶关市中等职业技术学校旅游服务与管理专业

2015 年 3 月

1. 您是本地人吗？

□ 是　□ 不是

2. 您此次来韶关市区小岛旅游的目的是：

□ 观光　□ 度假　□ 考察　□ 购物　□ 探亲访友　□ 参观寺庙

□其他____________

3. 这是您第几次来：

□ 1　□ 2　□ 3　□ 3 次以上

4. 您准备在韶关停留的天数为：

□ 1 天　□ 2 天　□ 3 天　□ 3 天以上

5. 您是同谁一起出游的：

□ 朋友　□ 旅游团队　□ 个人　□ 家人或亲戚

□ 其他____________

6. 您是通过什么途径了解到韶关市区旅游景点的：

□ 朋友　□ 广告　□ 导游　□ 旅行社

□ 旅游手册　□ 网络　□ 其他____________

7. 您是通过何种交通工具到达韶关的：

□ 自驾车　□ 高铁　□ 火车　□旅游大巴　□ 其他______

8. 您对韶关市区小岛旅游景点、旅游资源的评价是：

□ 非常好　□ 好　□ 一般　□ 差

9. 您对韶关市区小岛旅游环境卫生条件的评价是：

□ 非常好　□ 好　□ 一般　□ 差

10. 您认为韶关市区小岛为旅游者提供的设施、服务如何：

□ 非常好　□ 好　□ 一般　□ 差

11. 您对韶关市区小岛旅游景点开发的总体评价是：

□ 非常好　□ 好　□ 一般　□ 差

12. 您认为旅游景区的不足之处有：

□ 景观　□ 环境卫生　□ 娱乐项目　□ 住宿条件

□ 服务质量　□ 其他____________

13. 您是否了解韶关市区小岛的旅游景点分布和可供游客了解韶关历史文化的地方：

□ 是　□ 否

14. 在下述韶关市区小岛的旅游资源当中，您去过的有几个？（多选）

□ 中山公园　□ 辉园　□ 百年东街　□ 风采楼

□ 海关钟楼　□ 放生休渔平台　□ 韶州府学宫　□ 余靖纪念馆

□ 曲江园　□ 大鉴禅寺　□ 冬菇街　□ 广富新街

□ 广州会馆　□ 东堤天主教堂　□ 关帝楼惨案纪念雕塑

□ 水上巴士　□ 张九龄诗碑　□ 太傅庙　□ 三江六岸

□ 帽峰公园　□ 北伐战争纪念馆□ 韶关艺风堂庞国华美术馆

□ 斌庐　□ 其他____________________________________

15. 您认为上述的旅游景点能反映韶关的历史文化和城市发展吗？哪些值得向游客大力宣传推介？（多选）

□ 中山公园　□ 辉园　□ 百年东街　□ 风采楼

□ 海关钟楼　□ 放生休渔平台　□ 韶州府学宫　□ 余靖纪念馆

□ 曲江园　□ 大鉴禅寺　□冬菇街　□ 广富新街

□ 广州会馆　□ 东堤天主教堂　□ 关帝楼惨案纪念雕塑

□ 水上巴士　□ 张九龄诗碑　□ 太傅庙　□三江六岸

□ 帽峰公园　□ 北伐战争纪念馆□ 韶关艺风堂庞国华美术馆

□ 斌庐　□ 其他____________________________________

16. 你品尝过市区小岛哪些韶关老字号小吃店的美食？（多选）

□ 味珍烧腊　□ 小小东江　□ 万家乐裹蒸粽

□ 东江豆腐　□ 其他____________

17. 您还会再次来这里旅游吗？

□ 会　□ 不会

再次感谢您的合作，祝您旅途愉快！

(7) 根据游客需求确定旅游线路设计的主题，如购物游、城市风光游、古迹游等。

(8) 完成韶关市区小岛旅游线路设计。

样式：

线路名称：

行程特色：

游览所需时间：

游览交通方式：

行程安排（含游览景点秩序及简要景点介绍）：

(9) 完善韶关市区小岛旅游线路并上传至学校网站、QQ 空间及微信朋友圈。

附：韶关小岛城区旅游资源调查素材

(以下资料仅供参考，虽然小岛很小，但是有着 2 000 多年的历史，其文化旅游资源实际远远不止这些。请细心挖掘，希望你在实地调查中能够有新的发现，收获不同的惊喜)

1. 中山公园

韶关中山公园位于市中心区，浈江、武江、北江交汇处，总面积约 12 公顷。公园以中心大道为主轴线，形成了近三万平方米的开阔公园和城市广场。公园的前身是韶关飞机制造厂，在中国抗日战争空防军备生产中发挥着重要的作用。自新中国成立后，才改建成公园（韶关举行北伐誓师大会、孙中山发表演讲的地点，不在此中山公园，而在旧中山公园，即现市政府所在地。现中山公园，原名“韶关公园”，“文革”中更名为“人民公园”）。

图 6－5　中山公园

公园主轴线上建有古典大屋顶和琉璃瓦大门、孙中山雕像、音乐喷泉及文艺演出舞台等建筑。公园沿周边规划了儿童活动区、安静休息区、盆景园、竹园以及水景区五个小区。园内中山纪念馆珍藏并展览了大批孙中山先生当年在韶关活动期间的珍贵史料。由于该园建园历史悠久，园内集中和保留了二十多株古树名木及半枫荷、观光木、榕树、竹柏等国家级保护植物和名贵品种，园内各类园林植物有两百多种。

2. 海关钟楼

位于韶关浈江区环园东路的钟楼，是除了风采楼外韶关的另一个标志性建筑。这个三江汇流的地方，是每年新历的倒数晚会、农历的烟花盛典的最佳位置。若是两情相悦的情侣、夫妻来到这个灵气涌动的地方，想必定能收到千千万万的祝福，且白头偕老。遥望江心小岛的通天塔，或在江边吹吹风、散散步，或在霓虹灯的照耀下，坐在广场的楼梯上看着一群少年演绎花样滑板，都是一种惬意。

通天塔——其遗址在浈武两江汇合处的北江，今北江大桥北侧的小岛，就是韶关在春节、国庆等重大喜庆节日燃放烟花焰火的地方。该小岛平面呈椭圆形（俗称鹅蛋形），东西最宽处约 36 米，南北最长处 68 米，面积约 1 680 平方米。通天塔建成后曾于明万历三十一年（1603 年）重修，毁于清咸丰年间（1851—1861 年）。相传太平军围攻韶关，久攻不进，几个将领便登塔向城内观望，被守城清军发现后，清军朝通天塔炮轰以致塔毁人亡。通天塔位于浈江、武江在韶关沙洲尾汇合处江心岛上，始建于 1546 年。在明清时代，这座高耸的通天塔，为曲江旧“二十四景”留下了名为“中流塔影”的一景，也吸引了许多文人骚客上岛登塔吟咏，留下过不少华章佳句。通天塔经过 2012 年重建后，目前形成了与韶阳楼、钟楼“塔楼遥望、交相辉映”的景观，与“三江六岸”美景相互融合。站在北江大桥上，遥望眼前浈江、武江汇合处，两条江犹如两条玉带，从两个方向延伸而来，最终在沙洲尾结合在一起。

图 6－6 海关优秀旅游城市标志

3. 关帝楼惨案纪念雕塑

据史证，韶关 70 余年前的“关帝庙”曾坐落在韶关九成路（现西堤中路），原址现已变成宽阔的街道。据史载，在抗日战争中，日本侵略者的飞机突然轰炸韶关市区。空袭令人猝不及防，惊慌失措的人们以为进入关帝庙可以得到关公的庇护，于是数百名男女老幼仓皇躲入“关帝庙”内避难。侵略军发现后，竟然丧心病狂地投下了重型炸弹，当场有一百多人惨死、数十人受伤，造成了这起震惊中外的“关帝庙惨案”。“勿忘国耻，发愤图强”，有热心人士提议建一座纪念这起日军残杀韶

图 6－7 关帝楼惨案纪念雕塑

关平民一次死亡人数最多的惨案的雕塑。经过多方面的努力，2006 年 9 月 6 日，“关帝楼惨案纪念雕塑”在韶关市区西桥头的河滨公园建立了起来。

图 6－8 味珍烧腊

4. 味珍烧腊店

位于复兴路公安局对面，是韶关最火的烧腊店，售有盐焗鸡、烧鹅、凤爪等。

5. 冬菇街

风度路的南入口处，有一条东西向的小街，叫兴隆街，因为在这里销售的冬菇特别多，质量又特别好，所以号称“冬菇街”。街的两边都是清一色的卖冬菇、灵芝、笋干、茶叶的杂货店，从香港、深圳、广州、东莞来的游客，在韶关游览一番后，都会在“冬菇街”买些冬菇、粤北灵芝等山货带回去。

花菇是粤北的特产，它是香菇的一种，因在其成熟过程中，菇伞面又自然形成了花纹，很好看，所以取名为“花菇”。它是香菇中的极品，很贵，但物有所值。粤北出产的香菇又叫北菇，具有柄短、肉厚、香嫩、爽滑的特点，是传统的出口产品。香菇营养丰富，含有人体必需的七种氨基酸，有降血压、减胆固醇、预防肝病以及辅助治疗胃癌等作用。

图 6－9 冬菇街

荷包豆是真正的粤北本地特产，这种豆子型似小姑娘的荷包，所以叫荷包豆。这种豆很特别，豆的外皮有由红、蓝、黑、白等颜色组成的花纹，所以也叫作“花豆”。盛产于曲江、始兴、仁化等地，是用来煲汤、蒸排骨的上品。

6. 大鉴禅寺

大鉴禅寺，位于韶关市区兴隆街 29 号，原名大梵寺。六祖慧能曾多次在此寺讲经说法。六祖圆寂后，唐元和十年（815 年），唐宪宗谥六祖为“大鉴禅师”。此寺因此改名“大鉴寺”。宋代先后改名为“崇宁寺”“天宁寺”。宋绍定年间（1228—1233 年）移至现址重建。明洪武年间（1368—1398

图 6－10 大鉴禅寺

年)、嘉靖十八年（1529 年）及清康熙十二年（1673 年）曾加修葺。至民国初，只剩下残墙断壁。1940 年，虚云老和尚和弟子宽鉴募捐重修。重修后的大鉴禅寺有大雄宝殿、观音殿、方丈楼、功德堂、钟楼、鼓楼等，占地 4 600 多平方米，成为一座较完整的寺院。新中国成立后，韶关佛教协会会址设在寺内。1958 年，全寺被有关单位占用。1985 年落实政策，归还佛教界开放，占地 2 000 多平方米。成立由释佛源当主任的大鉴禅寺筹建委员会，重修大殿。韶关佛教协会恢复设在此寺。1992 年起，释法治任住持，继续重修工作。陆续修建了大雄宝殿、功德堂、斋堂、招待所、僧人宿舍，重塑了 36 尊佛像。

7. 余靖纪念馆

宋朝名臣余靖的纪念馆位于建国路的余相巷内。1999 年，为纪念余靖诞辰 1 000 周年，在韶关政府、市侨办以及香港余氏宗亲会的大力支持、赞助下，在余相巷内修建了“余靖纪念馆”（余忠襄公祠）。

图 6－11　余靖纪念馆

据余氏族谱记载，余靖祖居在余相巷拔萃坊。宋治平年开始就将余靖故居建为余忠襄公祠，当地人称“余丞相祠”，历代均有修葺。清嘉庆六年（1801 年），曲江知县余元焘重修，民国二十年改建。抗日战争时期，余祖祠大部分遭日寇轰炸毁坏，留下少部分屋宇。后来余氏子孙散居各地，无人管理，当地人见祠无主，便将其改为平房居住，但“余相巷”这个古地名一直保留至今。

8. 下后街榕树

山城的下后街是一条古巷，古巷北端出口直达名楼风采楼下，巷内生长着一棵奇异罕见的大榕树。盘根错节的树根与一堵院墙合为一体，根茎盘踞着院墙，沿着墙壁周围延伸到地下，很像是一幅“九龙壁”的立体图画。

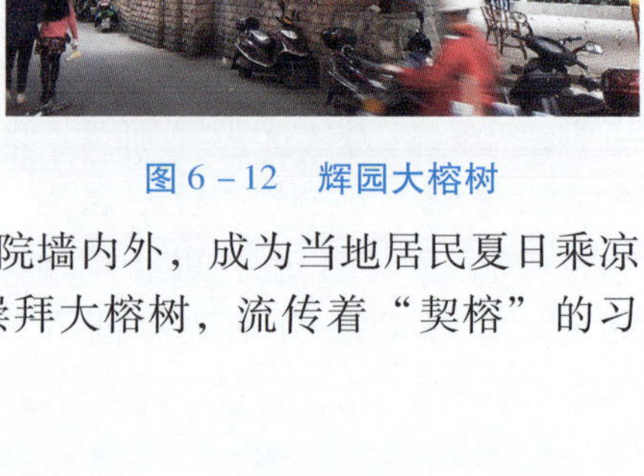

图 6－12　辉园大榕树

据说，这后街的大榕树已经超过千岁，这“千年老榕”饱经风霜，虽然遭遇过多次雷击，有些枝干和老根已经枯萎，但也没有影响大榕树的生长，仍然生长得枝繁叶茂，很像一把撑开的巨大罗伞，遮荫蔽日地覆盖着院墙内外，成为当地居民夏日乘凉闲聊的天然场所。从古至今，当地百姓都很崇拜大榕树，流传着“契榕”的习俗，有些人喜爱将自己的子女“过契”给大榕树，拜认大榕树为“契爹契爷”，这样做是希望子女能与大榕树一样长寿。

现在的两棵榕树保持着在2005年的一场暴风骤雨后被一分为二的景象，政府在榕树下拆除旧房建了一个街心花园，叫晖园。这棵有千年历史的大榕树，枯木发新枝，根须繁茂，枝叶郁葱，既是晖园的亮点，也是历史的见证。为了保护大榕树，当地政府拨出人民币100多万元，拆除大榕树下危房600平方米。6户居民毫无怨言为大榕树让位，迁离闹市黄金地带，还将受到白蚁侵蚀的大榕树对症下药。消毒灭蚁，使大榕树逐步恢复生机，焕发青春。依树而建的街心花园玲珑雅致，由榕树的根天然形成的围墙花窗很有韵味。

9．万家乐食店

韶关老字号小吃店，多次被媒体美食节目报道。售有裹蒸粽、芝麻糊、田螺、牛腩萝卜及各式甜酸制品。

图6－13　万家乐饮食店

10．东江豆腐店

韶关老字号豆腐店，经营豆腐花、豆浆、酿豆腐等。据说因为使用山泉水酿制，豆腐花特别嫩滑。

图6－14　东江豆腐店

11．基督教堂

新建的韶关基督教堂坐落于韶关市中心的风度中路，这是一座拆旧重建的哥特式新教堂。哥特式建筑的最大特色，在于伸向无际苍穹的塔尖及无数承载屋顶重量的尖拱形高窗。其强调与地面的垂直线效果重于地面上的安定感，运用筋骨穹窿、尖拱形窗户、飞梁及扶壁等技术，创造出哥特式建筑特有的动感与旋律，外观异常华丽优美。另一重要特色是使用了大量的彩绘玻璃，外在光线透过哥特式建筑的尖拱形高窗进入建筑物内部后，色彩柔和亲切，体现爱的感召力。

12．风采楼

风采楼，是明代弘治年间韶州知府钱镛为纪念北宋名臣余靖而建的，屡经重修，因余靖有“更加风采动朝端”之誉，故名“风采楼”。明代学者陈白沙所书“风采楼”墨迹柔韧苍劲、潇洒俊逸，镌刻成石匾高挂门楼。风采楼高约22米，楼体重檐碧瓦，顶为三重飞檐翘角，正中有华饰小圆顶。整座建筑物雄伟独特，气势轩昂，是韶关的标记建筑。风采楼与北京天安门、故宫为同时代、同风格的建筑物。该楼占地100多平方米，原是砖木结构，于1934年以水泥钢盘结构重建，保持原有建筑的一些特色。楼底可通行各种车辆，北门建有铁栅小门，循回环形楼梯而上便是一层主楼，东西巩园上有“风采楼”三个大字。风采楼内有一块玉石碑，署有《风采楼前后记》。“风采”两字取自宋襄称赞余靖的诗：“必有谋猷俾帝右，更加风采动朝端”。风采楼西望武水，东临浈江，气势轩昂，建筑精巧，古色古香。2003 年，中国邮政发行了《中国·韶关风采楼》邮资信封，上有韶关标志性建筑“风采楼”的图案。它是古城的一个象征，至今仍有不少商家以“风采”作为字号、商标。风采楼二楼南连廊转角处是私立韶关艺风堂庞国华美术馆，免费对美术爱好者及收藏者开放。

图 6－15　风采楼

13. 韶州府学宫

韶州府学宫大成殿位于韶关风采路。该殿筑在一“凸”字形高台上，前为月台，后为殿基。月台高 0.17 米，殿基高 0.9 米。月台左、右、正三面设石踏级，有垂带；正面踏级中间置一五龙戏珠浮雕；垂带刻有凤、狮、鹿等动物浮雕图案。重檐歇山顶，正脊原有陶塑双龙争珠，但后毁于“文化大革命”。大成殿面宽五间 23 米，进深三间 16 米，石质覆盘柱础。前后檐柱置大额枋承托斗栱，下檐施七踩斗栱，除明间设二攒平身科外，余皆设一攒平身科。上檐有九攒五踩斗栱，山柱设一跳插栱，挑檐梁檩。史载，韶州府学宫始建于宋景德三年（1006 年），明万历年间毁于火灾，随即重建。此后，清康熙、雍正、道光、同治年间均有维修。历史上的韶州府学宫原是一组庄严雄伟的建筑群，包括明伦堂、东西两庑、大成殿、崇圣殿、尊经阁、名宦祠、乡贤祠等，占地近万平方米，曾是粤北最重要的官方教育机构，学制分文、武两类。现存的大成殿是韶关唯一的明代建筑。另据《韶州府志》载，当年官至工部尚书的韶关籍北宋名相余靖就是在韶州府学宫考取进士的。此后 900 年来，从

图 6－16　韶州府学宫

韶州府学宫走出的进士共有 70 余人。因而直到今天，韶州府学宫仍是粤北读书人心中的“圣殿”。

14. 天主教堂

图 6－17　天主教堂

位于韶关东堤中路（百年东街马路对面）。这座教堂建于 1932 年，由奥地利人耿其光创建，至今已有近 80 年的历史，是韶关所有教堂中历史最悠久的。教堂占地 120 平方米，建筑风格中西合璧，正面是中式的（五岳朝天）牌坊式风格，外墙窗户用的是中西文化交融的装饰，里面有螺旋式的木楼梯、夹层歌楼及仿玫瑰式的圆窗。罗马风格的平面半圆拱墙将祭台与中殿分开，特色鲜明。旁边有一栋三层楼的以前是修女工作和生活的地方，叫“育婴堂”，现在变成了博物馆。

15. 五里亭大桥

韶关，又称桥城，而其间个中翘楚莫过于五里亭大桥。五里亭大桥全长 525 米，宽 32 米，东接帽子峰，西连惠民路，是国道 323 线韶关市区过境路段的关键工程。大桥桥身由两条艳红色的熊猫型巨型钢管合拢而成。这两条弧形钢管跨度长达 120 米，夜幕降临时灯光璀璨，像绚丽的彩虹横跨武江两岸，韶关人也都亲切地称其为“彩虹桥”。五里亭大桥的建成，改善了市区北片武江两岸区域的生活环境，舒缓了市区道路交通拥挤的压力。五里亭大桥有五项技术创下了全国之最：

（1）最大直径、最大单桩承载能力的大直径变截面桩技术：桥的钻孔桩直径为 3.5 米、单桩承载能力为 5 000 吨。

（2）最大跨度拱梁组合体系：桥的主体部分是由 120 米的拱和 190 米的梁组合而成。

图 6－18　五里亭大桥

（3）最大跨度 190 米连续箱梁节段拼装预制顶推施工技术：它的顶推跨度 190 米是全国最大的。

（4）最大跨度 120 米熊猫型集束钢管拱提升竖转施工技术：这一跨度是全国最大的。

（5）最大宽跨比移动模架施工连续箱梁技术：其模架宽度为 30 米、跨度为 20 米，这一宽跨比是全国最大的。

16. 百年东街

百年东街位于韶关浈江区东堤路一带，曾是华南历史上最繁荣的商贸街之一。清末民国时期，它是无数南来北往的商贩进出广东时商贸、休憩的集散地，是粤、湘、赣三省交界最繁华的商贸街，是当年赫赫有名的“老板街”。另外，抗战时期，广东省政府为避战火曾北迁韶关，因此，该地还成了广东最著名的交通、休闲集散地之一，给大量到韶关躲避战火的珠三角人群留下了深刻的记忆。

图 6－19 百年东街

在粤汉铁路开通之前，北江水系是南北交通的主要干线。韶关东堤沿浈江上游，北跨珠玑巷、梅关，入赣江、长江水系，再过京杭大运河，可沟通中原；沿浈江下游，南连北江、珠江，直抵珠三角腹地。清末至民国年间，这里的江面上千帆竞发，沿岸商贸活动十分繁忙，因此临江的东堤路一带便出现了大量的“吊脚楼”。江面上来来往往的货船可以直接驶入吊脚楼下，而楼下装有一扇活动门，可以很方便地将船上的货物吊到楼上再转运至陆地其他地方。从清末到民国时期，位于韶关浈江区东堤路一带的百年东街经过近百年的繁华，留下了一大批风格各异的古建筑，如风采楼、大成殿、太傅庙、广式建筑群广富新街、濂溪书院、广州会馆等，但经过漫长的风雨侵蚀，东堤北路上的古旧吊脚楼和其他许多古建筑都已经成为危房，根本性的修缮迫在眉睫。为此韶关政府决定对东堤北路进行一次既保护文化遗产又有利于城市发展的大改造。

改造后的百年东街以南洋骑楼为建筑风格，有多个特色商业组团，其中包括主题文化广场、特色瀑布酒店、国内外各色餐饮、大型购物商场、滨江广场绿色长廊等，还将建亲水平台、水上巴士、连锁浮桥等配套设施。

17. 广州会馆

在韶关东堤北路还能看到粤北最大的广州会馆，彰显着深厚的广府文化。

图 6－20 广州会馆

进入广州会馆大门，可以看到一条甬道，门额上有石匾，刻有大篆体“永和”二字，意在广府旅韶商人生意兴隆、精诚团结、以和为贵、和气生财。甬道至二门约有五十米长，全用长条青石砌路面，如今已经被来往的脚步磨踏得青光发亮，可见年代之久远。自古韶关就成为湘、赣以及南海、番禺、顺德珠三角地区来往客商商贸交流、商品汇聚的集散地。当时设在韶州的商会会所相当多，著名的有广州会馆、墨江会馆、惠潮佳会馆、英翁会馆、楚南会馆、豫章会馆、福建会馆等。广州会馆又称广府会馆，是当时在韶州城内规模最大的会馆。

广州会馆的岩石大门，坐西朝东，古色古香，端庄大方，至今仍原封未动稳固地竖立在东堤北路。这座古老的门面，坚固宏伟，门庭、门柱全部为福建所产。青岩石整块雕制，半拱形浮雕装饰门额，富有清代特色，别具风格。

“广州会馆”四个石刻大字匾额，为“清咸丰十年孟秋，骆秉章书”，并加刻有印章两方。门庭两旁还刻有一副古老的行楷书楹联，上有古狮头衔联图案浮雕装饰。楹联内容为：梓里浛深情同来看石，穗垣瞻雅集近结虞城。“穗”指广州及珠三角，“虞城”指韶州，因古代相传虞舜帝南巡奏韶乐于此，故称韶州为虞城。首联“看石”指城北著名的韶石山。撰写楹联的名人骆秉章是中国近代史上较有影响力的人物之一。其书法有很高的造诣，佛山市博物馆藏有他的《楷书联》。

18. 广富新街

图 6－21　广富新街

位于浈江区东堤北路的广富新街，由广府人（南海、番禺、顺德人）于民国四年（1915 年）所建，与原广州会馆相通相连。建筑广富新街的地块原是丹霞山别传寺下院水坑口回龙庵，因庵主云清犯戒，被曲江县查封标投，而由北邻的广州会馆投标买入，后改建为铺屋三十余间。

广富新街全长约 50 米，花岗岩铺砌街道，街口上方皆有打更楼，起警戒、锁禁作用。全街为布瓦硬山顶抬梁式单体平房建筑组合，除楼为院落式楼房建筑外，30 余间铺屋整齐划一，风格一致，均以如意拱承檐檩，卷棚檐，正门采用岭南特色的趟笼门，内部空间以木质楼板分隔为两层，有两座木结构扶手梯可登二楼。广富新街整体建筑形式为仿广州著名的西关大屋形制，号称当年韶州城内最阔绰的一条街道，也是韶关现存最为完整的一条老街道。2004 年，广富新街被公布为韶关第二批文物保护单位。

19. 2006 年 7 月 16 日洪峰水位线

2006 年韶关“7 · 16”特大洪水测得韶关最高水位达 56.86 米，超警戒水位 3.86 米。

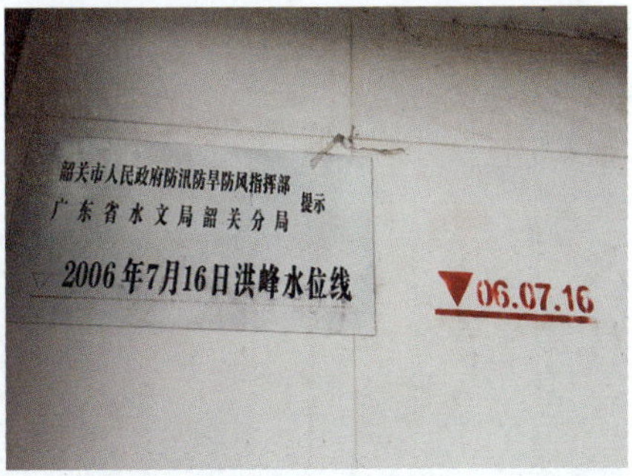

图 6－22　2006 年 7 月 16 日洪峰水位线

韶关旅游地理实践手册三

丹霞山景区及周边野外考察

考察时间：三天。

考察地点：韶关丹霞山景区、牛鼻村、夏富村、韶石山景区。

考察目的：

（1）了解丹霞地貌的特点及形成原因。

（2）实地考察丹霞山的地形地貌和其沉积岩特点。

（3）掌握野外活动的相关知识。

考察准备：

（1）文具类：丹霞山地形图、笔记本、铅笔、标本夹、照相机（有摄像功能的手机）。

（2）野外装备：帐篷、睡袋、登山背包、炊具、太阳帽、雨伞。

（3）替换衣物。

（4）食品：干粮（午餐）、水。

（5）个人药品（如针对个人的抗过敏药等，以及有某些特别症状需要自备的药物）。

（6）塑料袋（捡垃圾环保活动）。

考察地介绍：

中国红石公园——丹霞山，位于韶关境内，面积290平方千米，是广东省面积最大、景色最美的风景区，是国家地质公园、世界地质公园。丹霞山是世界“丹霞地貌”命名地。其由680多座顶平、身陡、麓缓的红色砂砾岩石构成，“色如渥丹，灿若明霞”，以赤壁丹崖为特色。地质学家的研究表明，在世界已

图6－23　丹霞长老峰

发现的1 200多处丹霞地貌中，丹霞山是发育最典型、类型最齐全、造型最丰富、景色最优美的丹霞地貌集中分布区。丹霞山在地层、构造、地貌表现、发育过程、营力作用以及自然环境、生态演化等方面的研究在全国丹霞地貌区的研究中最为详细和深入，现已成为全国乃至世界丹霞地貌的研究基地以及科普教育和教学实习基地。

丹霞山风景区内有大小石峰、石墙、石柱、天生桥680多处，群峰如林，疏密相生，高低参差，错落有序；山间高峡幽谷，古木葱郁，淡雅清静，风尘不染。锦江秀水纵贯南北，沿途丹山碧水，竹树婆娑，满江风物，一脉柔情。丹霞山仍有很多未开发的、人迹罕至的地方，适合徒步穿越、户外生存、户外拓展、登山探险、森林探险、峡谷探险及科考等活动。

图6－24　野外课堂

考察行程安排：

表6－7　丹霞山景区及周边野外考察行程安排表

	时间	地点	考察项目
第一天	9：00—12：00	丹霞山长老峰	丹霞山地质构造剖面、形成原因、文化古迹与旅游
	13：00—16：00	丹霞山细美寨	丹霞山地质构造剖面、形成原因、文化古迹与旅游
	17：00—21：30	牛鼻村	帐篷的搭建及野外急救知识的学习、露营
第二天	9：00—21：00	牛鼻村徒步到金龟岩	野外实践：野外徒步方法、野外可食用的植物辨认、野炊、露营、环保
第三天	9：00—12：00	金龟岩到韶石山旧山门	野外实践：野外徒步方法、野外可食用的植物辨认、环保

通过这次旅途，你的收获如下：

（1）认识丹霞山内五种可食用的植物。

（例）金樱子，别名，糖罐子、野石榴、糖钵、刺梨。蔷薇科植物金樱子的果实。

植物形态：常绿攀缘状灌木。枝密生倒钩状皮刺和刺毛。三出复叶互生；小叶椭圆状卵形至卵状披针形，长2～6cm，宽1.2～3.5cm，先端急尖或圆钝，边缘有锐锯齿，下面沿中脉有刺；托叶线状披针形。花单生于叶腋；萼片卵状披针形，被腺毛，宿存；花瓣白色，宽倒卵形；雄蕊多数；心皮多数，被绒毛，包于花托内。蔷薇果熟时红色，梨形，外有刚毛，内有多数瘦果。花期 4 ~ 6 月，果期 7 ~ 11 月。

生于向阳多石山坡灌丛中。主要分布于江苏、安徽、浙江、江西、福建、湖南、广东、广西。

图 6－25　金樱子

性状：药材为花托和雌蕊发育而成的假果，倒卵形，长 2 ~ 3.5cm，直径 1 ~ 2cm。表面黄色或红棕色，有突起的棕色小点，是毛刺脱落后的残基。顶端有盘状花萼残基，中间有黄色柱基，下部渐尖。质硬，切开后，内表面密生淡黄色有光泽的绒毛，内含小瘦果 30 ~ 50 粒，瘦果扁纺锤形，无臭，味甘、微涩。

（2）掌握常用的野外生存知识。

a. 野外生活技能（查阅资料，完成下列表格）。

表 6－8　野外生活技能及其解决方案表

野外生活技能	解决方案
如何获得可饮用水	1. 收集雨水 2. 植物取水 3. 蒸馏取水
野外几种生火的方法	
如何判断方向	
列出几种临时庇护所	
迷路了怎么办	
……	

b. 灾害的避险与求生方法（查阅资料，完成下列表格）。

表 6－9　灾害的避险与求生方法表

灾害种类	判断与避险	求生方法
地震	密切留意自然界的反常现象，如动物的异常反应、特殊的地质变化。听到地震预报或者感觉到地震即将来临时，远离耸立的高大物体。防险地点的选择应注意：不要进入山洞，以防倒塌；不要待在山顶有碎石的山坡，以防被滑落的石块砸伤；不要在土龛下活动；在等待地震期间，在安全地带搭建庇护所，水、食物、携带物品应该放在伸手可及的地方	1. 在晃动中尽量保持平衡或通过滚动的方法，逃离可能有重物压下来的地方。 2. 别返回建筑物内，首次地震会使任何建筑都不太牢固，如果接着再发生小震，建筑物就容易坍塌。在废墟救援时一定要戴好安全帽和其他保护用品。 3. 在山上，尽量往山顶移动。 4. 在平原，尤其是黄土地面，如果趴在地上，将会减少掉进裂缝的概率。 5. 在乱石岗，蹲在原地，以免摔倒。 6. 在堤坝下，马上逃离，以免堤坝决口。 7. 在滩地，只要不在悬崖下就会相当安全，但由于海啸经常伴随地震而来，所以当震动停止后，应尽快离开滩地向更高的开阔地转移
火灾		
山洪		
泥石流		
沼泽		
雷电		
雪崩		

（3）掌握野外急救的知识。

野外活动常见症状的防治（查阅资料，完成下列表格）。

表 6－10　野外活动症状防治方法表

	主要症状	救治方法	预防手段
疲劳	体力不支	休息时，最好做一些身体放松运动，例如轻轻地按摩大腿、小腿及两肩，促使肌肉放松。 有条件可用温热水洗脚，这样可以帮助旅行者消除疲劳，进入更好的睡眠状态	按时用餐，保证营养：人经过一天的劳累之后，体内能量消耗很大，这时候机体很需要及时地补充营养，特别是可适当地增加糖类补充。 按时就寝，早睡早起：在宿营地，晚饭后可做适当活动，早晨起来可散散步，不要做大运动量的锻炼，注意休息，为之后的活动储备精力
肌肉痉挛	患处疼痛，肌肉有紧张或抽搐感，患者无法使收缩的肌肉放松。抽筋的多发部位为小腿、足趾	可通过拉伸患处肌肉，使患处伸直，轻轻按摩患处肌肉等方法处理	同时要注意补充水分及盐分，充分休息，直到患处感觉舒适为止，并要适当减少运动时间和推延徒步计划
关节扭伤			
水泡			
腹泻			
中暑			
感染风寒			
冻伤			

（4）在金龟岩上，观测丹霞山的地形地貌，讨论丹霞山的地形特点。在韶关丹霞山地图上标注巴寨、长老峰、僧帽峰、白寨、田螺峰的位置。

（5）以小组为单位编制本次活动的宣传板报。在旅游专业活动中分享交流，并尝试向网站、报纸投稿，宣传韶关旅游。

附：

长距离徒步注意事项

一、装备

个人装备：鞋、袜、护膝、舒适的T恤及长裤、适合1日行程的小型轻便背包或水袋式背囊、登山杖、反光物、头灯、手电、少量的药物、轻便雨衣、高能量的食品及个人用品。可公用的东西带一套既可，例如每队一个小药箱。

（1）背包：好的背负系统很重要。装包要平稳四正；不装任何不必要的东西。

（2）鞋子：最好轮换使用两双不同质地、不同鞋垫的徒步鞋或运动鞋。大一号的鞋在尾段时穿着会较为舒适。登山鞋重，鞋底硬，公路长距离徒步不宜选择登山鞋。长距离平地穿越，必然造成脚掌的极度疲劳。如果配备两双不同质地、不同鞋垫的鞋（如轻便跑鞋、徒步鞋、运动鞋），每隔一小时就要换鞋行走，并经常改变行走方式（行走、小跑结合），轮换脚掌受力点，这样整个脚掌受力就更均匀，必可减少脚掌疲劳和疼痛。新鞋容易引致脚部不适，刺激水泡形成，因此正式参加活动时，最好穿着练习时穿过的鞋。鞋带要系紧，使鞋子包脚良好。鞋底较薄可以多加一双鞋垫或穿厚一点的袜子。一般穿底厚、有弹性的运动鞋较好，登山鞋较重、底硬，走久了易起水泡。很多人走不完百公里的主要原因是鞋子没选好致使脚起水泡而放弃。穿上厚的棉袜子可以减少脚与鞋底的摩擦，减少起水泡的机会。有经验的旅行者建议在穿袜前可在足趾背上涂上适量的凡士林膏，或用医用胶布把脚趾个别分开包扎，或尝试用橡皮膏和泡沫双面胶贴于足底。

（3）袜子：厚棉袜，以减低起水泡的机会。要带备用，多换几次，能保持足部干爽，可预防水泡。

（4）绑腿：能防止血脉下积而引起的涨疼，使小腿不容易感到酸累。

（5）护膝：可拆式护膝，不定期地使用，不用时可以拆下。

（6）护踝：如果只穿一双低帮的徒步鞋，护踝很有必要。

（7）登山杖：减轻你双腿的负担。

（8）要戴遮阳透气的帽子、擦防晒霜。

（9）衣服：活动期间天气可能变化不定，故须携带适量衣服，一旦身上衣物湿透，也可立即替换。同时建议内裤选择不摩擦腿根的平脚内裤。

二、食物

（1）在徒步（运动）途中，因胃肠消化功能自然减弱，所以不宜食用肉类等高脂肪、高蛋白、不易消化的食品。碳水化合物是供给人体主要能量的营养物质，易消化，并能迅速释放能量，所以应补充以碳水化合物为主的粥、米饭、粉、面、馒头等谷类食品和蔬果、运动饮料等易消化食品。

（2）早餐、中餐可在路边餐厅就餐。中途喝过多过杂的饮料，会使徒步人员感到肠胃不适。运动饮料、葡萄糖水、盐水和适量的凉茶足矣。吃了容易口渴的食物不要带，比如味道重的、辛辣的。

（3）不要带过多的水和食物，能在路上补充的就不带。全程基本有路边店可补给。注意要带咸菜等补充盐分、矿物质的食品。

三、行进

徒步是种全身运动，故要注意通过摆臂来平衡身体、调整步伐。

（1）不定期地变换行走姿势，如走跑结合。可以轮换脚掌受力点，使整个脚掌均匀受力，同时运用到更多的肌肉组合，让肌肉可以交替得到休息。走平路时放松，用大腿带动小腿。步伐均匀，有节奏感。

（2）不要去追赶别人，根据自己的节奏行走。最好的行走速度是走而不喘；不要时快时慢、时跑时停，尽量保持匀速。

（3）当感觉脚趾或脚掌痛时，勿只用脚掌一侧行走，这样易造成脚的局部受力，时间长了会极为痛苦。

（4）肩沉背挺，用腹部深呼吸。

（5）上坡时先深呼吸，上身前倾。下坡时，如果加速或跑，应身体后仰，降低重心，避免受伤。

（6）欲速则不达。重在安全完成，快慢在其次。

四、休息

（1）定时主动休息，补充必要的水分和能量，喝水宜少量多次，可防止胃部不适。每小时休息5分钟（刚好换鞋、喝水），比四五个小时休息一小时更有效，更能得到调整。长时间的休息反而会令酸软的肌肉硬化，从而造成身体的重新适应。

（2）谨记：休息是主动、积极的，而不仅仅是躺下休息这么简单。休息时可脱下鞋袜和护膝，做一下大小腿的松弛和按摩。

（3）短暂休息：尽量控制在5分钟以内，并且不要卸掉背包等装备，以站着休息为主，调整呼吸。

（4）长时休息：2~3小时一次为好，休息时间为15分钟左右，可休息调整并补充一些易消化的食物。卸下背包等所有负重装备，先站着调整呼吸2~3分钟再坐下，不要一停下来就坐下，这样会加重心脏负担。可以自己或者队员之间互相按摩腿部、腰部、肩部等的肌肉，脚踝和膝盖等部位酸痛可抹些活络油；也可以躺下，抬高腿部，让充血的腿部血液尽量回流到心脏。

五、水泡的处理

不影响行走的小水泡，可以暂不刺穿。如水泡增大，感到肿胀及疼痛，可用消过毒的针刺破水泡，释放积液，然后包扎患处。如水泡已穿破，不要将表皮剪去，直接包扎患处。

六、适可而止，学会放弃

有些户外爱好者曾因为参加徒步走得太狠了，后来只能淡出“江湖”。建议当你的关节或以前的旧患向你发出警告时，请珍惜自己，赶紧理智地选择放弃。记住，身体是你自己的，走完一次百公里又怎么样？有谁会真正在意你是否完成了百公里？

七、安全事项

（1）遵守交通规则，不闯红灯，走人行道和斑马线，不走行车道，不为抄近路而横穿马路。

（2）偏僻和黑暗路段请结伴行走，不落单。

（3）夜晚徒步困倦时，应注意适时休息，以免因精神恍惚而导致意外。

八、环保事项

（1）不乱扔垃圾，垃圾自行处理，随身携带至垃圾桶处丢掷。

（2）尽量少使用一次性用品，如一次性筷子、饭盒、水杯。

（3）勿喧哗打闹，惊扰市民，打扰他人休息。

（4）他人如有违环保，请温言劝止其不当行为。

九、其他

（1）活动前一晚要休息好及预先收拾好装备等物品。

（2）热身：起步前要做15分钟或以上的静态热身运动；身体摩擦部位宜涂抹上润肤露，防止长途带来的磨损。

（3）最好于一星期前修剪脚趾甲，太短或太长均容易引起受伤。

（4）运动前2小时补充500毫升运动饮料，可增加体内肌糖原、肝糖原储备。

（5）大家一起走，一直保持一定的速度，同行同休。

（6）先用湿巾擦净皮肤，再用活络油效果会更好。

野外实践活动安全守则

（1）遵守法律及团队纪律，一切行动听指挥，不得离开队伍，不得私下进行活动。

（2）行进过程中不准突出于领队之前和落后于最后收队者，并努力使自己与前者一直保持固定的距离。

（3）注意环境保护，注意卫生，不许乱丢垃圾，参加者请自备垃圾袋，请勿在沿途扔垃圾，所有垃圾请尽量带回市区处理。

（4）注意防火，不许私下用火，营地用火要听从安排，注意安全，人离开时必须将火完全熄灭；野外不要随便抽烟，抽烟后烟头必须熄灭带走。

（5）如需中途离开队伍去方便，请告知同行者，并两人以上同去。

（6）不能中途退出。

（7）注意文明举止，友善与他人交往，发扬团队精神。

（8）穿着适合户外运动的服装、鞋帽，自备常用药，以防万一。

韶关旅游地理实践手册四

韶关非物质文化遗产探究学习

探究学习的时间：课余自行安排。

探究学习的方法：

（1）问卷调查：以问卷的形式调查目前群众对韶关非物质文化遗产的了解情况，并进行统计分析。

（2）文献收集：通过文献收集和社会调查，整理和制作韶关非物质文化遗产目录及相关资料进行宣传展示。

（3）行动研究：小组合作组建研究团队，根据探究的便利条件选择一项非物质文化遗产进行研究，整理相关资料，通过实际操作，宣传、展示非物质文化遗产的技能技艺，产出各项作品与成果。

探究学习的目标：

（1）了解韶关非物质文化遗产的概况，培养热爱家乡情感。

（2）学习非物质文化遗产的知识，能够宣讲、展示某项非物质文化遗产的相关知识或技能。

（3）探讨将非物质文化遗产转化为独具地域性特色的旅游资源（旅游商品），提升韶关旅游资源文化品位的途径。

探究学习的资源：

（1）http://www.zgfy.org/　中国非物质文化遗产网

（2）http://www.gdsgswhg.com/　韶关市文化馆网

（3）王焰安. 韶关市非物质文化遗产与作用的发挥　http://www.chinesefolklore.org.cn/blog/?uid-386-action-viewspace-itemid-32255

（4）保护濒临失传的非物质文化遗产——暨大学生使珍贵瑶绣“枯木逢春” http://jnnews.jnu.edu.cn/html/2010/3/6479.htm

探究学习的任务：

（1）设计关非物质文化遗产调查问卷，利用课余时间开展问卷调查活动并进行数据统计分析，撰写调查报告并上传到学校网站 http://sgzz.xinhuiren.com/。

例：

韶关非物质文化遗产调查问卷

亲爱的朋友：

您好！我们是韶关市中等职业技术学校旅游服务与管理专业的学生，我们正在进行一项关于韶关非物质文化遗产的调查，目的是了解您对韶关非物质文化遗产的认知程度和建议，宣传韶关非物质文化遗产知识，并为保护、传承、开发、利用非物质文化遗产工作，丰富韶关旅游资源的类型，提升旅游品位奠定基础。请您协助我们填写这张调查问卷。

本次调查不记姓名，所有回答只用于统计分析，涉及个人信息的内容，我们会严格为您保密。您只需根据自己的实际情况，在每个问题所给出的答案中选择合适的答案打钩或在“______”中填写即可，感谢您的合作！

韶关市中等职业技术学校旅游服务与管理专业
非物质文化遗产探究学习小组
2015 年 3 月

1. 您的性别（　　　）
   A. 男　　B. 女
2. 您的文化程度（　　　）
   A. 高中（含中职、中技）　　B. 高职、本科
   C. 硕士及以上　　D. 其他____________
3. 您对非物质文化遗产的概念（　　　）
   A. 非常了解　　B. 比较了解　　C. 不太了解　　D. 完全不了解
4. 您是通过（　　　）途径了解非物质文化遗产的
   A. 网络　　B. 纸质媒体　　C. 宣传栏　　D. 电视
   E. 非物质文化遗产的专题展示活动
5. 我国的“文化遗产日”是（　　　）
   A. 6 月的第一个星期六　B. 6 月的第二个星期六　C. 6 月的第三个星期六
6. 您认为非物质文化遗产包括（　　　）
   A. 民间文学　B. 民间音乐　C. 民间舞蹈　D. 传统戏剧　E. 曲艺
   F. 杂技竞技　G. 民间美术　H. 传统手工技艺　I. 传统医药　J. 民俗
7. 您了解韶关非物质文化遗产的情况吗？（　　　）
   A. 非常了解　　B. 比较了解　　C. 不太了解　　D. 完全不了解
8. 您知道韶关非物质文化遗产中被收入国家级非物质文化遗产名录的有

(　　)(可多选)

A. 瑶族盘王节　B. 瑶族刺绣　C. 香火龙　D. 粤北采茶戏

E. 瑶族民歌　F. 石塘堆花米酒　G. 南华诞庙会

H. 仁化土法造纸技艺

9. 您认为当前韶关非物质文化遗产还有没有进一步发掘的空间(　　)

A. 还有很大空间　B. 一般　C. 无

10. 您是否赞成将非物质文化遗产(如瑶族刺绣)开发为校本课程，将学校教育和非物质文化遗产的传承保护结合(　　)

A. 赞成　B. 看情况　C. 没必要

11. 您认为非物质文化遗产的挖掘、保护、开发对丰富韶关旅游资源的的类型、提升旅游品位有无作用(　　)

A. 有很大作用　B. 一般　C. 无

12. 您认为非物质文化遗产特别是制作工艺、曲艺流失的原因是(　　)(可多选)

A. 传承人老龄化　B. 年轻人不愿意继承　C. 市场前景不好

D. 政府保护支持力度不足　E. 民众保护意识不强

F. 缺乏有效的传承机制　G. 其他__________

13. 您认为韶关目前有哪些非物质文化遗产是亟待保护传承的(　　)

A. 不清楚　B. __________

14. 您觉得应该采取(　　)措施使得非物质文化遗产更好地传承发展下去

A. 加大宣传　B. 政府加强重视，增加投资力度

C. 在形式内容上不断创新　D. 与时俱进，增添时尚元素

E. 其他__________

15. 您认为下述(　　)措施有利于促进非物质文化遗产的保护、传承、开发

A. 根据名录类别，扩大调查范围，进一步挖掘完善韶关非物质文化遗产的内容

B. 利用非物质文化遗产，开发文化产业，开发蕴含地域文化特色的旅游商品

C. 利用非物质文化遗产打造互动性、展示性旅游项目，提升韶关旅游资源的文化品位

D. 以非物质文化遗产的元素创制新的群众性娱乐节目，使非物质文化遗产具备新时代特征

(2) 请按照示例收集整理并完成表6-11的韶关非物质文化遗产名录并上传到学校网站。

截至2015年，韶关国家级非物质文化遗产名录共5项；省级非物质文化遗产名录18项；市级非物质文化遗产名录49项，拥有国家级名录项目代表性传承人2人，省级名录项目代表性传承人20人，市级名录项目代表性传承人48人。

（注：1. 级别为国家级、省级、市级、县级；2. 项目类别包括 A. 民间文学 B. 民间音乐 C. 民间舞蹈 D. 传统戏剧 E. 曲艺 F. 杂技竞技 G. 民间美术 H. 传统手工技艺 I. 传统医药 J. 民俗）

表6－11　韶关非物质文化遗产名录

序号	级别	类别	项目名称	相关图片	代表性传承人	申报成功时间
（示例）1	国家级	传统美术	瑶族刺绣	 图6－26　瑶绣：万物和谐	邓菊花	2011年
2	……	……	……		……	……
3						
4						
…						
…						
…						

（3）请组建你的团队，根据你们的优势条件选择韶关的一项非物质文化遗产进行探究活动。

①设计针对该非物质文化遗产的调查问卷，开展问卷调查活动并进行统计分析，撰写调查报告。

②收集整理该物质文化遗产的基本情况（名称、历史、发展历程、类型、制作工艺、制作流程、分布区域、相关故事、传承人事迹、现状及发展趋势等，应根据该遗产的类别有所调整），制作PPT宣传资料、微视频、微课件等并上传到学校网站。

③学习该项非物质文化遗产的相关知识或技能，能进行宣讲和展示。

④阅读下述材料，小组探讨如何根据本组探究的非物质文化遗产的特色开展保护、传承、开发工作，提出该项非物质文化遗产在旅游资源开发方面的建议。

在韶关市乳源瑶族自治县的深山中，流传着一种承载千年历史而又神秘的瑶族刺绣——过山瑶反面刺绣。这种古老刺绣技法被誉为中国刺绣史上的一朵奇葩，是韶关被列入国家级保护名录的非物质文化遗产项目之一，但目前已处于濒危失传的边缘。为此，暨南大学SIFE团队设立“金瑶巧手”项目，该项目旨在帮助广东省韶关乳源县必背口村的瑶族妇女利用她们具备的过山瑶绣的技艺为她们创造经济来源，改善她们的生活，同时保护珍贵的民族技艺。SIFE团队通过帮助瑶绣大师建立邓菊花瑶绣工作室，由家庭分散生产改为集约工作室生产，完善了财务制度，同时明确了瑶绣产品的市场定位，从工艺品转化为刺绣实用品，并拓展了销售渠道，进入了刺绣实用品家居细分市场，建立了网上销售渠道。在暨南大学赛扶团队的帮助下，瑶绣开发了9类新产品，市场份额扩大20倍，受众年收入提高92%。

2009年，该团队曾先后五次前往韶关乳源县必背镇实地调研。这批大学生发现，该镇资源有限，没有发展工业，而且旅游业发展缓慢，村民平日主要以务农、打零工谋生，收入少且不稳定。与落后的经济相对，瑶族同胞千百年来都口耳相传着复杂而稀有的反面刺绣手工技巧，镇里90%以上的瑶族妇女都懂得传统瑶族刺绣，这恰恰是一种丰富的生产力资源。然而，项目成员对此表示：“必背镇虽有大量的刺绣生产力，但瑶绣原始产品的设计难以与市场接轨，加上缺乏集中规范的手工生产基地，产品宣传不足，瑶绣原始产品的市场需求很低，基本上只能在当地的旅游点零售。由于种种条件的限制，许多消费者便很难辨认瑶绣原始产品的艺术价值，从而低估了其价值，导致产品的价格无法体现产品的价值。

针对必背镇瑶绣的困境，该团队联系到了一家在珠三角的知名软雕布艺家居公司，以该公司的布艺家居产品为载体，把乳源县瑶族刺绣附属在该公司的部分产品上，将传统民族特色与创意相结合，通过产品的生产、展览与销售，不仅能有效地宣传和发扬瑶族刺绣文化，还能通过雇佣乳源县当地瑶绣妇女进行手工刺绣从而提高她们的收入，改善当地居民的生活状况，从而更好地发展当地的教育、文化与卫生事业。该公司与瑶族妇女配合生产出了首批约400件瑶绣创新产品，并通过公司的网络与实体加盟店进行销售，取得了良好的销售业绩。

另外，该团队还成功联系了广州一家知名的特色工艺品商店，由该店直接代销瑶族原始产品，再将减去销售费用的收入返还给必背镇的瑶族妇女。团队还与该工艺品商店达成共识，计划设计一批以瑶族文化为主题的珍藏型笔记本，进行展览和销售。在计划顺利实施后，该团队会按比例把一部分收入返还给必背镇，帮助建立社区基金，用于发展教育、卫生事业。

为弘扬瑶族文化，宣传瑶绣，SIFE 团队还与番禺某花园小区合作举办了大型瑶绣义卖以及瑶绣展览活动，义卖全部所得将捐献给必背刺绣妇女。看着瑶族原始刺绣及新瑶绣实用家居产品，听着队员介绍瑶绣中蕴含的特殊文化传说，居民们均对漂亮实用的新瑶族产品表示出喜爱之情，也被传统瑶族刺绣品的精细所震惊。业主们认为，只有传统跟得上时代潮流，才能够继续发光发热，为现代人所接受。此次活动得到了物业管理人员的高度肯定，他们表示希望能长期合作。

不仅如此，瑶绣创新产品在广州国际家具博览会也吸引了很多目光，参展观众及采购商普遍认为这种将传统民族特色与创意相结合的产品非常有特色，并且是战略性新兴产业的主要方向。

（据《保护濒临失传的非物质文化遗产——暨大学生使珍贵瑶绣“枯木逢春”》http://jnnews.jnu.edu.cn/html/2010/3/6479.htm 整理）

⑤ 举办韶关非物质文化遗产探究学习项目成果展示会，小组代表宣讲、展示该项非物质文化遗产的相关知识或技能，阐述该项非物质文化遗产在旅游资源开发方面的构想。

附　录

附录 1

翁源美食及特产

1. 周陂米饺

百年小食周陂米饺，源自翁源周陂镇，以米为皮，具有皮薄馅多的特点，米饺是以水蒸而成的，因此有不同于水饺的风味。周陂米饺皮白、脆、嫩、味鲜、滑口、馅料上等，趁热吃，可一饱口福，深受大家的欢迎。

周陂米饺已有近百年的历史。米饺的创始人是周陂阳东莲江坝的许国济。他在梭子的制作基础上，再加以改进制作工序，便做成了现在的周陂米饺。

周陂米饺很讲究制作工序：选择白色优质冬米，擦洗五至六次米皮，用冷水浸两小时，用石磨磨成浆（反复二至三次），用中火边煮浆边搅拌，直到熟至五成再用细火煮，仍用手搓，至米浆韧会发出“啪”的响声为止，然后压成薄薄的一小圆块，扣上精制馅料：虾肉、猪肉、木耳、冬笋、香菇等，做成后，用猛火蒸二十分钟，便成了丰满、皮白、有光泽、脆、滑、鲜嫩、清香、爽口的米饺了。只要尝一尝，即会感觉出别有一番风味。

2. 周陂大肉

周陂米粉大肉，又称“周陂大肉”。

制作方法：先将五花肉切片，加入生抽、白糖、生油、五香粉、盐，腌制半小时，再散入炒香磨成的米粉拌匀，最后用蒸笼蒸半小时即可。其特点是滑、爽、香而不腻。

3. 周陂鹅肉

周陂鹅肉，又名“外婆菜”。

制作方法：先把剖净的鹅煮熟后沥干水，斩成若干块，用生盐炒三至五次，热过后放入生油、蒜、姜或芹菜煎香，再放鹅肉炒或焖。其特色是味美香甜、滋补。

4. 周陂韭菜酿豆腐

周陂韭菜酿豆腐，又名“亲家菜”。

制作方法：用开水泡卤水豆腐皮（煎豆腐）后开口，再酿入用韭菜、肉馅、少许咸鱼丁和适量淀粉、食盐拌制的馅料，将豆腐皮填满，再在热锅中放入生油、水煎煮至熟，调少许水淀粉后起锅。其特点是色、香、味俱佳，且经济实惠。

5. 周陂花麦糍

花麦学名荞麦，含有丰富的维生素 E 和可溶性膳食纤维，有降低人体血脂和胆固醇、软化血管、保护视力和预防脑血管出血的作用。

制作方法：把花麦磨成粉，再用水拌成浆加上葱花放在锅内煮熟即可。

6. 礤下托子糍

托子糍和肠粉差不多，只是托子是用竹篾编的，配料有虾米、蛋皮、肉末、葱花，锲成3寸见方来吃，其嫩滑爽口，米香浓郁。

托子糍还有一段故事。传说在很久很久以前，客家人在这里快乐地生活着。一天，有外人来侵略客家人，客家人十分聪明，用自己的才智打败敌人。可是，其中有一位俘虏十分狡猾，假装投降，其实是想刺杀客家首领。这被一位做托子的客家人知道了，他用自己的身体拯救了客家首领。于是客家人做了糍，并以他的名字来命名——托子糍，以纪念这位烈士。

7. 油罩糍

油罩糍是翁源县的特色小吃，用生米粉熬浆煎制而成，有的加葱花去煎，有的则加一些萝卜丝、南瓜丝、芋头丝或小鱼去煎。油罩糍看上去外焦内嫩，闻上去香气扑鼻，吃起来别有一番滋味。油罩糍起名于其制作方法，即用一个叫油罩的工具，盛上米浆再放入油锅里煎出来，故得名油罩糍。

8. 焖莲藕

翁源焖莲藕甜味浓郁、含淀粉多。金秋时节，天气干燥，根据“燥则润之”的原则，人们应以养阴清热、润燥止渴、清心安神的食品为主。藕就是当令滋补佳品之一。立秋过后，焖莲藕成为翁源人餐桌上的常见菜肴，翁源的焖莲藕之所以会成为特色，跟翁源的滃江水和莲藕品种有很大关系。

9. 油水农家鸡

油水鸡数翁源六里镇的最好吃。把鲜鸡切块，用调料如姜丝、花生油、盐、味精等腌制一会儿，把水烧开后，放入鸡肉，煮熟后在汤盘里放葱花、生菜等，美味的油水鸡就做好了。油水鸡清中带鲜，原汁原味。

10. 客家酿豆腐

千年古县翁源，是客家人聚居之地，中原人南迁到这里，不仅带来了勤劳朴素的风气，也形成了自己的饮食文化——客家菜。在火柴盒大小的水豆腐上挖个小洞，把猪肉和葱做成的馅酿入其中，然后放到锅里慢慢焖熟，最后撒上葱花，一道美味的客家酿豆腐就做成了。

客家酿豆腐，是翁源客家人的名菜。在客家人的生活中，但凡有宴席就必有此道菜。翁源的客家酿豆腐，因使用的水和豆制品不一样，所以酿出来的豆腐韧而爽口，清甜中带有嚼劲。翁源的酿豆腐馅多种多样，有韭菜、香菇肉馅及其他。翁源的豆腐最有名的就要数新江镇太坪村的了。

太坪豆腐用的是本地农家黄豆，不添加其他物质，再配以太坪山泉水、古老石磨、自榨花生油烹制，纯手工制作，做出的豆腐“豆味”十足，非常爽口、嫩滑、香甜。

11. 酿三宝

酿三宝是较具代表性的翁源客家菜式之一，酿三宝即为酿苦瓜、酿辣椒和酿茄子，做法简单，即将剁好的肉馅酿进各种材料中去，然后放在砂锅里焖熟即可。

12. 客家艾糍

春天到，艾草香。摘艾叶、做艾糍是翁源客家人长久以来的习俗，也是春天带来的礼物。艾糍清香独特，饱含客家人的巧思匠心。具有浓郁香气的艾草与香甜的糯米相结合，充满着春天的气息，是有名的客家美食。

艾草是一种野菜，一般长在菜园的田埂里或空闲的田地里，是天然的绿色食品。每到春季，尤其是几场春雨过后，一丛丛艾草就会雨后春笋般地从田间地头冒出来，摘艾叶要摘最上面、最嫩的部分，这样做出来的艾糍味道才最香、最浓郁。采摘回来的艾草要重新摘选一次，留下嫩叶嫩茎，用清水洗几次，洗的时候注意不要太用力，不要扭出艾汁，洗干净泥土后就可以放进锅里煮了。艾叶要煮得很烂才可以用来和面，一般煮 20 分钟左右就可以捞起备用了。把煮好的艾叶和糯米放在盆中，加入适量生油和赤砂糖，然后不停地揉搓面团，让艾叶和糯米粉充分地糅合在一起，直到面团柔软均匀。做艾糍的馅料可以是甜的，也可以是咸的，各地有所不同，甜的馅料是用花生、芝麻、白砂糖捣碎混合在一起，喜欢咸的还可以用蔬菜和猪肉做成馅料，看个人的喜好。包艾糍其实和包饺子有些相像，但是包艾糍的面皮比较特别，因为面团里加入了天然的艾草，整个面团的手感会比较厚实和粗糙，只能手工把一小块一小块的面团小心地加工成面皮。要把面皮压得又薄又大，包的馅料又多又香，这样包出来的艾糍圆滚滚，非常有“料”，很好看。但是要注意不能把面皮按得太薄，不然馅料很容易跑出来，一蒸就“露馅”了。标准的艾糍应该看起来表面光滑、完美无缺，接口的痕迹一点儿也看不到。蒸艾糍也是有讲究的，在农村蒸艾糍，要用传统的大锅。用柴火蒸出来的艾糍会有一股独特的清香，这是用现代厨具无法比拟的。把水烧开后就可以开始蒸艾糍了，通常蒸15～20 分钟就可以了，之前浅绿色的小团子就会变成墨绿色，刚蒸好的艾糍软糯甜香，略微粘牙，之前淡淡的艾草清香变得非常浓郁，咬一口唇齿留香。据翁源江尾镇葸茅岭村的村民介绍，艾糍不仅好吃，更具有药用价值。吃艾糍是他们村里留下来的风俗，艾草可以暖胃、健胃，味道很清香，吃艾糍暖身体的说法是从老祖宗那里一直流传下来的。

13. 酿菜包

酿菜包是采用农家金叶菜，馅是用农家韭菜、薯粉、土猪肉混合在一起纯手工制作而成的。先把整片的金叶菜用开水煮一下，然后把做好的馅包在用开水烫过的金叶菜里，最后把菜包摆放在锅里加水慢慢熏熟。

14. 爽脆肉丸

翁源的爽脆肉丸是采用新鲜猪肉，用手工传统方法棒槌拍打成浆，伴以食粉制成的，与普通肉丸大不相同。其特点是爽脆嫩滑。至今翁源仍保留着这一民间传统料理，且深受食客偏爱，有的人甚至对其情有独钟。

15. 糖环、油角、米饼

在翁源，春节前家家户户都要准备大量应节食品，其中最具代表性的要数糖环、角仔（又名炸角仔，因需放入油锅，用滚油炸熟而成）和米饼。

糖环大概是最为美观和吸引眼球的。它形状别致，外面一个圆环，里面像五角星，寓以环环相扣、生生不息之意，还有生活幸福、节节甜蜜之意。更有人取之屋前屋后祭神，以其“环”谐“还”、“蔗”谐“借”，简称“有借有还”、保佑邻里关系。糖环的制作方法简单。首先，把沙糖混合清水同煮，使其熔化候用；取量好的糯米粉倒在台板上，加入清水同搓成粉团，再放入沸水中烫熟成“粉池”；接着，把余下的糯米粉倒在台板上，放入刚烫熟的“粉池”和浓糖浆一同搓匀，搓至粉团柔软适中即可用以制糖环了。值得一提的是，炸糖环时注意要用筷子翻动，让每个糖环都均匀受热，这样才能避免炸焦，最后炸成金黄色就可以上盘了。

油角的做法就是要先把芝麻、花生、白糖、椰蓉碾成干馅放在碗里备用，把一定比例的面粉、鸡蛋、白糖、猪油加入少许水后不断搅拌，再用面杖压成饺子皮状（与北方包饺子相似），把干馅放入面皮中，捏成饺子样，放入油锅炸熟捞起，待冷却后装入坛里（避免受潮）密封起来，待节日时启用。

米饼做工比较复杂，传统的炒米饼做法是先将大米洗干净晾干后，再将大米倒在锅里翻炒至金黄，后碾成粉，把白糖煮成糖胶，将糖胶、油、鸡蛋（可以不加）和着炒米粉一起搅拌，用香葱、花生碎、椰丝、芝麻等做馅，用木制米饼模具碾压后敲出，放在事先准备好的柴火炉上烘焙，直到松脆就完成了。

16. 三华李

三华李产于原三华镇，始种于明朝嘉靖年间，清嘉庆《翁源县新志》云：“佳果三华李出产于三华镇。”《辞海》注：“三华李是翁源县的土特产。”三华李有鸡麻李、白肉鸡麻李、大蜜李和小蜜李四个品系，芒种后至夏至前后成熟。其果大、肉厚、无渣、核小、清甜爽口、有香味。继1986年在广东省水果品评会上荣获“名优品种”称号之后，1987年又被评为广东省十大优稀水果之一。同时，翁源于2004年三华李节暨经贸洽谈会上被中国特产之乡推荐暨宣传活动组委会授予“中国三华李之乡”的称号。目前全县种植三华李1.5万亩，已挂果近万亩。

17. 六里柑

六里柑，源于龙船村，始于清代，皮薄肉甜，食之蜜溢口，久而不退。另有周陂龙田村麻柚柑，与六里香麻柚齐名。果大有柄形如葫，一棵树可结果数百。以上两果，皆为待客送礼之佳品，被誉为“天然罐头”。

18. 九仙桃

九仙桃产于江尾镇九仙村，为广东省优稀水果之一，在翁源种植已有300多年的历史，主要产于江尾镇九仙、仙南村一带。七月成熟，果品优良，具有果大、核小、脱核的特点，个重约200克，肉质爽脆，其味浓香，化渣，清甜，果身饱满，成熟时表里透红。全县共有1 500多亩，其中300多亩挂果。

19. 马牯塘莲藕

马牯塘莲藕产于龙仙镇南浦马牯塘村，属于年藕，其藕质地粉嫩，莲香浓郁，有面积200多亩。其为当地特殊土质所出特产，年产吨许，莲藕小而长，皮白带星点，质脆绵，味殊香，煲炒咸宜，远近驰名。每年的腊月15日左右开始挖藕，到年腊月28日结束。每公斤价格在30元到50元之间，但有时就算你有钱也未必买得到，因为莲藕经常被熟人带来的客人预订了。

20. 乌皮蔗

广东翁源县是中国乌皮甘蔗种植大县，亩产量平均达到10吨。乌皮蔗甘甜可口，节长茎粗，节节均匀，长2.5~2.8米，重5~8斤，品质优良，受到广大客商的好评。每年收获季节，每天都有大量来自北京、上海、江苏、湖北、河南、福建、江西、安徽、山东、黑龙江等地的车辆到翁源收购乌皮蔗。

在翁城、新江大量种植，黑身、肉脆、味甜，远销国内各地，现种植面积达8 000亩，产量达7万吨。

21. 江尾米面

江尾米面原产于风景秀丽的江尾镇连溪村，具有一百多年的传统历史，采用本地优质大米和山泉水制作而成。从磨浆、蒸面、晒面到切面、晒干包装等皆用手工工作。米面外观晶莹透明、线条均匀、爽滑可口、风味独特、煮炒皆宜，既是米粉制品之极品，亦是馈赠送礼之佳品。

22. 溪黄草茶

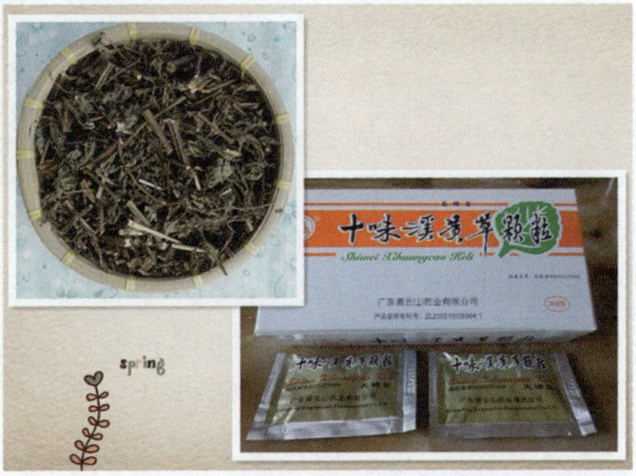

溪黄草是民间草药，俗称熊胆草、血风草、黄汁草、溪沟草、香茶菜、土黄连等，主要产于长江以南的湖南、四川、云南、江西、广东、广西等省区，具有清热利湿、健脾消滞之功能。有助于由肝胆湿热、脾胃失运型急性肝炎所致的黄疸、胁胀不适或疼痛、食欲不振、倦怠乏力等症状的改善。溪黄草在广东各地临床应用普遍，并开发出多种以之为主要原料的防治肝炎的保健产品。

十味溪黄草茶，有调和人体阴阳、提高肌体免疫力、抑制肝病毒细胞繁殖生长、健脾保肝等功效。

23. 周陂冰花饼

周陂冰花饼、豆橙是精选本地优质花生、芝麻、冰糖、冰片糖等原料，经过多道工序加工精制而成的。其历经百余年历史，松脆爽口，品质上乘，味道极佳。产品分低糖与中糖两种类型，适宜男女老少口味，是早点、夜茶、酒宴之佐食，探亲访友之佳品，是消费者信赖的风味特产，是享誉粤北及广东省的绿色食品，其中“作珍芝麻冰花饼”曾荣获第二届中国食品展销会金奖。

24. 五指毛桃汤料

野生灵芝五指毛桃汤料是采用生长于粤北山区翁源观音山纯野生的多种植物配制而成的，属纯天然无污染健康绿色食品。本汤料香味独特，无须加入其他配料。常饮此汤能清热去湿，清肝火，解毒清暑，消滞和防抗肺癌、肝癌，提高免疫力。

25. 野生银杏

翁源野生银杏是以翁源千年“银杏之祖”——古银杏的树叶为原料，经过科学处理精制而成的。它对人体改善血液循环，扩张、疏通心脑血管和降低血压、血脂等有独特作用。银杏为银杏科唯一生存的种类，是著名的活化石植物，又是珍贵的用材和干果树种。由于具有许多原始性状，所以其对研究裸子植物系统发育、古植物区系、古地理及第四纪冰川气候有重要价值。

野生银杏形状奇特而古雅，是优美的庭园观赏树。它对烟尘和二氧化硫有特别的抵抗能力，为优良的抗污染树种。其种子可作干果，叶和种子还可作药用。该物种已被列为国家Ⅰ级重点保护野生植物。

26. 兰花

江尾镇仙鹤群山环抱，山峦叠翠，空气清新，无“三废”污染。独特的山地气候非常适宜兰花生长。以翁源县仙鹤兰花种植基地有限公司为依托，在省道 S245 线两旁江尾镇仙鹤建设 3 千米长兰花长廊，面积7 000多亩，是目前全国最大的国兰生产基地。目前有 20 户台商落户，品种 100 多个，全县花卉种植面积达 1.3 万亩。

附录2

2015年韶关政府工作报告（节选）

（节选城市建设、交通、服务业、旅游业、文化产业等方面内容）

城乡建设协调推进。交通基础设施建设力度加大。乐广高速公路和赣韶铁路建成运营，大广高速公路建设加快，新港码头港澳航线复航。全长88公里的环城高速公路建成贯通，韶关成为粤东西北地区首个、全省第四个有环城高速公路的城市。新增铁路117公里、高速公路162公里，改造国省道50公里，建成通自然村公路530公里。中心城市扩容提质加快推进，市区新建改建市政道路19条。芙蓉新城路网全面动工，安置新村建设全面铺开；市民文化活动中心、综合客运枢纽扎实推进；人保财险等企业进驻新城总部经济区，新城碧桂园酒店建成。在老城区，工业西片区内涝整治工程基本完工；东环商贸城建设加快，百年东街建成开业，"三旧"改造有序开展。县城和中心镇集聚人口和产业能力增强。拆除违法建筑52万平方米，城乡建设更加有序。韶关跻身国家生态文明先行示范区行列，国家节能减排财政综合政策示范城市建设有序推进，生态建设和节能减排成效明显。完成造林41.26万亩，森林碳汇造林24.76万亩。韶钢二氧化硫减排工程竣工；淘汰黄标车及老旧车10 465辆；市区更新投放LNG新能源公交车100辆、纯电动出租车50辆、NG出租车380辆。芙蓉新城污水处理厂建成投产，田螺冲污水处理厂扎实推进；完成畜禽养殖场减排工程377个。完成市区LED路灯改造。单位GDP能耗下降4.76%。完成节能减排和大气污染防治年度目标任务。

……

2015年是韶关绿色转型振兴发展的重要一年。世界经济仍处在深度调整期，复苏进程艰难曲折。国内"三期叠加"压力加大，经济进入中高速增长、结构优化升级、更加注重创新驱动的新常态。同全国、全省一样，韶关经济面临较大下行压力。同时要看到，世界经济向好，我国经济将继续保持稳定发展态势。省委、省政府对粤东西北地区振兴发展持续发力，东莞全面对口帮扶强劲给力，韶关发展基础不断夯实，广大干部群众推动发展的正能量不断集聚，保持经济平稳较快增长有基础也有条件。我们必须坚定信心，防微虑远，趋利避害，牢牢把握发展主动权。

……

强化"三大抓手"，继续打好交通基础设施大会战。建成大广高速公路。依法开展土地和房屋征收工作，解决资本金问题，加快武深、汕昆高速公路建设。改革投融资机制，创造政策条件，争取在引进社会资本建设韶新、雄乐等高速公路上有所突破，加快建设武广高铁乐昌东站。加快港口规划建设，确保年内动工改造北江航道。加快芙蓉新区综合客运枢纽、市区东郊客运枢纽和市区四大出口公交站场建设。完成国、省道干线改造300公里以上，加快推进国道323线和省道258线亚麻湖至英德段改造建设。推进韶关机场扩建，做好韶贺柳铁路前期工作，加快旅游公路改造。

……

深入推进城区扩容提质。更加注重规划引领作用，落实“三规”合一。全面推进芙蓉新区起步区建设，通过交通设施和医院、学校、酒店、公园、专业市场等服务设施的完善，加快打造产业和人口聚集新平台。加快农民安置房建设进度。强力破解征拆难题，加快芙蓉隧道、南华路、曲江大道、滨江路和新白线等交通设施建设，通过绿化、路灯、公共开敞空间建设，打造各具特色和文化内涵的道路。加快市民文化活动中心等公建项目建设，引进社会资本建设以三甲医院为核心的医疗机构集群。加快五星级酒店、商业综合体、综合商贸市场、商业街、金融街、总部经济区建设，优先建设垃圾中转站等公共设施。在老城区，要突出优化城市功能、改善城市形象和治理“城市病”。新建东环线二期、上饶路、移山路、风华路等，完成芙蓉北路改扩建，同时探索划设公交车专用道，综合施策缓解交通拥堵问题。加快推进南水水库供水项目。加快供水、供气、截污管网建设，继续实施一批便民惠民的“五小”工程。加强背街小巷和桥底环境整治，优化教育、卫生、文化等优质公共资源配置，引导小岛片区等过度密集地区的机构与人口向外疏散。加快推进西河体育中心地下空间开发建设，开展地下空间商业开发试点工作。加快城中村改造，推进市区农民新建住房从分散建设向集中安置转变。鼓励历史街区物业业主按街区保护规划自行开展“三旧改造”。切实做好新农村建设总体规划，规范农用地使用管理。积极争取广东省新型城镇化试点。各县（市）要抓好城市新区建设，或者集中连片改造老城区，增强县城和中心镇的承载能力。

着力产业转型升级。编制“十三五”规划和重点专项规划。促进传统优势产业规模化集聚化发展，不断向中高端迈进，并积极培育新增长点。大力发展现代农业，加快农业从“低端数量型”向“高端质量型”转变，从“一产独进”向“三产融合”转型。稳定粮食和主要农产品生产，划定永久性基本农田保护红线。加强农业基础设施、高标准基本农田、小农水重点县和“五小”水利工程建设。加强农民专业合作组织建设，大力发展家庭农场，推进土地经营权确权登记颁证试点工作。鼓励农民以互换方式解决承包地细碎化问题，有序开展农地流转，推进适度规模经营，打造规模化生产基地。利用主城区农用地发展现代都市休闲体验农业。加强新型职业农民培训。加快新雪城和市农资专业市场等项目建设。大力发展农村电商，推进农产品零售终端网络化。支持农产品生产商在城乡设立专卖店或专售区，加强与东莞产销合作，完善农产品市场体系。大力培育发展林业经济，突出扶持石斛、茶叶、油茶、中药材四大产业，催生扶强一批林下经济龙头企业。

……

推动服务业大发展。坚持规划引导与项目带动，促进旅游与文化创意、健康养生、体育健身等产业融合发展，延长产业链，加快旅游业从观光型向休闲度假型转型，从追求游客总量向提高游客留宿量转变。按照分区集群成气候的思路，加快构建龙头旅游基地加配套项目的项目群，打造综合旅游接待平台，增加留宿游客。加快环丹霞山旅游产业园、南岭国家森林公园生态旅游、云髻山古镇以及五星级酒店等重大项目建设。大力发展健身步道、自行车绿道、露营地、北江水上观光。组建“县农家乐指导团”，指导农家乐旅游标准化建设，着力培育发展特色旅游村镇、旅游休闲基地、户外运动基地。总结南雄银杏观赏旅游营销经验，创新旅游营销与城市形象推广方式，用好互联网等新媒体，线上线下协调营销。按照“城里建商场、城郊建市场”的思路，加快市区和县城商业平台建设，培育乡镇商贸中心，发展社区商业；支持鑫金汇等项目加快建设，打造东环商贸城，推动全市商贸批发市场专业化、规模化、集聚化、规范化发展。推进成品油保障和物流基地、粤北国际物流园、韶关一类口岸、南雄精细化工交易中心、新丰横江商贸物流城、中农批电子商务城建设，鼓励大型企业物流业务本地化。健全城市配送管理机制，规划建设快递产业园，启动快递下乡工作，促进快递物流业加速发展。以推进芙蓉新区医疗机构集群等项目为抓手，发展健康医疗服务产业。引导房地产市场和物业管理健康发展。积极发展信息服务业，扶持韶关（鹏洲）电子商务孵化港、U 购网、韶乐购等电商企业做大做强。支持韶关学院和鑫金汇合作建设电子商务研发中心。依托黄沙坪电商产业园和众瀛大数据公众信息服务平台，大力发展电子商务，催生新的经济增长点。加快异地灾备数据中心建设，抓好云计算电子政务公共平台和应用试点示范项目，加快大数据技术应用，逐步解决部门单位信息互不联通的信息孤岛问题。促进信息消费，加快 4G 服务广覆盖。建设完善信用体系，鼓励金融业创新发展，引导扩大信贷投放，大力发展多层次资本市场，支持具备条件的企业加快上市。全面落实粤东西北地区农村金融发展八项措施，推进农村金融村村通。

扎实推进质量招商和招才引智。继续实施韶关创新人才引进培养工程，推进十三个人才子计划的落实。制订产业发展规划，注重预招商规划，建立招商信息库、项目库、专家库和客商库。制订招商引资行动方案，着力在发挥自身优势、强化产业配套、创新招商方式、实施精准招商上下功夫，扩大引资成效。大力实施补链招商、强链招商和扩链招商，动态锁定一批重点目标企业和项目，突出引进行业龙头企业和配套企业。大力推行以商招商、行业协会招商、莞韶联合招商和中介招商，强化项目跟踪服务，提高项目履约率和开工率。重视发挥韶关商会作用，促进“金凤回巢”“乡贤回归”。完善重大招商项目“绿色通道”工作机制，优化投资软环境，营造“亲商、扶商、护商、安商”氛围。参加世博米兰展，推介韶关。用好与旧金山、荣州等地的友城关系，促进韶关发展。

实施“文化名城”战略，健全公共文化服务体系和文化市场体系，满足市民文化需求。

……

大力培育和践行社会主义核心价值观。广泛宣传“中国梦”和社会主义核心价值观，加强公民道德和未成年人思想道德建设，推进诚信建设和志愿服务制度化，加大“扫黄打非”专项整治力度，深化全国文明城市创建。特别要充分激发广大干部群众不甘落后、创新创业的激情，营造加快发展的良好社会文化氛围。

加快特色文化建设。深入挖掘历史人文、生态山水等地方特色文化资源，弘扬、传承客家文化，推进城市建设与文化建设融合发展，提高城市品位。在城市规划建设中充分植入韶关特色文化元素，加强特色文化景观和重要区域、重要地段文化标识设置，突显城市文化主题。围绕以丹霞山为代表的丹霞文化，加快环丹霞山产业园项目建设；围绕以南华禅寺为代表的禅宗文化，加快大南华文化项目建设；围绕以张九龄为代表的名人文化，加快文化名人项目建设，加快李汉魂公馆、余汉谋公馆维修改造，支持涂志伟美术馆的发展；围绕以珠玑古巷为代表的寻根文化，加快珠玑古巷项目建设；围绕乳源瑶族少数民族文化，支持少数民族继承发展传统体育、舞蹈、歌唱文化；依托原中央苏区、革命老区，弘扬红色文化。

加大文化惠民力度。实施重点文化惠民工程，加快县城数字影院全覆盖，完成农村广播电视无线覆盖工程建设等任务。大力开展“中国梦·我的梦”、乳源瑶族“十月朝”、禅宗六祖文化节、青岛啤酒节、百年东街文化节、南雄姓氏文化旅游节、民间艺术花会等品牌文化活动。加快文化设施达标建设，重点推进芙蓉新城主题文化公园建设，以及西河文体中心和韶关剧院改造等项目。创新公共文化服务方式，推行“群众报单、政府买单”的公共文化服务供给方式，破解公共文化供给与需求脱节问题。深化文化事业单位改革，完善文艺精品创作扶持机制，扶持市直媒体、新兴媒体、文艺团体和专业剧团创新发展。鼓励民间资本参与公共文化建设，促进公共文化服务多元化、社会化。

加强文化遗产保护和利用。抓好武江南路历史建筑修复工作，修复广富新街、升平路等历史文化街区，打造东堤艺术字画一条街、百年东街餐饮娱乐购物一站式服务商业街。推进曹角湾村、下胡古村、湾头村、芙蓉山寺和正觉寺改造。加强对粤北采茶戏、瑶族刺绣等非物质文化遗产的保护传承。

加快文化产业发展。制定全市文化产业项目库，完善文化产业发展规划，着力培育骨干文化企业，扶持小微文化企业加快发展。大力发展以旭日为龙头的玩具文化产业。推进科艺创意印刷、南雄罗曼水晶钢琴生产基地、珠玑文化产业园、翁源兰花文化创意产业园、始兴盛怡制笔产业园、始兴丝绸创意文化产业园、新丰云髻山文化产业园、乳源民族文化产业园、金鸡岭文化产业园、大南华文化创意产业园建设。加快培育文化消费市场，提高居民文化消费水平。

……

今年，市政府将在继续抓好以往承诺民生实事的同时，办好九件实事：1. 强化就业培训服务；2. 提高底线民生保障水平；3. 开展山区中小河流整治；4. 完成300公里以上新农村公路路面硬化；5. 将城乡居民基本医疗保险补助标准从年人均320元提高到360元；6. 完成市广播电视台广播电视采编制播高标清升级改造；7. 建成市区小岛片区截污管网；8. 建成市区田螺冲污水处理厂一期工程；9. 建设芙蓉新城盆景山公园、武江区移山路公园和黄沙坪公园一期以及浈江区田螺冲棚改安置区矿山公园。

……

大力实施主体功能区规划，积极推进国家生态文明先行示范区建设，努力将生态优势转化为经济优势，推进经济社会发展。

加强造林绿化工作。加强交通主干道及重要景区、主要流域、城镇周边山体等“三边”造林工程和森林公园建设，扩大省级生态公益林面积，提升生态景观林带、碳汇造林、乡村绿化美化工程质量，完成省下达的目标任务。实行护林员薪酬与工作绩效挂钩。关停整合一批现有木材加工企业。加快苗木基地、森林防火直升机基地建设。发挥主城区和芙蓉新区的示范带动作用，加强城市绿化美化。借鉴外地经验，鼓励社会资本参与造林绿化和森林公园建设。

提升环境保护水平。实施新环保法，加大环保执法和惩治违法行为力度。建立道路遗撒、施工扬尘、环境损害、破坏森林、非法采矿等违法行为有奖举报制度，并探索建立环保警察制度。对损害环境的责任单位和责任人，受到处罚而拒不改正的，按照原处罚数额按日连续处罚，构成犯罪的依法追究刑事责任。加快推进国家节能减排财政政策综合示范城市建设，狠抓落后产能退出、供电与产出挂钩和大气、水体污染减排。加大对PM2.5、PM10的监控和大气污染防治，加强重污染天气监测预警；推行清洁生产，突出高污染燃料工业小锅炉和工业企业大气污染治理；加强机动车污染防治，扩大市区黄标车禁行区，加大黄标车和老旧车淘汰力度；推进市区公交电动化项目，推广应用新能源汽车。加强城市扬尘污染控制，扩大城市禁燃区。推进大宝山、韶钢环保改造和韶冶整体搬迁升级改造项目。加强水污染防治，加快市区截污管网、污水处理厂建设及翁源李屋拦泥库外排水处理扩建工程建设。加强生态修复治理，开展矿山环境综合治理、水土流失治理、石漠化治理和重金属污染防治及受污染土壤治理修复。加快曲江沙溪民采遗留矿山综合治理，关停淘汰污染重、效益差、产业关联度低的涉重企业。加强危险废物处置设施建设。以生活垃圾、生活污水、禽畜污染整治为突破口，大力综合整治农村人居环境。健全突发环境事件应急评估、备案、预警及处置、环境污染事故预防和应急处理制度，防止重大环境污染发生。

（节选自 http：//news.sgxw.cn/2015/0209/485912.html）

附录 3

2015 年韶关旅游节庆活动列表汇总

2015 年韶关旅游节庆活动共有 42 项，全年节庆活动围绕观赏美景、采摘鲜果、疗养身心、民俗美食等特色主题开展，融合比赛竞技、登山露营、徒步穿越等体育和文化类活动，内容丰富，精彩不断。

一、春之浪漫　花舞韶关

序号	活动名称	活动时间	活动地点	活动简介
1	翁源兰花节	2015 年 1 月	幽兰山庄、胜龙茶场	兰花观赏推介
2	2015 年第四届韶关樱花文化节	2015 年 1—3 月	浈江区东山村樱花公园	樱花摄影大赛、樱花美食大会、“远古梦回”古装秀等
3	2015 年韶关旅游节庆活动启动暨南雄樱花节	2015 年 2 月上旬	主田镇樱花基地	赏樱花、杜鹃花、波斯菊，温泉养生体验
4	新丰樱花节	2015 年 2—4 月	樱花峪景区	樱花观赏、九宫拼图、一元抢票等系列线上与线下活动
5	仁化县春节民间民俗文化节	2015 年 2 月 18—3 月 5 日		走马灯、香火龙等民俗艺术展示活动
6	“晒民艺”始兴民俗节庆活动	2015 年 2 月 19—2 月 23 日	县城、各乡镇、旅游景区	始兴民俗文艺演示：舞龙、钱叉舞、醒狮、舞阿妹、长鼓舞、龟蚌舞，客家婚嫁司礼等
7	始兴旅游土特产节	2015 年 3 月 21—4 月 5 日	始兴县幸福里土特产一条街	土特产民销、优惠月活动、旅游客服中心落成仪式
8	2015 年丹霞山春季烟雨节	2015 年 3—5 月	丹霞山	赏烟雨丹霞，读别样风情

（续上表）

序号	活动名称	活动时间	活动地点	活动简介
9	九峰桃花旅游节	2015 年 3 月	九峰镇	赏桃花、梨花活动，桃园民俗体验
10	“佛光普照”南华诞	2015 年 3 月、9 月	南华禅寺	拜谒真身、祈福礼佛
11	红山茶叶节	2015 年 4 月	仁化县红山镇	文艺表演、茶叶评比、茶艺表演、生态茶园观光体验等
12	云锦杜鹃赏花节	2015 年 4 月		赏中华奇观——云锦杜鹃

二、夏之妩媚　桃醉枫湾

序号	活动名称	活动时间	活动地点	活动简介
13	枇杷、杨梅节、蜂蜜节	2015 年 4 月 25—7 月 15 日	县内各大果园、养蜂场	枇杷、杨梅采摘乐，体验蜂蜜收成，景区、宾馆饭店优惠促销月
14	2015 年三雄绿道水果节	2015 年 5—10 月	浈江区十里亭三雄开心农场	绿色骑行、水果品尝采摘
15	2015 年韶关大学生旅游文化节	2015 年 5—6 月	韶关学院	举办“追梦之旅”旅游文化学术讲座、韶关大学生“十佳导游”服务技能竞赛、“体验旅游”攻略设计竞赛、大学生旅游体验征文比赛、大学生旅游文化节 VI 设计（如 Logo 等）、2015 年韶关大学生旅游文化节闭幕仪式暨颁奖晚会
16	泽雨农科百果品尝节	2015 年 2—12 月	粤台农业试验区泽雨百果园基地	百果园基地开园上市迎春、特色水果品尝会
17	第二届南岭“瓜果花香世界”旅游节	2015 年 6 月	乳源县南岭一峰生态园	举办第二届南岭“瓜果花香世界”旅游节，打造格桑花世界
18	翁源特色水果采摘节	2015 年 6—7 月	三华李基地、九仙桃基地	祈福、摘果、泡温泉

（续上表）

序号	活动名称	活动时间	活动地点	活动简介
19	福寿新丰旅游文化节	2015 年 6—8 月	新丰县	整合全县旅游资源，开展专场营销推介会、采摘福寿瓜等活动
20	2015 第二届丹霞山亲子节	2015 年 6—10 月	丹霞山	研发丹霞山亲子产品、推广丹霞山亲子线路，打造丹霞山亲子旅游目的地
21	第二届姓氏文化旅游节	2015 年 6—10 月	珠玑古巷景区	祭祖大典、祈福法会、公益活动等
22	曲江区“桃醉枫湾”花果节（水蜜桃、火龙果、荷花）	2015 年 7 月	枫湾镇	赏荷花、品蜜桃、尝火龙果及土特产展销、枫湾温泉休闲度假
23	曲江区第二届“风情古村”祈福文化节	2015 年 7 月、11 月	小坑镇	探寻古村魅力、领略民俗风情、饱览青山绿水、感悟禅境温泉
24	云门山水上世界旅游狂欢节	2015 年 7—8 月	乳源县云门山旅游度假区	经典的漂流项目，水上乐园新增的海啸池、大喇叭、彩虹滑道等设施，让大家对狂欢节流连忘返
25	“禅意小镇”国际路亚猎鲈文化节	2015 年 8 月	小坑镇	体验经律论文化旅游小镇禅意温泉、观赏国际路亚钓鱼大赛

三、秋之神韵　梦里茶乡

序号	活动名称	活动时间	活动地点	活动简介
26	2015 第八届徒步穿越丹霞山活动	2015 年 7—11 月	丹霞山	徒步穿越丹霞山
27	第二届丹霞山全国山地自行车公开赛	2015 年 8—12 月	丹霞山	全国山地自行车赛

（续上表）

序号	活动名称	活动时间	活动地点	活动简介
28	首届新丰美食节	2015 年 9 月	新丰县	整合全县美食资源，评选新丰十大特色小吃，举办土特产展销会、美食优惠季等活动
29	第二届银杏旅游文化节	2015 年 10 月下旬	坪田镇坳背村、帽子峰林场	银杏叶观赏、摄影
30	曲江区第二届“国宝鳄蜥·梦里茶乡”茶文化节	2015 年 10 月	罗坑镇	茶文化体验、茶产品推介、民俗风情表演、客家美食品尝
31	“攀广东第一峰”南岭登山旅游节	2015 年 10 月	乳源县南岭国家森林公园	勇攀高峰，挑战自我，做“广东第一人”
32	曲江区第二届“纵情山水”登山节	2015 年 11 月	樟市镇	徒步穿越、领略自然风光、品尝特色美食、土特产展销
33	仁化长坝金柚节	2015 年 11 月	仁化县大桥镇	金柚评比活动、文艺表演、参观基地和体验采摘等
34	第三届广东省环南水湖自行车公开赛	2015 年 11 月	乳源县南水湖	将第三届广东省环南水湖自行车公开赛打造成国家级重要自行车赛事之一
35	第九届瑶族“十月朝”旅游文化节	2015 年 11 月	乳源县城	瑶族“十月朝”已经成为广东省群众性文化活动优秀品牌，活动内容涵盖了文化传承交流、旅游宣传推介、体育竞技比赛等项目

四、冬之禅境　唯美画廊

序号	活动名称	活动时间	活动地点	活动简介
36	石塘堆花米酒文化节	2015 年 12 月	仁化县石塘古村	有远近闻名的月姐歌等文艺表演、堆花米酒品鉴及评比、古村风味小吃展销、古村非遗技艺演示、游览双峰寨及石塘古村等精彩节目
37	南雄梅岭梅花节	2015 年 12 月下旬	梅关古道景区	梅关古道踏青、赏梅、徒步古道比赛、品尝青梅酒等活动
38	首届“岭南药膳”养生文化节（坝美农禅生态园）	2015 年 12 月	枫湾镇	品中华药膳养生宴，体验农耕禅修
39	“南岭红沙漠”黄田萝卜节	2015 年冬	马市黄田村	“南岭红沙漠”周年庆典、拔萝卜比赛亲子活动
40	新丰枫叶节	2015 年 12 月	新丰县	依托枫叶、温泉等新丰优质资源，开展摄影大赛、“红叶”主题相关活动
41	2015 韶关旅游风光摄影节	2015 年		2013 年 1 月 1 日面向社会公开征集以来，广大摄影爱好者拍摄到韶关辖区内有关山水风光、特色民俗、历史遗迹、时代风貌以及旅游节庆活动等经典照片，重点是旅游景区风光
42	2015 韶关旅游欢乐美食节	2015 年 12 月	奥园广场等	展示韶关本土特色美食、丰富市民精神文化生活，聚焦旅游人气，扩大知名度，打造美食欢乐盛会

附录4

户外活动几种基本结绳及用途

绳结有很多种，认真学习及掌握结绳的基本方法，并善加运用，则足以应付野外的各种状况。尤其是接绳结、双套结、八字结、称人结等，应用范围很广。以下就将绳结中最基本的几种结法及其用途详加说明。

1. 单结

单结是最简单的结。当绳子穿过滑轮时，单结可发挥绳栓的作用；在拉握绳子时，单结可以用来防止滑动；当绳端绽线时，可用来暂时地防止其继续脱线。单结的缺点是，当结打太紧或弄湿时就很难解开。

以单结为基础，可以变化成结形较大的多重单结、圈套结之一的活索、将绳与绳连接的固定单结、作成一个固定圆圈的环结，以及在一条绳子上连续打好几个单结的连续单结等。①将绳端与绳子相交，穿过绳环；②打成一个结。

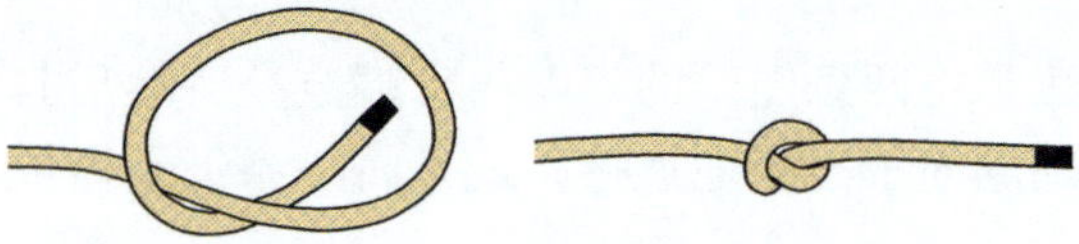

①　　②

2. 双重单结

双重单结是为了避免使用绳子损坏部的重要绳结。它的结法很简单，只要将绳子对折后打一个单结即可。绳环部分就是绳子的损坏部分，由于其无法产生施力作用，所以即使拉紧绳子两端，绳环部分也不会受力。

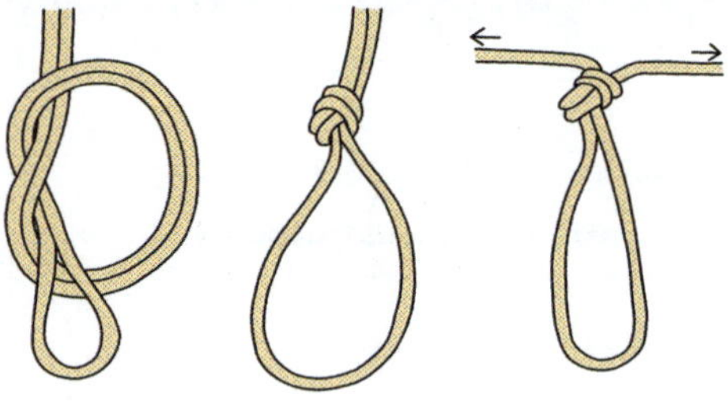

①　　②　　③

3. 多重单结

增加缠绕次数（2 ~4 次），打成较大的结形。为了不让结打乱，应该边打结边整理。这种结用在绳子的手握处，或是在绳子要抛向远处时加重绳头的重量。

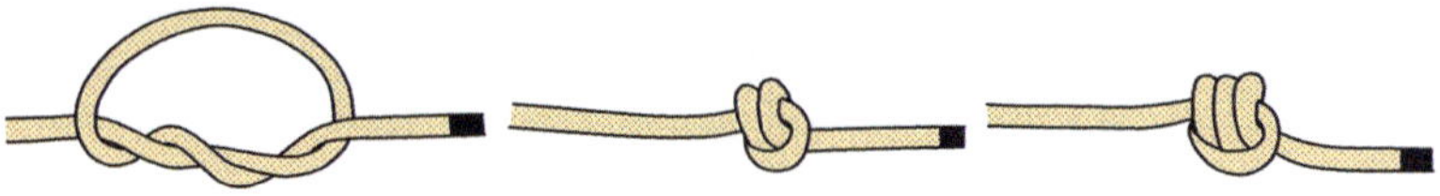

①　②　③

4. 活索

一种简单的圈套结。拉紧绳子的前端即可做成一个圆圈，圆圈中间没有任何东西，一拉绳子即可将结解开。

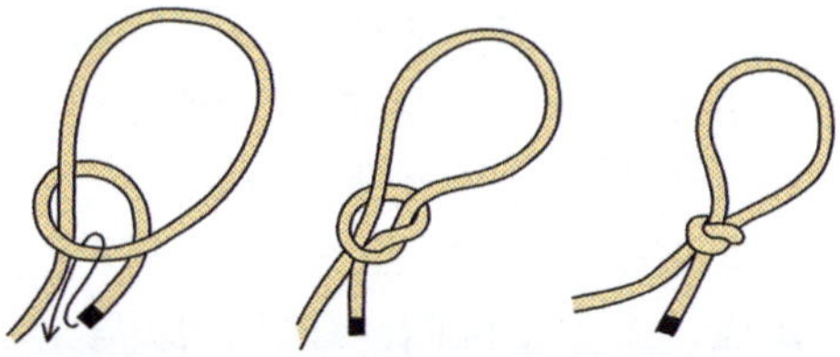

①　②　③

5. 固定单结

固定单结的打法是将两条绳子的末端与末端重叠，然后打一个单结。这个结是在将两条同样粗细的绳子迅速地连接，或是将一条绳子做成环状时使用的。

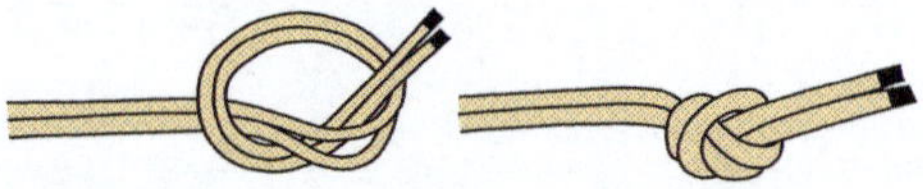

①　②

6. 连续单结

这是在紧急逃脱时使用的结，就是在一条绳子上连续打好几个单结。但如果不熟练的话，结与结之间很难做成等间隔。需要进行反复练习，直到抓到窍门为止。

①　②　③

7. 接绳结

接绳结是连接两条绳索时所用，打法简单，拆解容易，可适用于质材粗细不同的绳索，安全可靠程度高。当两条绳索粗细不一时，打结的时候必先固定粗绳，然后再与细绳相连。

接绳结的打法有两种，一般最常使用的是如下所介绍的打法 1。而打法 2 适用于连接细绳或需要迅速打好结时使用。

打法 1：①将一条绳索（粗绳）的末端对折，然后把另一条绳索（细绳）从对折绳圈的下方穿过；②把穿过的绳头绕过对折的绳索一圈；③打结；④握住两端绳头拉紧结目。

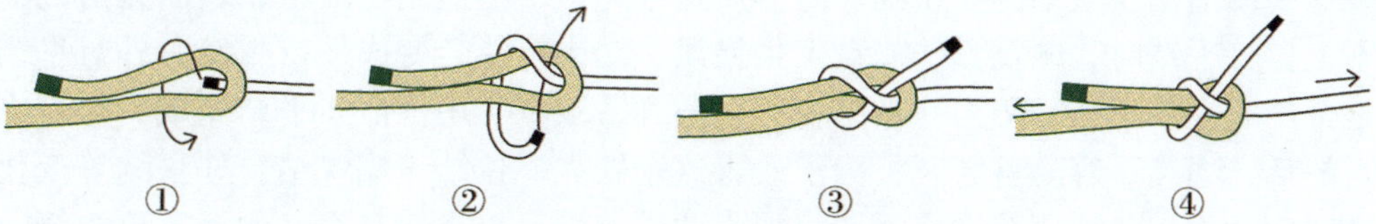

打法 2：利用指尖，使细绳可以迅速打成接线结的方法。①将两条绳索先行交叉；②手握着交叉部分，然后把一端绳索（细绳）绕个圈；③把另一端的绳索（粗绳）对折；④将绳头穿过绳圈；⑤拉紧较细的绳；⑥用力拉紧结目后完成。

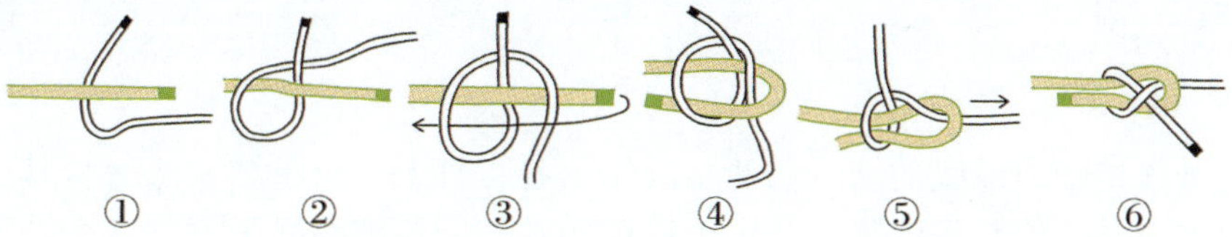

8. 滑接绳结

接绳结的变化之一是滑接绳结，它比接绳结更容易拆解。滑接绳结是使接绳结末端变成活结的打法，即使绳结很紧，仍然可以轻松解开。

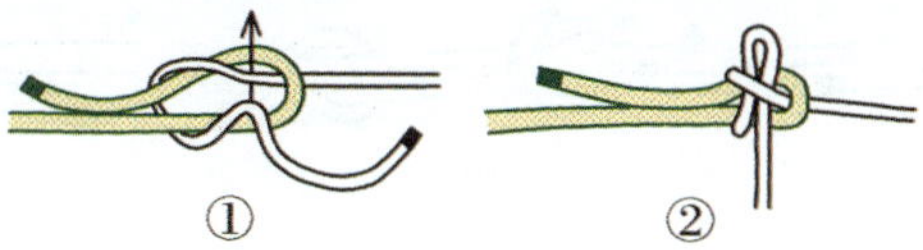

9. 双接绳结

打接绳结时绳索多绕一圈，可以加强绳索的耐力与安全性。它的耐力是接绳结的两倍，如果绳索多绕两圈，双重接绳结便成了三重接绳结，但不要忘了在末端预留缠绕的空间。与接绳结同样打法，但将绳头在末端多绕一圈，再拉紧结目。

①　　②　　③

10. 平结

平结适用于联结同样粗细、同样质材的绳索，不适用在较粗、表面光滑的绳索上。打平结时，缠绕方法一旦发生错误，结果可能会变成外行平结。外行平结是个不完全的活结，用力一拉结目就会散开，缺少实用价值。平结完成后拉得太紧的话，绳结不容易被解开；为了改善这个缺点，拉结、蝴蝶结、外科结等变化结便应运而生，应用范围广泛。将绳索两端缠绕后拉拢，在交叉的上方再缠绕一次，此时如果缠绕方向错误，结果会变成外行平结，这要特别小心；再握住两端绳头用力拉紧。

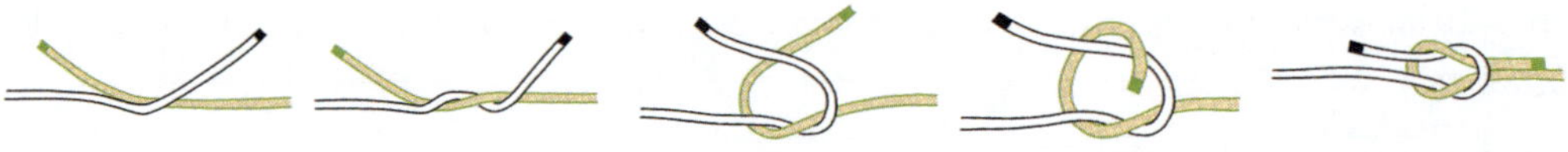

①　　②　　③　　④　　⑤

11. 渔人结

用于连接细绳或线的结。在两条绳子上各自打上一个单结，然后将其连接起来，结构简单，但其强度很大，也可以使用在不同粗细的绳子上。这个结不太适用于太粗的绳子，或是用在容易滑动的纤线等绳子上，因为有时很容易就解开了。①将两条绳子的前端交互并列，其中一条绳子像卷住另一条绳子般打一个单结；②另一边也同样打上一个结；③将两条绳端用力向两边拉紧。

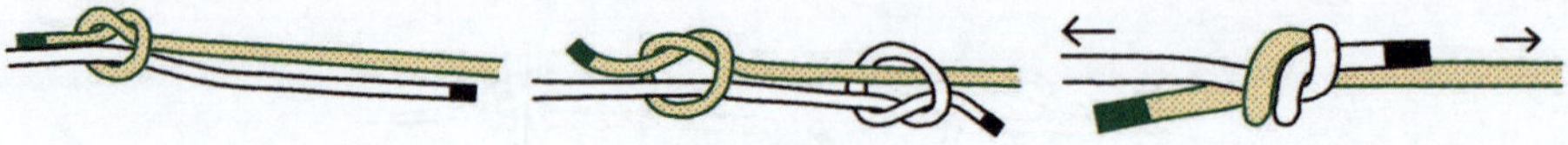

①　　②　　③

12. 双渔人结

双渔人结是在渔人结的基础上多一次缠绕后打成的结，可以增加接绳强度，这个结是用于联结两条绳索，其缺点是结形较大。①将渔人结的卷绕次数多增加一次后打结；②另一边也同样打结；③将两条绳端用力向两边拉紧。

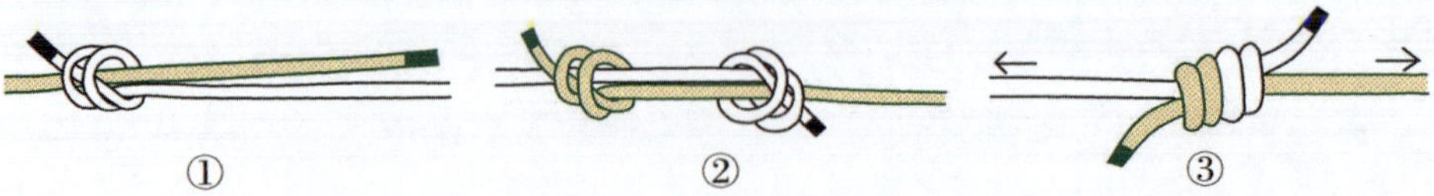

①　　②　　③

13. 八字结

八字结主要是作固定防滑之用，八字结的结头比单结大，适合作为固定收束或拉绳索的把手。八字结的打法简单、易记，它的特征在于即使两端拉得很紧，依然可以轻松解开。以下介绍两种打法。

打法 1：这是最常使用的打法，适合用于绳索较粗时。①将绳端先行交叉；②将一头的绳索绕过主绳；③将绳头穿过绳圈后拉紧完成。

① ② ③

打法 2：适用于绳索较细时。①将绳端对折，并用双手握住；②把对折部分朝箭头方向转两圈；③将绳头穿过绳圈；④拉紧两端打好结。

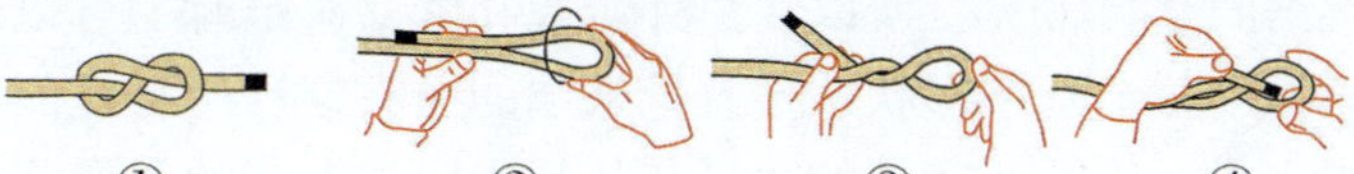

① ② ③ ④

14. 滑八字结

滑八字结是把八字结变化成活结的形状，而且只要一拉绳索的末端，即可松开结。在绳索的末端留下足够的长度后打个八字结，然后再把绳头穿过圆环后拉紧便完成。只要解开绳头，就可解开结目。

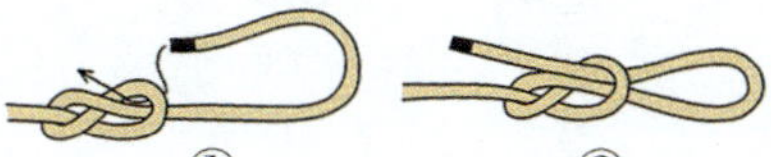

① ②

15. 双重八字结

打双重八字结的目的是做个固定的绳圈。只要将绳索对折后打个八字结，便能形成双重八字结。在绳索中部打个八字结，然后将绳头顺着结目从反方向穿过绳圈，同样也可以完成双重八字结。这个打法可以将绳索打在其他物品上，十分方便。由于双重八字结具备耐力强、牢固等优点，在安全方面非常值得信赖，所以经常被登山人士作为救命绳结使用。不过美中不足的是，双重八字结的绳圈大小很难调整，而且当负荷过重、结目被拉得很紧时，或是绳索沾到水时，要解开绳结就比较困难。

打法 1：把对抓的绳索直接打个八字结，并且做成绳圈，用力拉紧结目。

①　　②　　③

打法 2：利用双重八字结将绳索联结在其他东西时使用。①在绳索中部打个八字结；②顺着结目从反方向穿过绳索的末端；③用力拉紧结目。

①　　②　　③

16. 连续八字结

连续八字结则和连续单结一样，方法是在同一条绳索上连续打好几个八字结。因为八字结的结目很大，所以在户外游戏和紧急避难时，可以发挥很大的作用。先将绳索排成数个八字形状，接着把末端的绳头穿过所有绳圈后，一条连续八字结便宣告完成。连续八字结的诀窍是从最先穿过末端的绳圈开始打结。

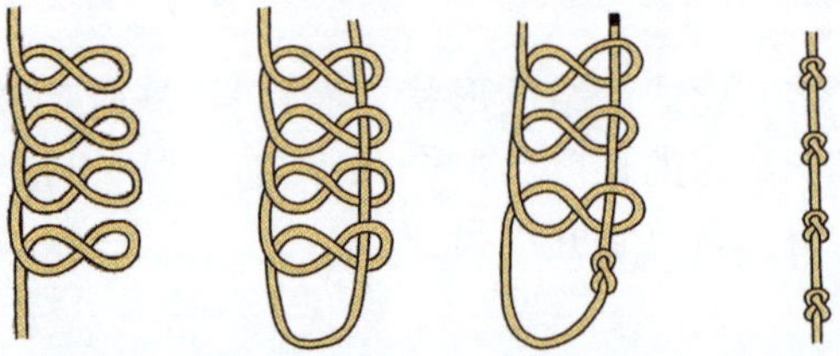

①　　②　　③　　④

17. 半扣结

半扣结的目的是把绳索套绑在其他物品上，可是它不适合套绑方形有角的物品，它只能用在圆柱形的物品上。不过，由于半扣结的耐力很低，稍微一拉就会散开，所以很少单独使用。半扣结所扮演的角色是担当复杂绳结的基本结，另外它还可以加在其他绳结完成后的末端，使整个绳结变得更牢固。把绳索套在圆柱体上，将绳头绕过绳索一圈，再朝箭头方向穿过绳头拉紧。

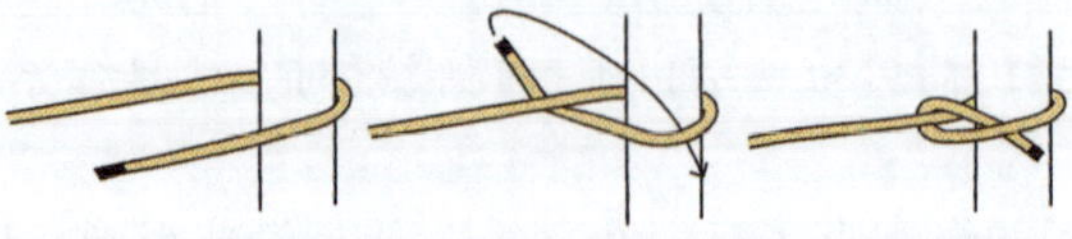

①　　②　　③

18. 双半结

半扣结本身虽经不起外力拉扯，但是两个半扣结加起来的威力却非常惊人，那就是双半结。即使把绳索拉到极限，双半结也不会松散，而且可以很容易解开。利用绳索绑系物品时，双半结的简易性与实用性堪称所有绳结中的最佳选择。其应用范围十分广泛，尤其在露营等野外活动中经常使用。打一个半扣结，然后绕过主绳在末端再打一个半扣结，接着用力拉紧结目完成。

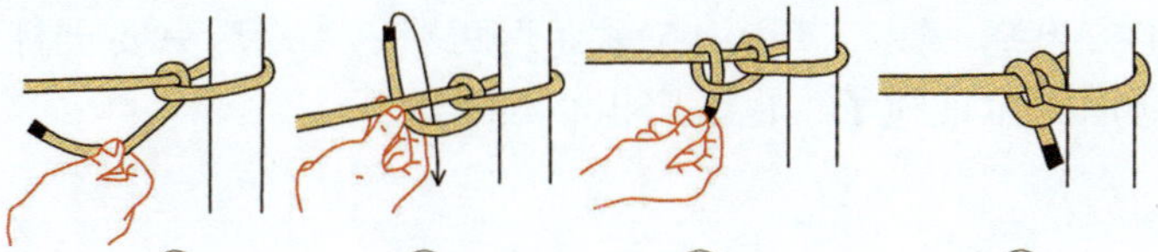

①　②　③　④

19. 系木结

打一个半扣结后，再把剩下的绳头在绳圈上缠绕两三圈的结就是系木结；它适合用来架帐篷，在树上绑吊床或绑晒东西。系木结的优点是简单牢固，即使用力拉扯，也不用担心结会散开，但在需要考虑安全性的物品上，系木结不是很好的选择。应用系木结时，可以在完成后再加一个半扣结以加强保障，适合用来搬运细长物体。①先打一个半扣结；②将剩下的绳头在绳圈上缠绕两三圈后拉紧。

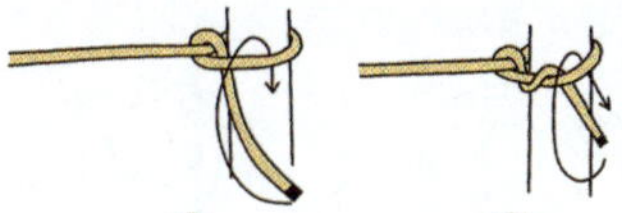

①　②

20. 连钩结

连钩结也是半扣结的变化之一，适合用来将帐篷或遮雨篷的绳子绑在木钉上。它的特征是要通过结目的移动，来调整绳索的长短。此外，它不仅容易完成、容易拆解，而且结目十分牢固。除了搭帐篷和遮雨篷之外，若想让绳索保持在拉得极紧的状态，那连钩结也是非常适用的绳结。①先打一个半扣结；②在距离半扣结些许的地方，再打一个半扣结；③将绳头往回绕一个圈；④最后打个半扣结固定；⑤用力拉紧结目后完成，长短以 A 和 B 两个结目来调整；⑥调整有困难时，可以省略 B 部分的半扣结，而仅以 A 部分来调整。

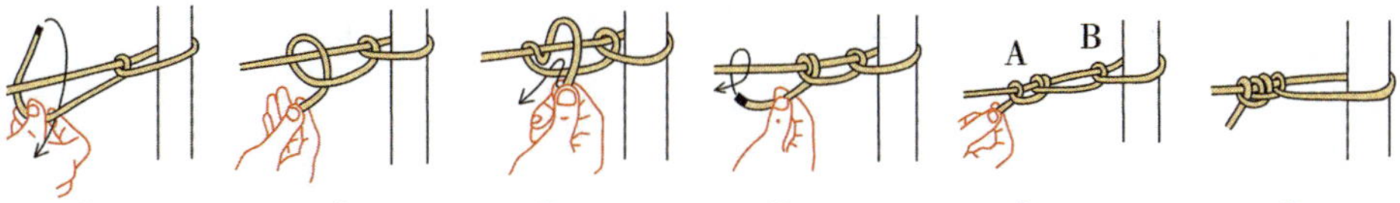

①　②　③　④　⑤　⑥

21. 双套结

双套结广泛地应用在将绳索系在物体上，它不但简单实用，而且在绳索两端用力均等时，双套结可以发挥更大的效果。如果绳索只有一端用力的话，那么只要在双套结完成后再打一个半扣结，效果同样也很好。此外，如果打成双套滑结，那么，在解开时就可以更轻松了。双套结的结法有很多，下面介绍三种最具代表性的打法。

打法 1：是普遍使用的打法，把绳索卷绕在物品上而成。①把绳索绕过物体一圈；②从上方再绕一圈；③用力拉紧绳索两端；④最后只要再打个半扣结，即使朝箭头方向用力拉扯绳子，也不用担心结形散开。

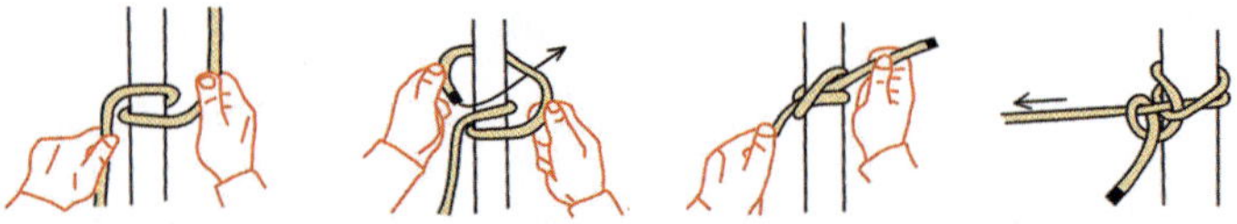

① ② ③ ④

打法 2：做两个绳圈，将之重叠后套在物体上便完成双套结。若要将绳环套住物体，这个方法既快速又方便，而且可以从绳索的中间部分开始打结。①做两个绳圈；②把右边的绳圈重叠在左边的绳环上；③直接套在物体上；④两边用力拉紧即可。

① ② ③ ④

打法 3：当物体的位置处于横摆的状态，或者从下方用力时，可以应用这个打法完成卷结。如果只有一方承担负荷的话，那么最好还是加个半扣结比较保险。

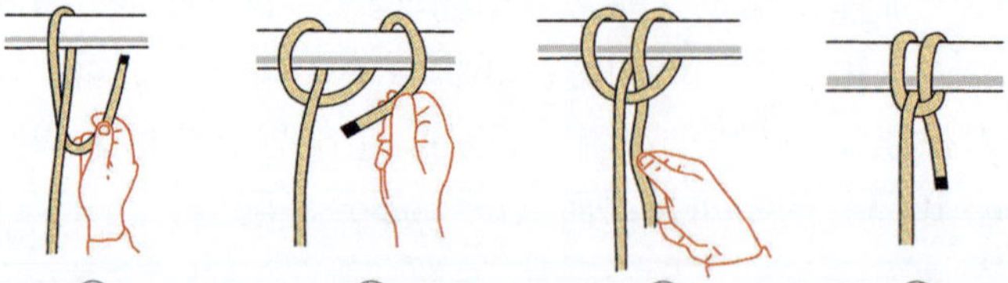

① ② ③ ④

22. 双套滑结

完成双套结后，把绳头处理成活结的形状。

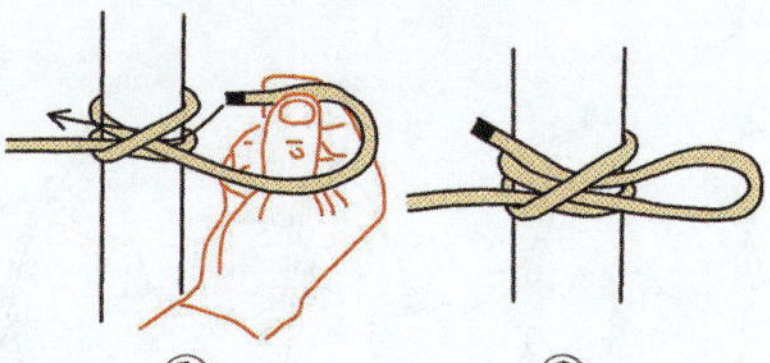

①　　②

23. 称人结

称人结，也叫作“普林结”，被称为“绳结之王”，用途广泛，适用在各种场合。称人结的特点：宜解宜结；安全性高；用途广泛，变化多端，以此种结法为基础，能衍生出各种不同的变化结，是野外活动必须掌握的结绳法。称人结有多种结法，应能将每种用法都灵活运用。如果只记得一种结法，在紧急救人时会觉得应付不过来。以下将介绍称人结的各种打法。在桌上练习粗略的结法是很重要的，但如果能到野外实地演练，边试边学是再好不过了。如此一来，在何种情况下要使用哪种结法，就能够亲身体验了。而且学习其他结法，也必须要切实去操作。

正统结绳的方法：这是最基本的结法。①在绳索的中间打一个绳环；②将绳头穿过绳环的中间；③绕过主绳；④再次穿过绳环；⑤将打结处拉紧便完成。

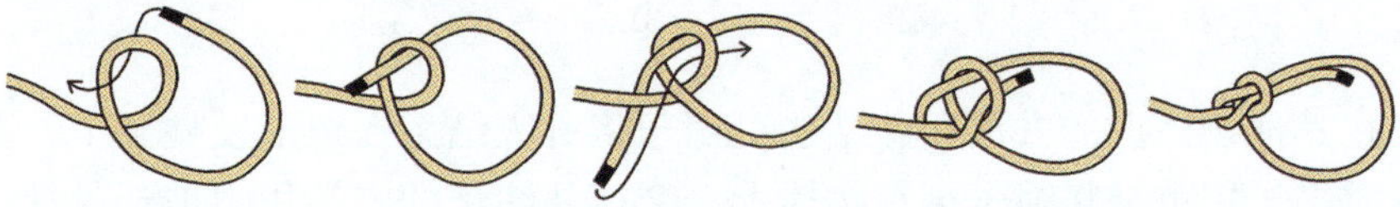

①　②　③　④　⑤

双手结绳的方法：这是在垂下的绳索的末端上用双手打一个称人结时使用，主要是用右手的拇指及食指来操作。①将绳索交叉，用拇指和食指扣住交错处；②转动手腕；③形成像图一般的形状；④最后参考“正统结绳”的要领来完成。

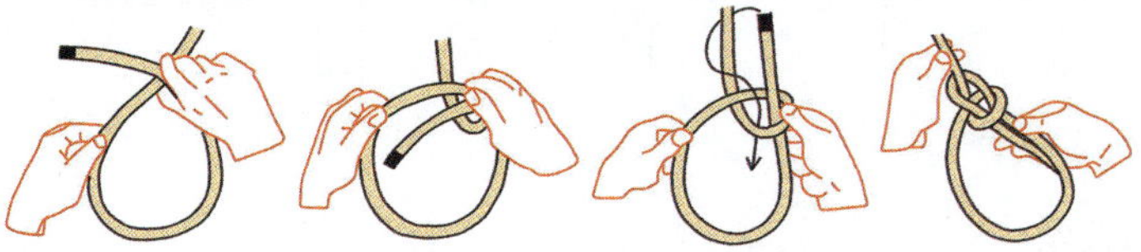

①　②　③　④

单手结绳的方法：这是在不得已须用单手结绳时使用的方法。举例来说，当落入海中的人可用一只手抓住救命的绳索，同时用另一只手将绳索结到腰上，或登山时，把绳索系在安全吊带上，或是直接将自己缠住固定起来。这是最实用的结法。①用右手握住绕过身体腰部的绳索末端；②交叉绳索；③反扭手腕绕过；④形成右手在绳环内的形状；⑤用指头，将绳头绕至主绳；⑥抓住绳头直至右手从圆圈中抽出来为止。

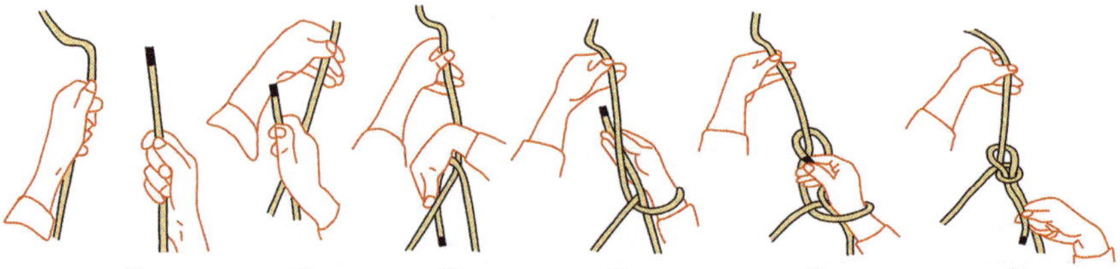

① ② ③ ④ ⑤ ⑥

调整绳环大小的方法：此种是能够简易地调整圆圈大小的结法，可在自己身上结上绳结时使用，重点是要不断地练习，抓到调整的诀窍。①将原先绕过腰部的绳子形成一个圆圈，用左手穿过圆圈并抓住绳子；②保持原来的姿势，把左手伸出来，并取出部分绳索；③将绳头穿过去；④朝着箭头的方向拉；⑤左手握原来的部分；右手握住前端，稍微地拉一下。调节大小之后，再用力地拉紧。

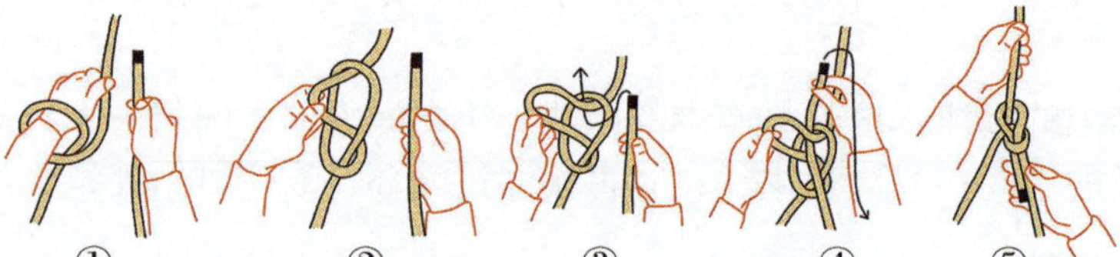

① ② ③ ④ ⑤

结在其他物体上的方法：此结法可用于将称人结系在树上及柱子上，较多用于露营时。①用单结将绳子绑在物体上；②拉住绳子的末端用力地朝外拉；③如此一来就形成如图所示的形状再朝手腕方向拉；④将绳尾绕回主绳；⑤穿过绳环；⑥拉紧打结处。

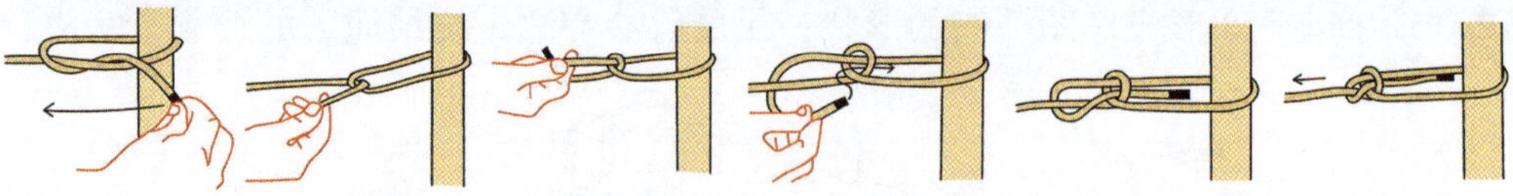

① ② ③ ④ ⑤ ⑥

24. 双称人结

主要是在吊运人工作时使用。特征是可结出两个环圈，仍是使用重叠的绳索来进行。基本上最好两个绳环大小相同，但也有可能不尽相同。在结出同样大小的两个绳环时，各将一只脚放入一个绳环里。如果处理得像图⑥一般的话，即便放开双手也是很安全的，这对救助失去意识的人或是要用两手工作的人来说相当便利。要改变绳环大小的时候，两只脚坐在较大的圈里，而将较小的圈套缠在腋下使用，如图⑦所示。①在重叠成双条的绳子中间处做一个绳环，并从此绳环将末端拉出；②将拉出的末端穿进两个环中；③绕到后侧；④握住上方；⑤拉紧绳结后完成。此时，如将一绳环缩小，另一个则会变大。如图⑦使绳索在胸前交叉，那么即使放开双手也不会翻转。

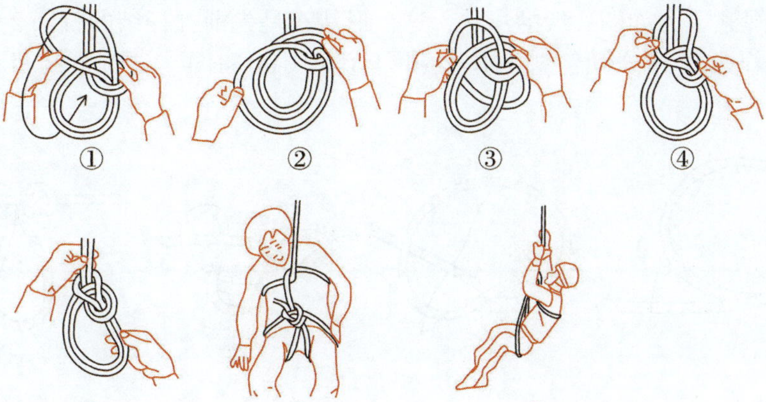

①　②　③　④

⑤　⑥　⑦

25. 杠杆结

杠杆结是将绳索绑在附紧物上的绳结，它和双半结、系木结等绳结一样，可以用于在树木之间连起绳索，或在搭帐篷绑帐篷绳时。此外，当绳索易滑或绳头太短难以用力时，杠杆结可以在绳索上打一个结目当成把手，通常是结目完成后再加上一个棒状把手。

杠杆结的缺点是万一结目没有被拉紧，它就会有自动松开的危险。但因其打法和拆解都十分容易，所以应用范围仍然相当广泛，堪称在露营活动时不可缺少的绳结。

打法1：把绳索直接绑在柱子上的方法。①把绳索卷在柱子上后，将绳头缠绕在绳索上；②把绳圈扭转，做成小绳环；③将绳头穿过绳环，拉紧结目。

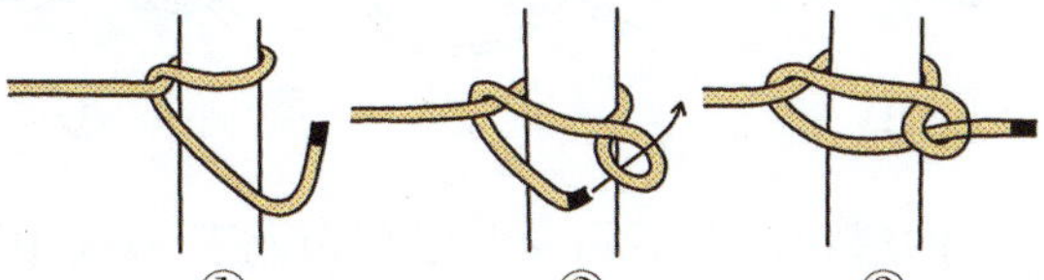

①　②　③

打法2：在绳索上做把手的打法。先在绳索上打个结目，然后再将棒状的物体插入拉紧即可。

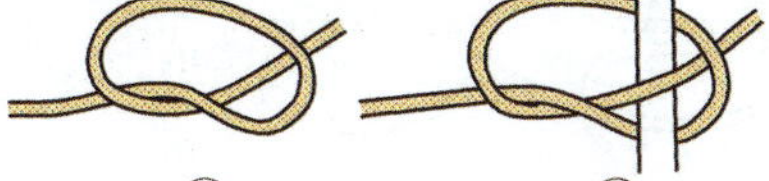

①　②

26. 背牵结

背牵结是利用绳索的中间部位作为绳圈。在使用绳索拉重物时，人们常用此结做成好几个绳圈，然后再把绳圈套在手腕或肩膀上作业，因此背牵结又称为人力结。它的功能是可在露营活动时用绳索来装吊一些小东西。如果负荷太大，结便会松开，绳圈也会变大。①在绳索的中间部分做成绳圈，然后把A部分往下拉移；②使绳索成为如图一般的形状，这个形状正是先前杠杆结的打法2上所示的形状。接着把B部分朝箭头方向拉出；③如图③和图④，拉紧结目，完成背牵结。

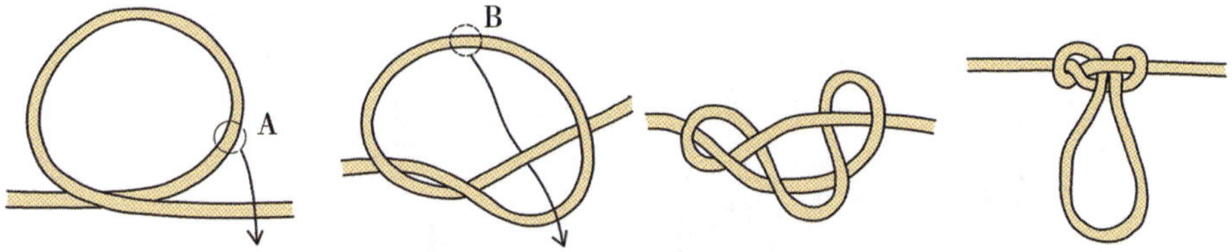

①　②　③　④

27. 中间结

中间结和背牵结一样，都是在绳索中间打绳圈的绳结。不过就牢固性与安全性而言，中间结比背牵结优秀，而且几乎不必担心是否会松散。此外，它比较容易解开。

中间结一如其名，经常用在登山时绑在中间的人身上，此时只要做个大绳圈套在中间人的身上即可。同时也可以在一条绳索上利用中间结做成数个小绳圈，这样可以用来装吊手提灯之类的东西，用途广泛。中间结的两种打法如下：

打法1：①利用绳索中间部分做成八字形的绳圈，接着把A部分往上拉，使其成为下图的形状；②再把A部分朝箭头方向穿过拉出；③拉紧结目完成。

①　②　③

打法2：虽然绳结的形状有点不同，但是仍可将其视为中间结的一种。①将绳索中间部位对折后，把对折的部分往上拉；②如图所示，让两个绳圈交叉；③同打法1的方法完成结目。

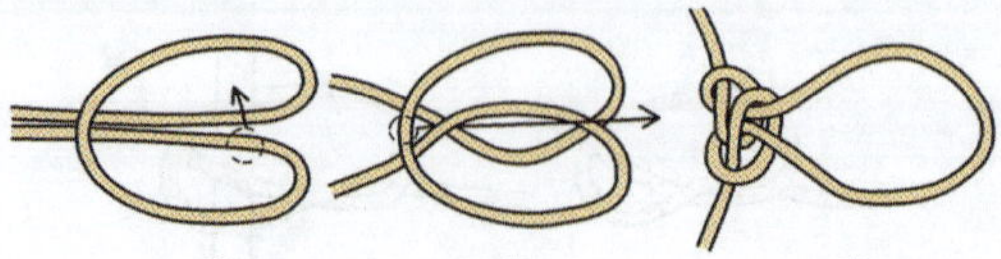
①　②　③

附录 5

特种旅游的策划与组织

策划就是策略、谋划，是为了达到一定目的，在调查分析有关材料的基础上，遵循一定的程序，对未来某项工作或事件进行系统、全面的构思和谋划，制订和选择切实可行的执行方案，谋划对策，并根据目标要求和环境变化对方案进行修改、调整的一种创造的运筹过程。

特种旅游的组织是建立在一定的物质条件、技术保障和组织经验下的严肃活动。参与者可以探险，但不可冒险。盲目、无准备、无策划地组织野外活动，都极有可能使活动以失败告终，青山绿水也可能危及参与者的生命。

俗话说："良好的开端是成功的一半。"特种旅游的组织者必须对活动进行完整策划。详细和完整的策划书是组织特种旅游的重要条件。

一、特种旅游的前期准备与策划

在开展野外活动之前，必须制订一个详细的活动策划书。策划书一方面可以使特种旅游的目的性更明确，另一方面可以帮助组织者考虑得更加周全。策划的周密与否直接影响活动开展的效果。

1. 特种旅游的组织策划内容

组织特种旅游活动之前，特别是组织有一定难度与一定强度的特种旅游活动前，必须由有经验的领队组织成策划小组共同制订好详细的策划书。

特种旅游的策划书的主要内容应包括以下内容：

（1）活动的目的、类别、内容、对象与时间表。

特种旅游的目的是增强体能、陶冶情操、磨炼意志、突破自我、增强环保意识、提高野外生存能力、培养团队精神等。

活动的类别可分为郊游、拉练、探险等。类别中应明示活动的强度等级、技术等级以及风险等级。

内容是指具体的活动项目。

活动的对象是指对参与者的界定。

活动的时间表应包括准备期时间表、活动期间的时间安排表。

（2）活动的地点、线路以及环境与气候说明。

明确的地点、线路及环境与气候说明直接影响组织者与参与者的前期物质准备。

（3）所需设备、设施、物品与经费预算。

根据活动的内容、线路，确定好公用设备、物品清单、药品清单，提供个人携带物品建议清单。测算好公共经费预算和意外准备金数，并约定预交数，活动结束后以何种形式分担活动费用。

（4）风险、保险与安全预案。

“安全第一”是特种旅游必须遵循的首要原则，无论是什么内容或形式的特种旅游活动都可能出现意外，因此安全是组织活动的前提。组织者必须充分考虑到各种危险因素，并预先采取防范措施，同时应加强对大家的安全教育。

针对活动的性质与内容作出风险评估。对于一些风险比较大的野外活动，主办者应当向参与者详细说明活动的风险性，并应告知风险须由个人承担的原则，要参与者向其家人说明并征得家人的同意，必要时还要统一拟订一份“自愿书”。自愿书可说明上述情况，如果发生意外事故，由个人负责等，最后由参与者签名。这并非为主办者开脱责任，而是一种通行的做法。参与者需购买人身意外保险，对可能出现的安全事故作出预测。

（5）人员分工与责任。

组织活动的总负责人应对其他参与组织者进行项目分工。明确财务、后勤、技术、安全、联络等工作的具体负责人，并对他们的岗位职责进行明确。10人以上的活动应成立行动小组，指派体质、人品、人际关系良好，又有一定野外活动经验的人担任组长，负责小组内一般事务的调配。

2. 特种旅游的前期准备

（1）组织者的前期工作。

a. 线路的选择、勘探，附近地的熟悉。

b. 人员分工与明确责任。

c. 物质、经费与设备的准备。

d. 对参与者的安全教育与环境保护知识教育。

（2）参与者的前期准备。

a. 参与者应自我进行体质评价并做好体能训练。

常年体弱多病，有心血管疾病、消化道疾病的人群不适合进行野外活动；孕妇、经期的女士不适合参加有一定强度的野外活动。参加有一定强度的野外活动之前，参与者应有针对性地进行体能训练，如长跑、负重登楼、游泳等常规运动。

b. 专项技能的模拟训练。

如果是组织有一定难度或是时间较长的野外活动，行动前应对参与者进行一些专项技能的模拟训练，让参与者熟悉专项器材的使用方法，并对一些专项技能进行辅导，如岩降、溯溪等技术方面的运用。

c. 个人物品的准备及告知家人。

个人物品的准备应以需要与实用为原则，可带可不带的物品尽可能不带，以减少行李的重量。

青少年参与者需要征得家长的同意方可参加。其他参与活动的人也应知会家人、工作单位和朋友，告知他们活动的目的、基本内容、人员情况、返回的时间和可能遇到的情况，让大家有一个基本的了解及思想准备。万一发生意外，他们也好联系有关方面进行救援。

二、特种旅游的组织实施

特种旅游是在自然环境之中开展的野外活动，这也决定了它是一项高风险的运动。野外活动没有一致的运动规律，情况复杂多变，团队成员之间的心态微妙，如果发生意外，求救和救援都是非常困难的。

特种旅游的组织实际上是一门综合性非常强的学问，它要求组织者具备良好的生理、运动、医学、地理、气候、天象、动植物、人文等方面的知识，同时还需要组织者具有良好的心态、沟通能力、团队精神、丰富的经验和果断的性格。

1. 领队在活动前的工作

（1）出发前：向参与者做自我介绍并介绍其他组织者的分工，然后说明自己的责任和义务，强调自己有什么权利，最后礼貌地恳请大家配合工作。领队特别需要利用这个时间再次强调活动的纪律与安全方面的注意事项。

（2）上车后：再次说明本次活动的起点、途经线路、终点、人文与地理环境以及大致的时间安排，一般情况下不要随便更改原定计划。

（3）准备进入野外时：要集合队伍、清点人数、整理背包、分配公共用品与携带人员、安排队头与队尾人员（一般由经验丰富和体格较好的人员担任）。

2. 领队在活动中的工作

（1）行进时：领队一般走在整个队伍前 1/4 的位置，途中根据队员的体能、宿营地距离等因素，适当调整队员的前行速度。途中要观察队员的体能与身体状况，安排体能好的队员分担体能较差或身体出现问题的队员的行李，确保团队保持适当的整体行进速度。

（2）间隙休息时：领队要清点人数，并针对队员之前的行进状态提出一些具体的指导性意见。

（3）期间：阶段性查阅地图，保持与先锋队员沟通，确保行进线路的正确，发现错误及时改正，甚至原路返回。

（4）岔路口、有障碍或前进方向不明确时：先锋必须请示领队，由领队作出决定，不得擅自主张。行进时要观察周围地形和地貌特征，计划返回线路，预备第二套方案。

（5）突发事件时：领队必须镇定，正确判断，作出决定，全体人员必须服从领队，帮助领队，不得起哄，更不得拆台。

(6) 在露营及野炊环节时：领队要对队员进行技术指导，并就营地的安全、防火、环境保护等环节进行技术指导。

(7) 如果发生意外或继续前进会有危险时：要有立刻取消活动的勇气，果断取消行程。

3. 领队在活动结束后的工作

即使安全无事故地结束了活动，领队的工作也还没有结束，领队在活动结束时应开展以下几方面的工作：

(1) 统计收支费用。

(2) 对集体的装备进行清点与归还。

(3) 收集队员对本次活动的反馈意见。

(4) 召开组织者会议，进行活动小结。

(5) 领队撰写活动总结报告，对策划与实施情况进行分析总结。这些总结将会对下一次策划活动起到重要的参考作用。

三、野外活动与环境的保护

特种旅游大多是在野外进行的，任何的野外活动都将对自然造成新的破坏。我们周边地区的自然生态系统已非常脆弱，任何微小的破坏都很难得到恢复。如果通过户外活动能产生对自然的深沉的热爱，以及对环境问题的更深刻的理解，让环保的观念影响我们的生活、影响我们身边的人，并且在活动过程中尽量将对自然的冲击降到最低限度，那么我们所做的一切就是值得的。

1. 出发前的环保工作要点

组织者设计的野外活动方案要有充分的环保考虑，要将环保概念传递到每一个参与者当中，队员间应互相确认是否已了解保护环境是活动的一部分，尽量选择符合环保要求的物品，准备好垃圾袋。

2. 行进间的环保要点

有道路时应排成纵队沿着路走；无路且有植被的地段应分散前进，避免走出新路；尽量避开植被茂密难走的地段。

不要惊吓碰到的野生动物（猛兽除外），并给它足够的时间逃走，严禁喂养健康的野生动物，以免使其丧失自立性。

尽量不做路标，确实必要时也应做得隐秘（用干枯的树枝或石块做标记），能让本方队员知晓即可。最后一名经过的队员应尽量破坏这些标记，因为标志明显的路标可能会破坏其他队的乐趣。勿破坏其他队的路标，以免影响他人安全。

沿途联络队员、抒发情感时尽量避免制造出太大的噪音，在快乐的一刻，还应适当考虑别人的感受，尤其是有别的队伍时。野外用火须遵循当地法规的规定，防火季节切勿在行进中吸烟，其他季节也不提倡。方便地点应该相对隐秘，并远离线路和水源。

3. 营地环境及生活卫生

保护好营地周围的环境，主要是指营地周围的水源保护、大小便的处理、女性卫生用品的处理、煮食地方的安全。

（1）保护好营地周围的水源。

（2）不可在水中使用日化产品。

（3）废水、废液、食物残渣要挖坑集中倾倒，撤营掩埋复原，不要在营区附近乱泼乱撒。

（4）简易厕所要挖坑定点并设掩帐，离开营区 50 米以上和远离水源 30 米以上，撤营时掩埋复原。

（5）生活用的干垃圾要标明可燃、不燃两类分别设袋集中收集，撤营时将可燃物挖坑焚烧（山区非禁火季节）后掩埋，不燃物带往山下垃圾站。如为山区禁火期，则两种垃圾皆要带回。

野外活动时切记：除了脚印，什么也不要留下；除了相片，什么也不要带走；除了维护，什么也不要破坏。

4. 野外活动垃圾处理

（1）垃圾中难以自然降解的部分（如电池、塑料、金属、玻璃、化学品、有镀膜或涂层的纸制品等）不要焚烧和掩埋，应携带回城，再弃入垃圾箱（尽量不要使用风景区设置的垃圾箱，因为风景区处理垃圾的方法是焚烧或掩埋）。

（2）能够自然降解的垃圾（如纸张、纯棉制品、食物屑）可以粉碎后就地处理，但不能丢弃在水中或水流附近。

附录 6

自行车骑行注意事项

一、相关知识

由于自行车是旅游中的主要交通工具，所以旅游的成败与自行车的好坏，有着直接、密切的关系。自行车旅游属于一种体育运动项目，往往需要考核运动速度，所以自行车旅游也可分成普通自行车旅游和特殊自行车旅游。

1. 自行车的选择

自行车旅游属于一种体育运动项目，往往需要考核运动速度，所以自行车旅游也可分成普通自行车旅游和特殊自行车旅游。前者选用一般的加重型或标定型自行车，后者可选用特制的赛车、山地车等。特种自行车的运动速度快，在不同的线路行驶时，也更加灵活有力。此外，应对自行车各部的机件做全面、彻底的检查，观其是否灵敏可靠，性能良好。出发时，要携带最常用的修理工具，如扳手、钳子、气筒和各种易损坏的备用零件，如滚珠、车条、内胎、气门芯、闸皮等，以备发生故障时能及时修理。在装配上，如有不合适的地方，应重新调整装配，使其保持最灵活的状态。

2. 道路的选择

自行车旅游，对道路要求也比较高。旅游时应选择平坦、易于通行的道路，除非迫不得已，否则应尽量避免去坡道、土道，这对人和车都有损害。因此，只有在很明显是抄近，或非去不可的情况下，才能走土路。一般情况下，宁可多走几里，也要避开坡道和土道。俗话说："宁走十里坦，不走一里坎。"这对于自行车旅游来讲也是有道理的。

3. 骑车的技术要求

掌握好自行车技术对于自行车旅游特别是长途旅游是很重要的，目的是节省体力，保证安全。自行车车座的调整，是自行车技术的一个重要方面。自行车车座应调整到什么高度为最佳状态呢？一般说来，以车座较低并有 5～10 度的后倾最便于长途旅游。因为低车座好处很多：一是低车座蹬车灵活，可用脚的不同部位轮流用力，从而使脚的各种肌肉轮流休息，延长耐久长；二是车座低，人的位置相对降低，可减少空气阻力，也便于伏在车把上，改进空气流张；三是车座低，微后倾，可使身体挺直，臀部受力均匀，减少疲劳感，同时又可减轻双臂的负担，保护手腕；四是车座低有利于安全，在遇到紧急情况时，双腿伸直便可着地，这样可避免造成危险。因此，旅游时对车座的调整，应以低车座为最佳，这对保持体力、速度、耐力都有很大的好处。此外，选择好适当的速度对自行车旅游也是非常重要的。一般来讲，普通自行车，在体力正常、道路平坦等条件下的长途旅游，速度应保持在每小时 15 千米左右，体力好的可加快到每小时 20 千米。自行车旅游贵在保持速度，选择适当的速度，切忌忽快忽慢，有劲拼命骑，没劲步步停。途中也可保持每二至三个小时休息一次，不要想停就停，应坚持到时间或预定地点再休息。在特殊的道路条件下骑自行车，适当地掌握行车速度更为重要。无论是山间小路，还是又长又陡的下坡道，车速度既不可太快，也不可太慢，应因地制宜调节速度。

4. 长途骑行前的体能准备

长途自行车旅行有必要提前做些准备，当中最重要的就是有计划地进行体能训练，配合提前训练的过程，同时也能让心理变得强大，以应付旅途中可能发生的各种意外状况。

二、骑自行车旅行的建议

1. 骑行前准备

长途骑行前的体能训练：不妨从出发前最少两个月开始，每天抽一个小时左右的时间，从家附近展开训练。建议请教专业的车店老板或有长途骑行经验的车友，在他们的帮助下初步了解自身的体能状况，熟悉自行车的性能和变速器调整的方式，最好能做一个有针对性的练习计划，重点针对增强心肺功能和肌肉耐力做训练。

买或租自行车：骑车旅行可以挑选和购买适合自己的自行车并随身携带，目前一些大的航空公司都可办理自行车托运业务。如果觉得麻烦，也可以到了当地再租自行车。值得一提的是，若是骑行国内的川藏线路，购买一部合心意且性能卓越的中高档自行车很有必要，但新车买来后，最好先试骑一段时间再出发，这样可以了解整部自行车的性能，知道哪里容易出现问题，以便在旅途中能及时修理。

设计骑行线路：自行车旅行不是凭一时兴起就能顺利完成的。首先，旅行者必须对骑行有足够大的兴趣，喜欢自行车行走和走走停停看风景的感觉，否则在初期的兴奋过后，很容易觉得乏味和辛苦。这之后，才是依照旅行的目的以及个人的体能状况、经济条件、假期长短等因素，设计规划自行车旅行线路。

自行车旅行可以是户外旅行发烧友挑战荒野的探险行程，也可以是三五知己随性轻松的休闲旅程；可以是独自上路，也可以是结伴同行、全家出游。出发点不同，所设计的线路、需要考虑的因素也不同。此外，不同的国家、地区，其路况与景致都不同，因而选择哪一个目的地、行程的天数以及骑行距离等，都决定着线路规划的难度系数。

骑行之前，除了专业的旅游指南，参考当地地图规划线路是最重要的。所参考的地图至少应有公路网线与各段里程标示，最好连海拔高度、公路坡度都有标示。总之，手上的地图越专业、越详尽，旅程规划就越具体。规划好途经的旅游点与线路后，可初步计算出骑乘的里程数，再以自己的体力状况设定每天骑乘的行程，通常以每天行进60～200千米为宜。

行李打包：长途自行车旅行的随身行李应尽量从简。因为全部家当都要一路载在车上，重量、体积、实用性及使用率都是需要斟酌的。根据路程长短、食宿条件以及经费预算、气候等，可准备相应的日常用品，包括帐篷、睡袋、睡垫、炊具、炉具、防风雨衣等。将全部装备整理好后，放在挂袋中打包。

单车托运：自带自行车出去旅行，可先将单车拆解，打包装入纸箱，如此可避免自行车在运输过程中受损。打包好的自行车可当行李托运，通常只要不超过航空公司的行李限重即可。抵达目的地机场后，将纸箱丢弃，组装好自行车即可上路。

2. 骑行途中

自行车维修及必备工具：单车旅途中，最常见的故障是车胎破损，其次是轮圈钢丝断掉及其余零配件的损坏，而当中很大一部分原因是产品寿命或里程已达使用年限。因此在出发前，最好对重要零部件进行换新，并携带足够的备用零件。尤其是前往落后的地区旅行时，由于当地路况通常较差，且补给困难，最好先将单车送到专业维修车店进行一次全面的检查，排除可能出现的各种隐忧。

公路自行车旅行外出的必备工具包括螺丝刀、老虎钳、扳手、六角组合、补胎工具、气筒、备用内胎等。应尽量选择组合工具，可减少重量。此外，同伴中最好能有一两个精通车辆维修的，以防棘手的突发状况出现。

食物补给：骑自行车旅行耗费体力极大，吃是非常关键的一件事。长途旅行通常可在沿途的超市内补充食物，一般大型超市附近也都有饭店或快餐厅。若几人结伴同游，也可以自己开火煮饭，此时携带的炉具及炊具应以坚固、耐用及轻便为原则，沿途可多补充新鲜蔬果。此外，随身背包要常备巧克力、牛肉干等零食，适时补充体力。骑行中若以每小时20千米的速度行进，大约每隔15分钟就应补充一次水分。当感觉疲劳时，嘴里含无核话梅、陈皮等酸味小食品可在一定程度上缓解疲劳。

三、在大集团中骑车需要注意的事项

（1）不要乱晃，或急剧改变自己的骑乘线路，尤其是在最前面的人。前面人的一个小动作等传到集团后面就可能造成大灾难，第一个人更是重要。比如说地上有个盖子，一般的情况下就是快速地闪过去，但在集团骑乘中不能这样，应尽量把眼光看远，所有的动作都要慢而顺，轻微而细致。看到有东西要闪，在50米以前就要开始动作。闪不过了就正正地压过去，比闪个“半调子”要安全得多。

（2）转弯时明确地把转弯的动作做出来，让后面跟的人知道何时要转。

（3）带头的时间，时速30千米/小时，为15～20秒。速度越快，带的距离越短。

(4) 精神要集中，带头的人要集中精神保持一条稳定的线，后面的人不可以只看前车的轮子，同样要注意前方两侧的状况，并且避免和前车后轮交错。

(5) 向左退到集团后方的时候要稍微注意一下左后方的情形，快速地用眼角看一眼，以免有比较靠路边的车辆接近。

(6) 向左退的时候距离不要太大，为 1 ~ 1.5 米为最佳，仍然保持一条稳定的线，滑进尾端。

(7) 利用风来减速，快要撞上前车后轮时不要急着按刹车，稍微往右边一点，把身体挺起来吃风，速度可以后再移回原位。

(8) 利用转速来加速赶上，前面的车慢慢离你远去，不要急着变速，加快踩踏的速度来控制速度是比较好的方法。

(9) 磨炼手握下弯把手的稳定度，握下把是比较不容易控制，但是这个位置可以提供给你更佳的空气力学姿势。

(10) 不要踩踩停停，应持续地踩动，保持流畅的踩踏，后面跟的人会比较安心。

(11) 磨炼骑车时向后看的稳定度，一般来说，头向右转往后看车会向左移动，练习向后看还可以保持直线，这是很有用的技巧。如果可以的话，练习握下把时从腋下往后看的技巧。

(12) 不要硬撑，带头的人也要稍微注意后面的状况，有人落队了，速度就要渐渐放慢，撑不住不能带头的人就不要勉强，轮到的时候直接往左移就是了。

四、团队骑行的联系手势

大队骑行的时候，编队骑行会让你觉得很好玩，让你感受到集体的力量，可以轻易地达到 30 千米/小时的速度，但是大队骑行，你必须让你的队友明确大队的情况和路况，这时就需要骑行手势。

(1) 左手向地面斜伸出，说明左边地面有障碍，右手反之。

(2) 左手向平行方向伸出，说明左转，右手反之。

(1)　　　　(2)

（3）手向上方高举一下，表示前面有障碍，需要减速，并且同时散开队伍。

（4）手向上方高举不放，说明要停车了。

(3)

(4)

（5）左手向地面斜伸出并上下移动，说明左侧斜风，队伍右侧进行跟骑，右手反之。

（6）前方队员加快两脚骑行速度，然后骑向路边，说明要换人领骑，后面队员应迅速补上，领骑队员要慢慢跟到队伍最后。

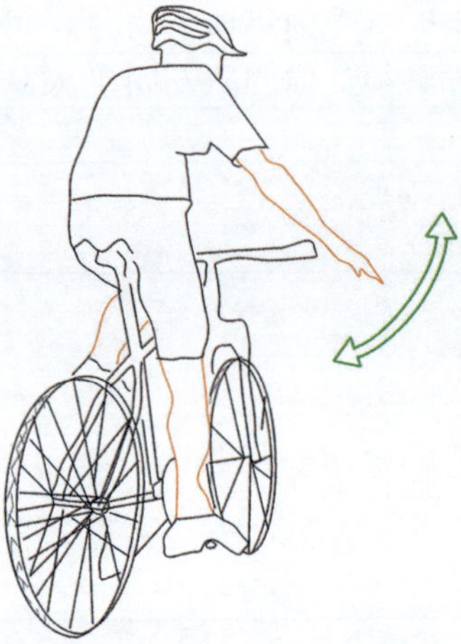

(5)

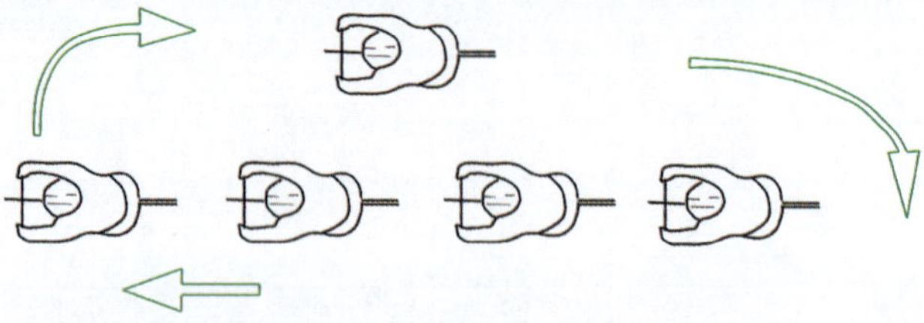

(6)

参考文献

1. 保继刚，楚义芳．旅游地理学．北京：高等教育出版社，1993.

2. 吴国清．旅游线路设计．北京：旅游教育出版社，2010.

3. 韶关乡土文化教材组．善美和谐的家乡——韶关．广州：广东教育出版社，2010.

4. 广东省地图出版社，韶关市国土资源局．韶关市地图册 2013 版．广州：广东省地图出版社，2013.

5. 韶关学院旅游与地理学院地理系．韶关学院自然地理野外实习指导书．2010.

6. 王艳平，王捷．旅游地理与温泉度假．武汉：武汉大学出版社，2011.

7. 何小芊．中国温泉旅游的历史地理研究．北京：旅游教育出版社，2013.

8. 梁明珠．中国旅游地理．广州：暨南大学出版社，2011.

9. 齐洪利，徐建国．旅游线路地理．北京：清华大学出版社，2014.

10. 广东省文物局．广东文化遗产．北京：科学出版社，2013.

11. 韦嘉瑜．中国旅游地理．北京：中国旅游出版社，2013.

12. 郑通扬．人文广东——在行走中品读岭南文化．广州：广东旅游出版社，2005.

13. 陈泽泓．广府文化．广州：广东人民出版社，2012.

14. 王聚贤．中国旅游地理．北京：北京理工大学出版社，2012.

15. 许桂香．岭南服饰历史文化地理．北京：民族出版社，2010.

16. 韶关市旅游局．韶关市旅游发展总体规划．广州：广东省旅游发展研究中心．

17. 邱云美．中国旅游地理．北京：人民邮电出版社，2010.

18. 中国旅游年鉴 2012 编委会．中国旅游年鉴 2012（上）．北京：中国旅游出版社，2012.

19. 韶关市交通运输局，交通运输部科学研究院．韶关市旅游交通发展规划研究报告（2012－2020）．

20. 何景明．成都市“农家乐”演变的案例研究——兼论我国城市郊区乡村旅游发展．旅游学刊，2005（6）．

21. 何景明，李立华．关于“乡村旅游”概念的探讨．西南师范大学学报（人文社会科学版），2002（5）．

22. 隋春花．红三角旅游发展中的“三农”问题．合作经济与科技，2007（2）．

23. 邹统钎．中国乡村旅游发展模式研究——成都农家乐与北京民俗村的比较与对策分析．旅游学刊，2005（3）．

24. 宗锦耀．在中国最美乡村和中国美丽田园发布活动上的讲话．http：//govinfo. nlc. gov. cn/gtfz/xxgk/gwyzcbm/nyb/201403/t20140311_4652717. html？clas sid＝464. 2014－03－14.

25. 深圳商报．广东韶关丹霞山出现海市蜃楼．http：//news. 163. com/07/0928/09/3PFF9QD9000125LI. html. 2007－09－28.

26. 广东省委旧址在韶关——历史缘由．http：//www. gd－info. gov. cn/shtml/sg/lanmu09/lanmu906/2010/01/29/18313. shtml.

27. 古塔寻踪．http：//blog. sina. com. cn/eccalus.

28. 旅游交通．http：//baike. haosou. com/doc/405913－429833. html.

29. 韶关市旅游局网站，http：//www. sgta. gov. cn/.

30. 谷立辉．仁化中秋唱响非遗《月姐歌》．南方日报，2014－09－08.

31. 李迅．源远流长的韶关民俗文化．韶关日报，2011－12－03.

图书在版编目（CIP）数据

韶关旅游地理/何素玲主编；李玉钧副主编. —广州：暨南大学出版社，2015.11
（国家中等职业教育改革发展示范学校项目建设系列教材）
ISBN 978-7-5668-1579-8

Ⅰ. ①韶… Ⅱ. ①何… ②李… Ⅲ. ①旅游地理学—韶关市 Ⅳ. ①F592.99

中国版本图书馆 CIP 数据核字（2015）第 175514 号

出版发行：暨南大学出版社

地　址：中国广州暨南大学
电　话：总编室（8620）85221601
营销部（8620）85225284　85228291　85228292（邮购）
传　真：（8620）85221583（办公室）　85223774（营销部）
邮　编：510630
网　址：http://www.jnupress.com　http://press.jnu.edu.cn

排　版：广州尚文数码科技有限公司
印　刷：深圳市新联美术印刷有限公司

开　本：787mm×960mm　1/16
印　张：14.5
字　数：304 千
版　次：2015 年 11 月第 1 版
印　次：2015 年 11 月第 1 次

定　价：45.00 元

（暨大版图书如有印装质量问题，请与出版社总编室联系调换）